全国现代教育技术实验学校教改成果丛书

丛书主编 陈庆贵　　副主编 黄天元

中学数字化校园的建设与应用

任奕奕　陈晓明　著

北京师范大学出版集团
BEIJING NORMAL UNIVERSITY PUBLISHING GROUP
北京师范大学出版社

图书在版编目（CIP）数据

中学数字化校园的建设与应用／任奕奕，陈晓明著．—北京：北京师范大学出版社，2012.5（2013.7重印）

（全国现代教育技术实验学校教改成果丛书）

ISBN 978-7-303-14366-5

Ⅰ．①中…　Ⅱ．①任…　②陈…　Ⅲ．①天津市耀华中学－学校管理－数字化　Ⅳ．①G639.282.1-39

中国版本图书馆CIP数据核字（2012）第076833号

营销中心电话　010-58802755　58800035
北师大出版社职业教育分社网　http://zjfs.bnup.com
电子信箱　zhijiao@bnupg.com

出版发行：北京师范大学出版社　www.bnup.com
北京新街口外大街19号
邮政编码：100875
印　　刷：保定市中画美凯印刷有限公司
经　　销：全国新华书店
开　　本：184 mm×260 mm
印　　张：20
字　　数：430千字
版　　次：2012年5月第1版
印　　次：2013年7月第2次印刷
定　　价：46.00元

策划编辑：杜永生　　责任编辑：杜永生
美术编辑：高　霞　　装帧设计：高　霞
责任校对：李　菡　　责任印制：孙文凯

总 序

20 世纪末，随着计算机和通信技术的飞速发展，信息化浪潮席卷全球，我国中小学也掀起了教育信息化建设的热潮，教育技术成为推进教育改革和发展的制高点和突破口。为更好地贯彻“教育要面向现代化、面向世界、面向未来”的战略思想，推进《中国教育改革和发展纲要》的实施，教育部于 1997 年启动并实施了“全国中小学现代教育技术实验学校工程”。在全国不同地区和不同教育层面上遴选 1000 所中小学校作为全国现代教育技术实验学校，大规模地开展教育技术实验研究，推动我国教育信息化健康而又快速地发展。

声势浩大的全国中小学现代教育技术实验学校工程，是在我国电化教育重新起步，经历了 20 年的发展，又将进入一个全新的发展阶段提出来的。为保证工程实施的质量，教育部制定了《全国中小学现代教育技术实验学校工作实施意见》，设立了“全国现代教育技术实验学校工作领导小组”和“全国现代教育技术实验学校专家指导委员会”，并在中央电化教育馆设立全国中小学现代教育技术实验学校(以下简称：全国实验校)领导小组办公室；各省、自治区、直辖市也建立了相应的省级全国实验校组织管理与指导机构。

一般认为全国实验校就是各地最好的学校，其实不尽其然。全国实验校是从不同教育层面和教育环境(有城市、有农村，有条件最好的、有条件相对较好的、有条件比较一般的)的电化教育(教育技术)特色校中遴选出来的，它们是各地开展电化教育(教育技术)的先行者和旗帜，也是各地运用新技术与学科教学相整合的窗口。教育部在实施全国实验校工程时，提出过三大目标、八项任务。随着全国实验校工程的推进，又提出过不同阶段的全国实验校工作指南。其要义：一、环境建设，点上先行。20世纪末，数字化环境建设在我国中小学开始蔚然成风，科技发展更加快速，为避免短期效应，重复建设，在数字化环境或数字化校园建设上，需要典型引路，实验先行，减少浪费，少走弯路。二、整合应用，典型示范。在我国电化教育(教育技术)发展进程中，曾经提出过三回归(回归学校、回归课堂、回归教学)，其实质是强调并重视应用。随着信息技术的飞速发展，人们把关注的目光聚焦到“信息技术与学科整合”上。信息技术与学科整合需要在教育思想、教育理念、教学目标、教学设计、教学资源、教学过程、教学评价等方面得到体现。如何更好地实现信息技术与学科的整合，需要典型试验和典型示范。三、实验研究，引领深入。教育技术一旦与教育教学的实践相结合，就会产生无穷的变化和推进教育教学改革的巨大动力，人们自然会憧憬许多美好的愿望。但是愿望有些是能够实现的，有些可能只是愿望而已。教育技术的实验研究是一条把愿望变成现实的通天路和好方法。在全国实验校推进过程中，所有的实验学校在不同时期都承担了省级以上的科研课题，通过研究，真正意义上实现了引领应用和建设，引领未来发展。四、点上经验，普及推广。在全国实验校实施过程中，实验校在数字化环境建设、资源建设、教师队伍建设、新技术试验研究、信息技术与学科整合、教育技术研究等方面取得了许多突破并产生了许多成果，总结并形成了许多宝贵的经验。这些典型的经验和优秀的研究成果，值得宣传和推广，也需要在更大范围实施普及。

全国实验校取得的经验和成果是多方位的。他们的成功离不开各级教育行政部门的关心和支持，离不开中央和地方全国实验校工作领导小组及专家指导组的悉心指导。综观全国实验校十多年的发展历程，我们深深感到：全国实验校对我国教育信息化发展的巨大影响力主要体现在以下方面。首先，大规模而不是小范围。在全国实验校工程实施以前，我国电化教育(教育技术)的推进，一般通过科研带动、区域推进、试验推动等方式，其声势和范围不大。当全球信息化浪潮袭来的时候，教育界的有识之士敏锐地迎接挑战，抓住了跟上世界信息化发展这趟快车的机遇。大规模地开展全国实验校建设，就是推进与普及教育信息化的重要举措。正是由于全国实验校工程的实施，带动了各地省级和地市级实验校的建设，有效地推进了我国中小学教育信息化的普及。其次，有声势更注重实效。应该说我国波澜壮阔的教育技术实验校建设规模是世界上任何国家都无法比拟的。如此规模的实验研究活动，不只是为了造声势、装门面，学校也不是为了挂牌子、图虚名，重要的是要有实效。除了重视建设外，更要重视应用，重视应用的效果和质量，重视在研究基础上的提高，重视示范作用的发挥，重视辐射的效果和影响。各地通过制定办法严格要求，并通过评估检查，保证重实效形成长效机制。再次，抓典型更重促均衡。榜样的力量是无穷的，抓点带面，推进教育信息事业的发展。全国实验校除了搞好自身的建设和应用以及校内的均衡发展以外，还积极发挥实验校的窗口、示范和辐射作用，大大促进了地方实验校的建设和发展。在实践工作中，全国实验校结合自身实际和地方特点，创造性地开展了“点对点服务(如双校一课活动等)、一校带多校、窗口辐射”等不同形式的促进教育技术均衡发展的方法，收到了很好的效果。最后，有目标更要显个性。全国实验校在不同阶段有着明确的目标和内容。如何造就既有统一意志，又有个人心情舒畅这样一种生动活泼的局面，让大规模的有广泛参与度的实验研究活动演奏出威武雄壮的交响乐章，这就是全国实验校既有明确目标，又有个性化特色。

总结和推广全国实验校的典型经验，把全国实验校的典型经验和成功案例推广开来、发扬光大是我们义不容辞的责任，也是广大教育工作者，特别是广大中小学校的迫切呼声。根据事业发展和实际工作的需要，我们组织编写了“全国现代教育技术实验学校教改成果丛书”。丛书的选材，主要来自各地全国实验校领导小组办公室(各有关省教育厅或电化教育馆)推荐的典型案例和相关材料。我们大体按照三种类型(国际接轨、特色鲜明、示范辐射)确定了10所学校。像上海中学等，直面数字化挑战的中学教育改革，以前所未有的气魄，敞开胸怀，拥抱世界，广泛地吸纳世界先进的教育思想、理念，主动地应对数字化带来的机遇与挑战，进行创新与前瞻思考，积极采取有效策略与举措，根据中国国情、时代特点、学校实情，敢为天下先的开发应用先进技术，大胆地、全方位地推进中学教育改革。在信息化环境下寻找并享受到跨越式发展的强劲动力。办一流学校，办一流教育，育一流人才，与国际接轨成为学校的办学标准和目标；像深圳南山实验学校等，信息化教育已经成为学校的办学特色，信息化已经融入学校的常态工作，在数字化校园建设、校本课程资源建设、教师专业化发展、信息技术与课程整合等方面都取得了显著成效，他们在信息技术环境下的语文教学改革方面所取得的成功，不光对周边学校和本地区的学校，而且在全国的许多学校中产生了广泛和深刻的影响；像成都泡桐树小学等，用信息化带动学校的全面发展，用信息化改造薄弱学校，用信息化辐射周边学校，用信息化为农村学校的教育改革服务。他们通过信息化使学校从一所发展为“四校五区”的教育集团，成为全国实验校中示范和辐射作用较为突出的学校。我们认为这些全国实验校的经验和成果，切合我国不同地区、不同类型学校的发展实际，符合我国基础教育改革和发展的需要，对于促进我国基础教育现代化整体水平的提升有着重要的借鉴作用和参考价值。

现代科学技术日新月异，我国基础教育信息化仍处在快速发展和积极探索的过程中，由于我们水平有限和认识的偏颇，丛书质量难免有不足和缺失之处，希望教育界专家、教育信息化工作者、学校校长和老师们不吝赐教！全国实验校是在我国电化教育发展的鼎盛时期结出的奇葩，我们相信这朵绚丽奇葩将会在我国教育信息化迅猛发展的进程中变得更加光彩夺目！

本套丛书的编写和出版，得到各地教育行政部门和电化教育馆的大力支持；在丛书策划和编写过程中，中央电化教育馆陈志龙馆长、王晓芜副馆长提出过许多建设性意见；有关地方电教馆馆长和研究部主任参与了具体书稿结构和内容的设计与讨论；参加丛书编写的学校全力倾注自己的热情、智慧和心血，高质量的总结并完成单册书稿的编写任务；中央电化教育馆研究部洪文秋同志参与了丛书策划，并负责书稿的征集与组稿工作；北师大出版社对丛书编辑、出版和发行给予了大力支持。在此，对所有关心和支持全国实验校工作，对所有支持和关注丛书出版，对为丛书出版付出辛劳和作出贡献的人们一并表示衷心的感谢！

全国中小学现代教育技术实验学校工作领导小组办公室

2011 年 11 月

目　　录

前　言

翻开 85 载的耀华史册，47 届校友——中国工程院院士金怡濂，定格了我们的视线。曾经在人民大会堂接受了党和国家高达 500 万元最高科学技术奖的他，是中国巨型计算机事业开拓者，“神威”超级计算机总设计师，享有“中国巨型计算机之父”的美誉。1935 年到 1947 年，金怡濂先后就读于天津市耀华小学和耀华中学。“可以说，我的整个少年时代和部分青年时代是在耀华度过的。在耀华 12 年，不仅受到了启蒙教育，打牢了基础知识，而且学到了做人的原则。”谈到终身学习，金院士说：“学校里必须要打好基础，特别是信息技术，发展非常之快，技术千变万化，这些技术全要从学校学到是不可能的。我在清华大学的时候就没有学过计算机，也不知道计算机是个什么东西。怎么办，主要靠学校给你的基础知识，给你的工作能力，去自己学习，自己判断，自己还要培养思维能力和想象能力。”

从成功的校友身上，我们看到了学子的可持续发展，也同时聚焦了信息技术，延伸到研究学校的信息化建设。

耀华中学的数字校园建设起步于 20 世纪 80 年代。1984 年我校成为首批开展计算机教育的中学之一；1987 年首次在 APPLE－Ⅱ型计算机上开发服务于物理教学的“欧姆定律的研究”装置，开始了信息技术与学科整合的研究；1990

年建立了大型局域网，1996 年开发了学生学籍和成绩管理系统；1998 年开展了中小学校园网的建设与应用研究；2003 年耀华中学提出“数字校园”建设的理念，随后提出了“数字校园”的目标、功能、作用和定义等一系列基础性理论，开发了数据互通、门户技术、统一身份认证、网络安全等一系列关键性技术。并为解决 EAI(企业应用集成)的问题，提出了建设共享数据中心的设想。

30 多年来，一代代耀华人秉承“勤朴忠诚”校训，积极实践、勇于探索，在学习中研究，在研究中学习，取得了可喜的成就。本书第一章回答了什么是数字校园、中学数字校园建设与大学有何不同、为什么要建设数字校园等理论问题；第二章至第六章分别介绍了数字校园建设中的标准建设、基础设施建设、数据与资源中心建设、应用系统建设、教师信息素养建设共五大方面的内容；第七章至第九章就数字校园中的教与学、数字校园环境中对教师及学生的评价以及数字校园发展愿景进行了阐述。

我校是数字校园建设与应用实践的受益者，作为全国中小学现代教育技术实验学校，我们有责任介绍我校在推进数字校园建设方面的经验，更有义务与大家分享我们在反思所走过的弯路之后，形成的对数字校园建设的思考。这便是我们编辑此书的初衷。

我们深切地感受到教育信息化在转变传统教育观念、革新教学内容、优化教育方法和技术手段、提高教学质量和效益、培养高素质人才和提升学校管理运作效率等方面的巨大作用，也看到信息社会对学校管理、教育教学和师生成长等领域提出了新的要求。

时代的发展必将带来科技的进步，科技的创新，也必然要从基础做起。令人欣喜的是《国家中长期教育改革和发展规划纲要》中明确提出要加快推进数字化校园建设。虽然中小学数字化校园的建设是一项长期而复杂的工程，但只要我们从教育教学的规律和实际出发，提出适切的需求，就一定能让信息技术真正为学校发展服务，就一定能够看到教育信息化在不断缩小教育之间的差距，从而实现教育跨越式发展。

由于水平所限，加之时间仓促，本书还存在不足，恳请同仁批评指正。

任奕奕

2012 年 3 月于耀华园

第一章　数字校园概述

第一节　什么是数字校园

一、数字校园研究概述

现代信息技术出现以后，新技术在社会各领域中应用日新月异，对人类社会产生革命性的变革。1990 年，美国莱蒙特大学教授凯尼斯 · 格林(Kenneth Green)发起并主持一项信息科研项目——“信息化校园计划”The Campus Computing Project)，是数字校园建设最早的实践与研究，标志着高校领域进入数字化时代。

1998 年 1 月 31 日，美国前副总统戈尔在美国加利福尼亚科学中心发表了题为“数字地球：21 世纪认识地球的方式(The Digital Earth：Under-standing Our Planet in the 21stCentury)”的演讲，最先提出“数字地球”概念。“数字地球”的概念被全世界普遍接受，并引出了“数字城市”“数字国家”等一系列概念，其中包括“数字校园”。“数字校园”既是一个技术上的概念也是一个观念上的概念，其核心是通过学校教育中现代信息技术的引入，促进教育方式和教育观念的现代化。数字校园的早期研究与实践主要集中在高等院校和科研机构，以辅助教学和数字化资源建设为主要标志。

随着技术的发展和观念的改进，现代信息技术在学校教育中应用的范围不断扩大，并逐渐向教育核心领域渗透。与此同时，数字校园建设开始突破高校和科研院所的限制，开始向基础教育阶段扩展。20 世纪 80 年代，我国中学教育开始引入计算机教学，标志着我国基础教育信息化的开始，也是中学数字校园建设的开始。信息技术对我国中学教育的影响从最初的计算机语言教学和教学辅助课件的制作发展到后来的信息技术课程的开设，并进一步发展到信息技术与学科教学的整合。同时在这一时期，中学教育信息化也开始引入数字校园的概念，在建设观念上呈现出与高校接轨的态势，加强信息技术向学校管理渗透的力度，着力建设信息化环境，使中学数字校园建设产生了质的飞跃。

数字校园是一个不断发展的概念，其出现和发展有着特定的时代背景。数字校园出现的技术背景是现代信息技术和网络技术在社会各方面中广泛应用使教育领域产生一场技术革命。学校作为社会组织的一部分，无法在这场技术革命中置身于事外，积极采用新技术服务于教育改革，这是由教育的社会性和时代性所决定的客观必然。与此同时，随着现代技术的发展和人类文明的进步，社会对学校教育工作提出了新的要求，教育活动所处的新的时代环境促使教育界对工业社会中产生的现代教育方式进行了反思。通过反思我们发现，在知识经济和现代社会竞争环境中，传统教育方式已经开始制约个人学习能力和创造性的发展，体现出其滞后性，提高受教育者自身的学习能力和创造力，使其能够在知识经济环境下适合社会发展需要成为新形势下教育改革的重心，对于我国教育而言，提高学生自主学习能力和创造力更是意义重大，这不仅是把我国建设成为人才强国的重要举措，同时对我国的可持续性发展具有重要意义。上述两种背景不是孤立发展而是相互渗透，共同构成了当今教育发展的时代特征。从实践层面上讲，现代信息技术上的发展与教育观念的变革对学校教育的影响不是孤立的而是相互交叉的，不是分离的而是同步的。人们期望通过对现代信息技术的应用来实践新的教育理想，使学校教育能够跟得上时代发展的步伐；同时也希望通过教育观念与教育管理上的变革来更好地利用现代信息技术。数字化校园建设从最初的单纯技术支持，到后来发展到与新的教育理念的整合正是这一过程的真实体现。

随着教育信息化和现代化不断发展，基础教育领域的数字校园建设获得长足的进步，与高校具有充足的资金和技术保障相比较，中学数字校园建设有其自身的局限性。如何根据中学教育的特点和现有资源条件，探索出一条适合我国基础教育现状和发展要求的中学教育信息化建设之路，对于我国基础教育改革和国家中长期教育发展规划目标的实现，具有十分重要的意义。面对信息化发展的时代浪潮和社会对中学教育改革呼声的高涨，中学数字校园建设在教育改革中处于什么地位，对教育改革目标的实现会发挥什么作用，对于学校个体而言数字校园建设应该怎样规划和实施，都需要我们进入深入地思考。从宏观上讲，数字校园建设实际是一种数字化教育环境的营造，但从建设过程来看，这种环境营造不是一蹴而就的，而是一个随着技术变革和教育观念的更新不断改进的过程。其中，数字化资源和校园网络是数字校园的基础，各种技术的应用和配套管理制度的完善是数字校园功能发挥的保障，通过技术手段和管理模式的改变实现学校资源的优化和利用，在传统校园的基础上构建一个数字空间，拓展现实校园的时间和空间维度，提升传统校园的运行效率，扩展传统校园的业务功能，最终实现教育过程的全面信息化。

二、数字校园的界定

随着数字校园建设和实践的逐步深入，数字校园的概念也逐步清晰。从本质上讲，数字校园不是一个简单的技术概念，而是在信息化时代，对校园内的每一个人(包括学生、教师、管理者)的行为方式的重新定位，这种行为方式包括学习方式、生活方式和工作方式。数字校园以校园的全方位生活和工作为中心，覆盖并协调了各类人员对生活与工作的需要，并将重心集中在教师与学生的行为上，数字校园是数字时代学校发展的目标。因此，利用计算机技术、网络通信技术建设的校园网只是数字校园的物质基础，在这个基础之上，利用先进的信息化手段和工具，实现从环境(包括实验室、教室、设备等)、资源(包括公文、图书、讲义、课件等)到活动(包括教、学、科研、管理、服务、办公等)的全部数字化。数字校园实现基础是在稳定的网络系统下构成统一的用户管理、统一的资源管理和统一的权限管理的软件环境，实现手段是科学规范地对教学、科研、管理和生活服务等所有信息资源进行全面的数字化，通过对学校的行为信息流的改造，使学校内每一个人的行为所产生的信息，在信息化环境中进行重组，从而形成一种全新的教育形态，即数字化教育。由此实现在传统校园的基础上构建一个数字空间，用以实现传统校园在时间和空间维度上的巨大拓展，提升传统校园的效率，扩展传统校园的功能，最终实现教育过程的全面信息化，达到提高教育管理水平和效率的目的。

三、数字校园体系建设

数字校园建设需要完整的体系规划，其整体框架构造模型由四横三纵组成。三纵包括贯穿始终的统一安全服务、统一管理服务和校园综合信息门户系统，它是构成系统的保障体系。四横是四个层面的架构：第一层是基础层，由统一身份认证、统一数据服务、协同工作环境组成的基础架构服务层。在此基础上构建第二层——数据互通层，由此实现各类应用程序的数据互通。第三层是应用层，这是由众多的建立在数据互通平台之上的应用程序组成的应用系统群，这些应用系统包括学习资源、教学资源、公共资源、网上学校、学校管理、学生成长记录和交互平台等板块(此种分类并非唯一，各学校可以按照自己对数字化校园的理解和本校的应用体系自行组合)，由此构成一个完整的学校应用体系。这个应用体系是由学校根据本校的具体情况构建的，具有各学校的应用特性，反映各个学校的信息化特征，软件的选择、编制可以是多种渠道，只要符合统一的 EMIF 规范都可以插入本校的应用体系中，这些应用软件产生各自的信息，形成信息获取的多渠道特征。第四层是交互展示层，通过门户技术和用户单点登录技术建立一个横跨所有应用系统之上的校园综合信息门户网站，集成各个应用软件的信息，针对不同使用者形成一个具有个性化信息的用户交户界面。整个系统包括了数据中心部分、应用部分以及门户系统，校园内部的各种应用系统可以采用分布式的架构，将不同的应用模块安装在不同的主机上，这样的设计对系统整体性能的提高有很大帮助，并且具有良好的灵活性和扩展性，这样能够最大程度地发挥各专业公司的能力，发挥各自的特长，使他们投入到学校的数字校园建设中。通过数据互通平台来实现学生综合素质信息的搜集，并且展示到门户当中，学校的教师和学生，通过统一的身份认证登录后，就能够在这个个性化界面中看到自己在本校的数字校园内应该能看到的信息，从而实现数字化人的立体信息群，这就构成了一个数字校园应用环境。另外通过活动目录技术和 ISA Server 的结合使用，可以严格地控制访问和使用的权限，并且对系统中全部用户的行为进行严密的监控，保证整个数字校园安全可靠的运行。在数字校园体系建设过程中我们应该注意以下问题。

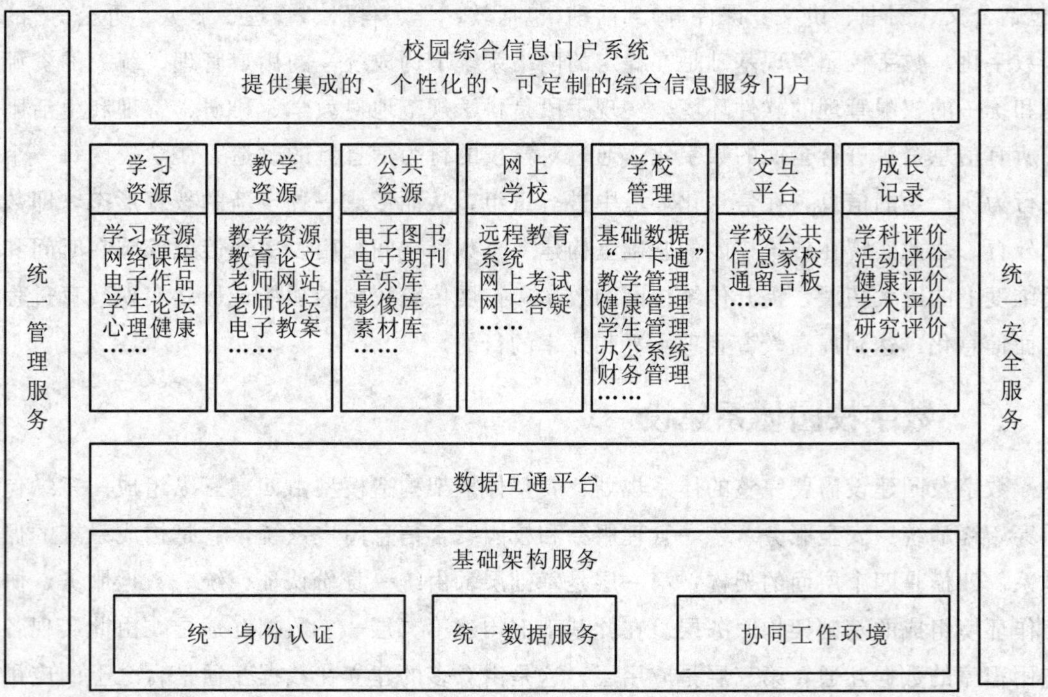

图 1-1 数字校园系统整体框架构造模型

1. 实现数据互通是数字校园建设的阶段性标志

在数字校园建设过程中，需要多个管理应用软件及资源应用系统，而管理软件及资源系统的架构总是要用到数据库管理系统。不同的公司编制的不同的数据库应用系统，使得数据库之间没有直接的联系，这就是"信息孤岛"问题产生的根源，构建数字校园通常都是从解决已有的"信息孤岛"问题入手，目前的解决方案是利用数据互通平台，寻找一个与平台无关、与应用程序无关的数据交换格式，遵循一定的标准，通过数据接口，实现了数据交换的软联结，使过去各自不同的"信息孤岛"通过最小的改动实现数据的互通。

就天津市耀华中学数字校园建设而言，我们采用的数据标准是全国信息技术标准化技术委员会根据国家教育部颁布的《教育管理信息化标准第 1 部分：学校管理信息标准》和《基础教育教学资源元数据规范》两套数据标准所制定的《教育管理信息系统互操作框架》(简称 EMIF 规范)。根据 EMIF 规范，校园网部署了教育系统数据互通平台(ZIS)，该平台使用 Web Server 和适配器技术连接各系统，将各系统的数据信息转换成基于 XML 国际标准的数据格式进行数据交换，并能通过图形化的方式对这些数据的处理流程进行定义和开发，实现应用系统的集成以及系统间数据的交换，由此解决校园内部应用系统间出现的"信息孤岛"问题

下图为基于数据互通平台的数据互通模式

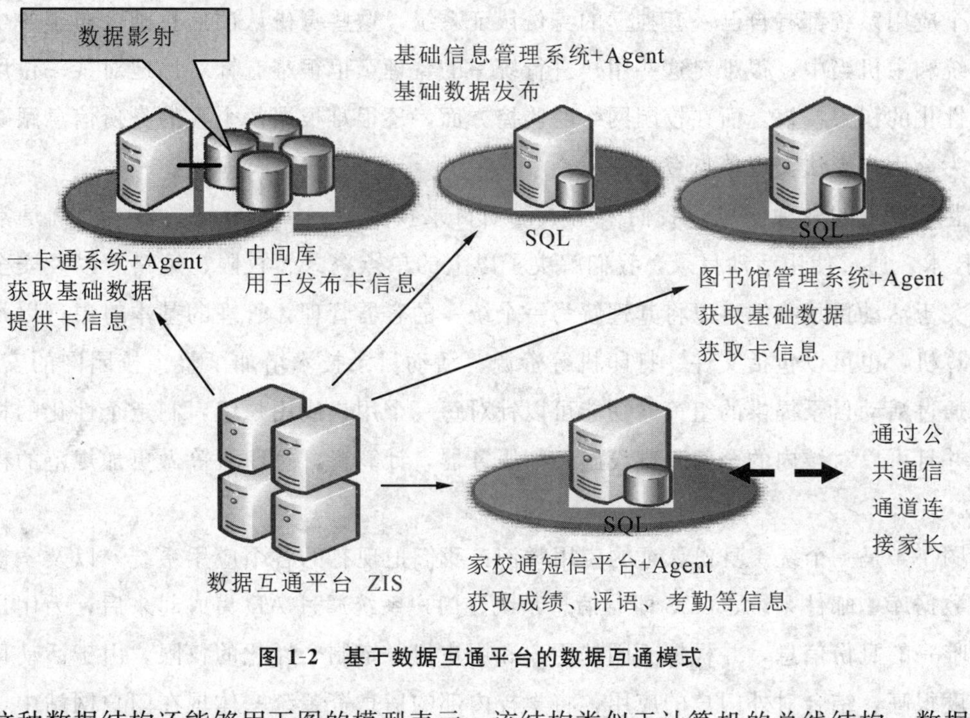

图 1-2 基于数据互通平台的数据互通模式

这种数据结构还能够用下图的模型表示，该结构类似于计算机的总线结构，数据互通

平台相当于数据总线，其他的应用系统类似于插在该总线上的各种插件，我们可以插入已有的“基础信息管理系统”“图书管理系统”“‘一卡通’管理系统”“家校通短信平台”。还可以根据学校的信息化管理应用的深入，插入体育锻炼管理系统、艺术教育管理系统等，由此逐渐搭建起适合学校全面应用的系统环境，从而构建数字校园应用环境体系。

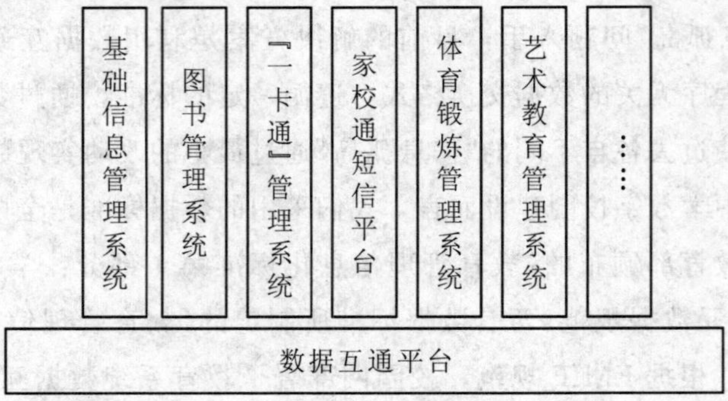

图 1-3 基于数据互通平台的系统结构

2. 规划统一身份认证体系是数字校园效能发挥的基本条件

随着校园信息化建设的发展，学校内部的应用系统越来越丰富，学校人员无论是老师还是同学，要使用这些应用系统，就要记忆多个不同的电子身份信息，这样很不方便。由于每个应用系统都有自己一套独立的身份认证系统，这些身份认证信息则分布于各个不同的系统和主机当中，很难对这些用户进行统一的管理，也很难有针对性地对某一位用户制定个性化的权限授权，而在校园网络的监控方面，还很难根据每个人的身份信息跟踪其网络行为，用户无法实现单点登录。

鉴于以上的种种问题，我们采用了活动目录技术(Active Directory)，也就是常说的AD技术。通过使用活动目录，我们解决了以上的单点登录、权限、策略、以及安全等问题。关于活动目录我们可以将其理解为一个统一的容器管理，管理的基本对象可以是用户和计算机，也可以包括文件、打印机等资源。活动目录技术增加了整个校园网的安全性，我们通过活动目录提供的组策略功能可以针对每一个用户或用户组，制定个性化的权限策略，并且可以对域内的全部基础设施，如服务器，计算机，打印机等做更加规范的标识和管理。

图 1-4 是一个统一身份认证的应用举例：我们把现有的各个应用系统，以及学校基础信息数据库、邮件系统、LCS 即时消息系统、门户系统通过 AD 集成起来后，为用户建立域内唯一的身份信息，并根据不同的用户和用户组，定制个性化的权限。由于活动目录的集成度很高，结合对外门户的应用，将学校内部的信息资源统一体现在门户网站中，在用户登录域后，我们可以直接通过访问门户网站获得需要的信息，而不需要进行二次登录，

从而解决了单点登录的问题。

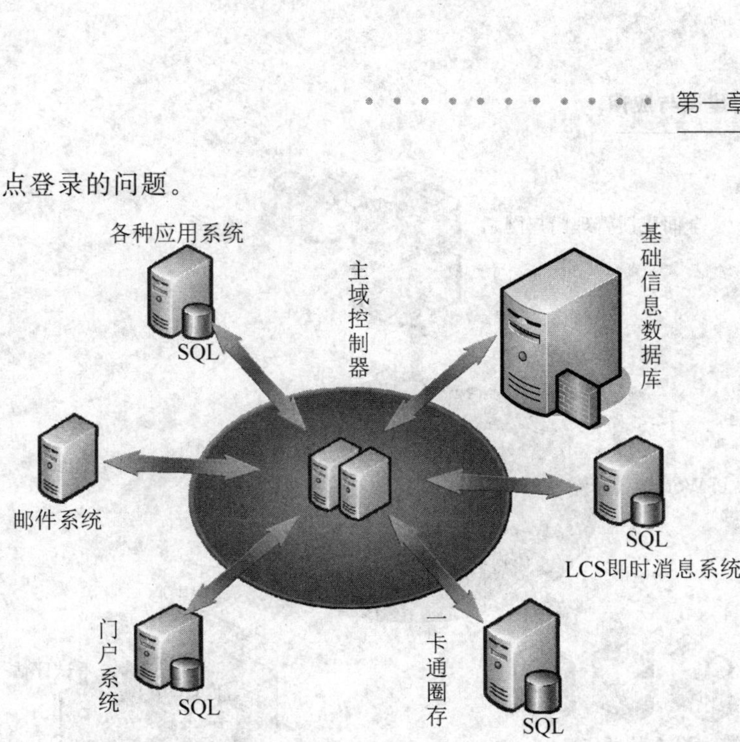

图 1-4　统一身份认证系统结构

3. 构建学生全面素质管理门户

门户是一个应用的框架，它将各种应用系统、数据资源、用户和信息集成到一个信息管理平台之上，并以统一的用户界面提供给用户，使学校可以快速地建立一条信息通道，将存储在学校内部和外部的各种信息资源有机地整合在一起。

校园门户的一般架构思路是：整个门户的构架是基于活动目录技术之上，通过统一的用户管理，以数据互通平台为数据基础，将校园内部各个应用系统的数据以及分布的数据信息通过 ZIS 发布到门户中，为学校提供统一的出、入口，从而实现学校素质教育门户。该门户真正实现了单点登录的功能，教师和学生可以直接从门户中了解到自己的个性信息，同时，门户还是统一的对外接口，可以支持学生、教师和家长从远程进行访问，并通过权限限制，获取相应的信息。

校园门户架构的逻辑示意图如图 1-5 所示，处于最底层的是支持整个平台的基础——操作系统。操作系统平台所支撑的就是数据交换层，它包括了各个应用系统的全部数据资源，通过 ZIS 的互通将数据提供给应用层，而应用层将资源提供给门户，由门户作为统一的对外接口进行发布。

4. 网上行为监控管理是数字校园建设的安全保障

在信息技术和互联网迅速发展的今天，网络安全永远是一个不可避免的话题，在中学数字校园建设过程中校园网络安全问题也有着十分重要的意义。校园网作为教师和学生在学校局域网范围内使用的特定网络，有着很多特殊性，从而引起我们一些在安全上的考

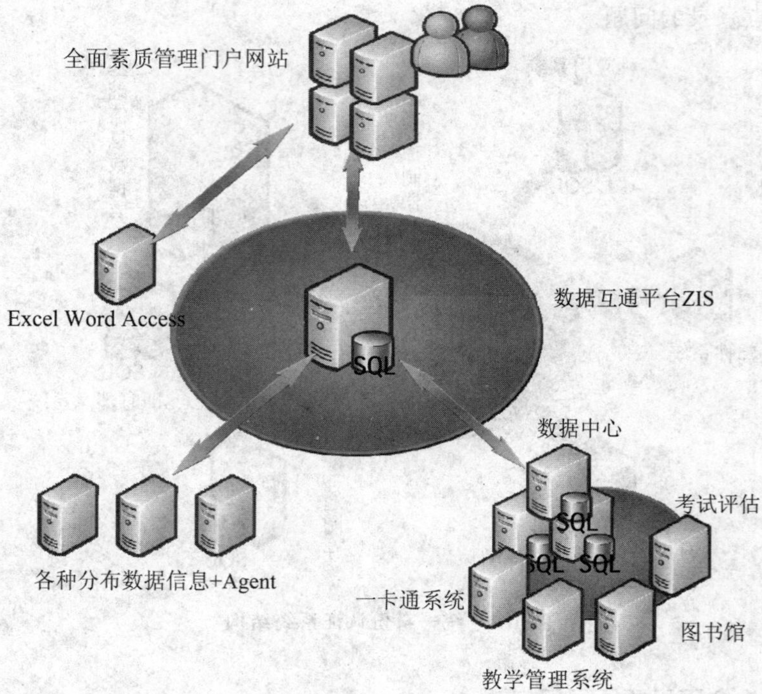

图 1-5 基于门户技术的全面素质管理网站系统

虑。例如，学生利用学习时间浏览无关信息，甚至不良网站，从而影响学生的身心健康；由于少数人的恶意下载或占用学校网络资源，使学校网络带宽受到侵占，从而影响正常的教育教学和工作的进行；学校人员多，上网时间难以控制，不容易进行网上行为的追踪，上网情况统计问题应该如何解决；等等。上述问题的出现，在数字校园建设过程中是无法回避的。这些问题的解决，一方面需要我们在硬件建设和技术运用上不断更新和完善；另一方面，还需要我们建立、健全校园网络日常管理和监控机制，从制度上保障现在技术手段功能的发挥。技术和管理在数字校园建设过程中缺一不可，只有双管齐下，才能有效地保障校园网络的安全、通畅。

第二节 数字校园建设的意义

一、数字校园与基础教育信息化

1. 基础教育信息化发展过程与反思

从 1982 年部分中学引入计算机教学起，信息化进入基础教育领域已经近三十年，然而信息技术对学校教育的影响却一直处于外围应用和辅助作用，并没有进入到教育改革的核心领域。从最开始的计算机语言教育，到计算机应用能力的培养，从计算机辅助教学到信息技术与学科整合，即便是目前开设了信息技术课程，实施了“校校通”工程，并且在其他学科中大力开展信息技术与学科教学的整合，但是信息技术在中小学仍然处于外围地位，基础教育的核心领域并没有实现真正信息化，信息技术也远远没有起到成为基础教育不可或缺的至关重要的作用，这种情况在基层学校较为普遍。目前，社会对一所学校的评价与认可程度，与信息化发展的程度还没有直接的联系，教育信息化的重要意义还没有完全被人们所认知。尽管在一些个案中，一些学校借助本校信息化建设上的成功推动了学校教育教学工作的开展，提高了学校的知名度，但也没有办法改变以升学率作为评价学校教育管理工作单一标准的现状，这种状况也影响了一些学校对数字校园建设的认知和热情，使其对于信息化工作的态度始终无法全情投入，成为影响基础教育信息化进程的一个制约因素。在分析客观原因的同时，中小学信息化工作者也应该深刻反思：为什么我们没有做到使学校的一切工作离不开信息技术。就我国中学数字校园建设过程来看，大家普遍认为信息技术是“一把手”工程，只要学校一把手重视，一切问题就都能够得到解决，但是中学信息化建设已经近三十年，投入已经非常巨大，但巨大的投入并没有产生预期的效益。在校园网建设过程中，由于一些学校在软硬件建设上盲目追求速度，使软硬件设施升级换代过于频繁，造成投入和实际效益上的偏差，一些设备还没有真正看到实在的“效益”就已经淘汰。基于这种投入产出比，作为负责学校全面工作的一把手，要兼顾到各方面的利益，使学校利益最大化，从而在财力、物力、人力和精力上的投入要全面考虑。

基础教育信息化发展过程中出现的问题促使我们对信息化过程进行反思。我国的信息技术进入基础教育，从一开始就带有很强的急功近利色彩，20 世纪 80 年代，在没有认真分析社会需求和基础条件的情况下，仅靠西方学者“计算机语言将成为人类的第二语言”的预言式论断和急于追赶世界潮流的急躁心理，很多省市、很多中小学就开设了计算机课，后来在教学实践中发现实际情况并不像预期所想，不懂计算机语言也一样可以使用计算机。随后，计算机教学的重点转移到了应用软件的使用，然而随着应用软件越来越智能化和易操作，我们突然发现，这些软件不用教学生，甚至学生比我们学得快，这些问题都造成了在教育信息化推进过程中的迷茫和困惑。于此同时，在没有改变学习方式和教学模式的情况下进行计算机辅助教学，进而大规模的推行信息技术与学科整合，广大教师和信息技术专业人员的教育理念还没有真正改变，传统的授课模式，大容量的班级授课都不可能使信息技术发挥其应有的作用，计算机辅助教学，也仅仅是在电教工作中，在幻灯机、录音机、录像机这些媒体以外，多了一种叫计算机的媒体而已。从技术应用方面讲，最初信息技术专业人员靠相对先进的技术辅助教学，不断翻新技术功能，推动了信息技术在中小学的普及，让计算机技术的优越性得以体现，然而随着信息技术的发展和计算机应用的普及，技术的开发和应用进入了平稳的“高原期”，学科教师信息素养的提高使基础学校信息技术人员在技术上的优势地位被削弱，这一方面推动了信息技术在学科教学中的应用，另一方面也对教学辅助软件的开发提出了更高的要求。虽然许多信息技术与学科教学整合被广泛认可，但是信息技术仅作为一种媒体在课堂教学起辅助作用的实质没有改变。在国外(包括港台地区)信息技术进入教育领域，首先是从学校管理入手的，从财务管理、人事管理、学籍管理，到教学管理，一开始就存在于教育的核心层面，信息技术介入教学，进入学生的学习领域，是在对学习理论、学习方法研究的基础上逐渐进入的，是一种自然的引入。这种进入是伴随着学习方式的变化，个性化学习的要求提出的，其重要的前提条件是班级容量减小，网络环境非常良好，教师要具备先进的教学观念、较强的教材整合能力和驾驭学习过程的能力，同时评价方法也要进行相应的改变，这一点在我国基础教育学校是还没有完全做到的。所以，通过对我国基础教育信息化进程的反思我们发现，观念上的落后使我们数字校园建设走了不少弯路，重新审视基础教育信息化的本质含义，明确数字校园建设的内容和主旨，是我们在引进技术之前应该首先解决的问题。

2. 数字校园对基础教育信息化的意义

随着信息技术的发展和社会信息化程度的不断加深，学校教育的研究和实践使人们对学习理论、教学理念和教学模式的认知发生改变。我国基础教育新课程改革的实施是对信息社会发展的一种回应，信息技术将在新课改中发挥重要的作用，基础教育信息化面临良好的发展机遇。数字校园概念的提出，是基础教育信息化进一步发展的体现，是信息技术在基础教育领域应用的最新体现和发展阶段，是学校信息化发展到一定程度的产物。数字校园是为了培养和造就适应信息社会生存和发展的新型人才而营造的一种学习环境和教育形态。这种教育形态以计算机技术、网络通信技术建设的校园网作为数字校园的物质基础；在稳定的网络系统下构成统一的用户、资源和权限管理，从而形成数字校园的软件应用环境，科学规范地对教学、科研、管理和生活服务等所有学校教育教学信息资源进行全面的信息化管理，实现从环境、资源、活动的全面数字化。

数字校园是基础教育信息化发展到新阶段的标志，其建设是一个不断发展的过程。数字校园的建设不是靠花钱买一个应用系统就能够解决，也不是IT公司“交钥匙”那样简单，技术手段是数字校园的基础，但仅仅有技术支持是不够的。在数字校园建设中，学校要根据自身的教育、教学、管理的特点，设计符合自身的应用体系，使网络设备、系统软件和网络技术在学校发挥真正的作用。数字校园的建设应该促进学习方式和评价方式的变革，从而促进教育的深层次变革，这些问题的解决需要观念上的变革、管理制度上的改变和社会大环境的营造，以及学校管理者对数字校园的深层次上的认知和领悟。数字校园的建设，将会影响到整个教育教学活动的开展，影响到学校的管理，甚至影响到整个教育领域利益的重新分配。

学校工作的核心领域是教育教学，因此，教育信息化在学校教育教学中起到基础性作用是教育信息化发展到更高水平的阶段性成果。信息化进入教育的核心领域，必须适应教育的发展规律，解决教育目前的主要矛盾，为教育目标的实现和学校的发展服务。随着数字校园建设的开展，新课程改革中出现的深层次问题，比如课程体系的设置、课程管理的变化、选修课的开设、教育评价方式的改变等都能有望得到解决，这些问题使得传统的教学管理体系显得捉襟见肘，但却为信息化的发展提供了千载难逢的发展机遇，因此教育信息化要以数字校园建设为契机，使信息化进入教育的核心领域。

3. 天津市基础教育领域数字校园建设实践

天津市基础教育数字校园建设也经历了相似的发展过程。近三十年来，天津市基础教育数字校园建设工作本着开拓创新的精神，积极探索现代信息技术应用于基础教育领域的理论与实践，将信息化引入新课程下的综合素质评价就是诸多探索之一。天津市教委首先下发了《天津市普通高中学生综合素质评价方案(试行)》的文件，并据此统一开发了“天津市中学生综合素质评价系统”，无偿提供给所有的中学使用，使全市七万多名新课改首届毕业生都使用该系统完成了综合素质评价的工作，并且通过区、市两级的汇集，全市的高中毕业生的数据集中到市教委信息中心，这些数据成为首批新课改高中毕业生的毕业依据，同时也提供给天津市考试院高招办，作为高考录取的重要依据。另外，为解决新课改课程体系中众多的选修课开设过程中的教材和师资问题，天津市教委委托有条件的示范性高中，开展了关于中学远程教育的尝试，发挥优质教育资源的辐射作用。这些措施是信息化真正进入了教育的核心领域的有益尝试，网络学习改变了学习方式，而综合素质评价系统的实施必将对教育评价方式的变革带来深远影响。

信息技术在学生综合素质评价中的作用主要表现为：

(1)数据处理

在综合素质评价中，数据的记录预处理大量应用信息技术手段，可以极大地减轻数据处理方面的工作量。过程评价需要在一段时间内进行，需要对历史数据进行保存，并要求保证历史过程的客观性。因此，在评价时间过后，要保证评价信息的安全和完整，所以采用市、区、校三级管理和互为备份，有利于做到数据的完整和公正。

(2)过程性评价

新课程要求评价要体现过程性，在综合素质评价中参考学生的多方面的、日常的表现非常重要，进行多元主体评价能够更加客观公正地反映出一个学生的整体素质情况，有助于将过程性评价与终结性评价有机结合起来。通过建立高通用性和共享性的数据库，综合素质评价的结果可方便地用于其他领域。对于结果的处理，软件系统能够对收集到的信息进行自动化地计算和处理，进而用直观、多样化的形式表现出来。

(3)评价结果呈现

综合素质评价系统可以直观呈现各校、各班、各学生的各方面的评价成绩，从横向发展和纵向发展两个方面反映学生综合素质各方面的发展情况。综合素质评价系统能够很方便地将学生各方面评价的信息进行汇总，并上报到区县和市教委级数据中心，这有利于各级领导掌握各区县、各学校，甚至各班学生综合素质的情况，为制定或调整课程设置、加强某些相应的制度的决策建设提供参考。

(4)评价过程的公平性

综合素质评价及其结果直接关系到学生的毕业与升学，是高利害性的，因此，保证评价过程的公平、公正以及评价数据的安全非常重要。对评价的过程和结果必须保密，分散对学生评价的要害信息的确定权限，这不仅是程序文明的要求，更为直接的原因是这样做能够减轻评价人员的心理压力。另外，在评价过程中可能会出现影响评价结果公正的问题，应用信息技术还能对评价中可能的问题进行预警，加强过程控制。如有的评价者出现一致性的明显偏差，或者在某个班得“A”的比例超出了预设的限制。

综合素质评价是高中学生学习过程中的一个环节，也是一个关键环节，综合素质评价的信息来源的上游包括学生的日常表现、学习过程的记录、学生参加体育活动的情况记录、学生参加研究性学习的过程记录和学生参与各种社会活动的信息记录，而对于学分管理最直接的环节就是学校的课程管理，这些环节的逐渐信息化，必将带来学生在学校整个学习生活的信息化程度，从而改变学校的整个工作流程的学习方式，这是学校工作信息化程度的渐次变化，逐渐达到数字校园的境界，这个过程也就是数字校园的实现过程。

数字校园的发展需要大环境的改变，学校的发展需要借助各方面力量形成宏观上的发展态势。目前，基础教育信息化已经取得长足进步，数字校园建设的深入开展又将使基础教育信息化发展到一个新的层次。

二、数字校园与教育现代化

教育现代化是指教育适应时代的发展，反映并满足现代生产、现代科学文化发展需要，达到现代社会发展所要求的先进水平。其基本内容包括教育目标现代化、教育内容现代化、教育观念现代化、教师队伍现代化、教育管理现代化、教育手段和方法的现代化、教育理论和教育研究方法的现代化、教育结构现代化八个方面。数字校园建设通过现代信息技术和通信技术在教育领域的应用，促成教育现代化各项目标内容的达成。

1. 教育目标和教育内容的现代化

信息社会的发展不仅对人才的数量，更重要的是对人才的质量提出了更高的要求。随着知识经济的发展和信息时代的到来，国际竞争日益体现为国民素质的竞争，特别是国民创新意识和创新能力的竞争。在此社会背景下，社会所需要的人才不但需要具有全面而扎实的文化基础，还需要自主学习、与人协作和能够通过创造性思维解决实际问题的能力，并且需要具备良好的道德素质和公民意识。为了能够适应信息社会日新月异的发展速度，信息素质作为社会人一项基本素质日益受到重视，以信息意识、信息观念、信息知识、信息技能和信息道德为构成要素的信息素质是个人学习、生活、工作和研究开展的基础，是21世纪新型人才必须具备的能力素质。教育要适应这个变化和发展趋势，使年轻一代乃至全体社会成员，都具备做一个信息社会的现代人所应有的素质，就必须改变教育的目标，使之适应这一要求的变化。因此，信息化使教育的目标现代化。

美国未来学家安德鲁·朱利在谈到影响未来教育的五大趋势时指出，面对时代的进步和社会的发展，基本文化素质将被重新定义，寻找、构建、使用复杂信息工具的能力将成为一个人的基本素质。我国著名未来教育学家桑新民指出，在信息时代，人的基本学习要素“读、写、算”将发生裂变，“读”的含义已经演变为作为信息获取的主要方式，在信息社会能够阅读并理解多媒体作品，会运用信息检索技术进行高效的阅读，能够改变传统的阅读习惯以适应超文本的阅读；“写”作为表达思想的主要渠道，要求学生具有超文本、多媒体的创作能力，信息的组织与管理的能力；“算”的能力正在由过去重视公式计算与逻辑推导转向运用计算机解决问题的能力，由于信息技术的全面应用，对人在计算方面提出了新的要求，由于只要能表示清楚的过程都能用计算机解决，对人的计算能力要求将转变为归纳、总结规律的能力。而随着社会信息化程度的不断深入，社会对人才的信息素养的要求不断地提高，对传统意义上的“读、写、算”的要求和意义在不断发生质的变化，建立在此基础上的其他素养和学习能力也将随之发生变化。对此，教育作为培养未来社会人才的专业领域，培养的方式方法和内容也将必须发生变化，因此，教学内容要反映现代科学技术和各门学科发展的最新成果，不断改进教材体系，以适应社会的发展，由此促进了教育目标和教育内容的现代化。

2. 教育观念与教师队伍的现代化

任何一项技术的进步都将带来教育思想发生深刻的变革，信息技术对社会的影响，也将深刻地影响教育思想和教育观念发生变化，为此，教育工作者的教育价值观、质量观、人才观、教学观、教育观、管理观也将随之改变，以适应社会的进步，这种改变推动了教育思想的变革，从而为教育现代化奠定了思想基础。

信息技术在教育教学中的不断运用，成为广大教师深入学习教育教学理论，提高教育技术应用能力和水平的推动力量。数字校园的建立与应用、学生学习过程的管理、现代多媒体学习资源库的建立、学习成长记录的建立和信息采集，关键在教师。在此背景下，教师的工作习惯和思维方式必然要进行重大的改变，这就要求教师必须要改变现有的工作方式和教学方式，提高自己的信息素养，把建立学习资源、管理学习过程和记录学生的学习成长经历作为日常教学工作的一部分。教师必然要改变过去那种把该讲的知识讲了就是完成教学任务这样的习惯思维，变成以学生发展为教学的最终目标，把学生真正做作教育活动的主体。所有学科的教师需要自觉研究信息技术与所教学科的课程整合，改变传统的教学方式，以适应信息技术带来的学习方式的变革，认真记录学生的成长经历应该成为教师教学的自觉行动，教师需要不断构建本学科的学习资源体系，用信息技术手段管理学生的学习过程，这些都促进了教师队伍现代化的实现。

3. 教育管理的现代化

学校教育教学管理信息化是指利用计算机及其网络的数据管理、通信和信息处理功能来改造学校管理职能，帮助学校管理部门了解、收集各领域的信息、掌握学校各项教育教学工作的状态，监测、调控、评价学校的教育管理过程，协调各部门的管理工作，并且为学校领导提供有助于作出科学决策的重要信息，从而规范管理的各个环节，提高教育管理的效果与效率。要实现上述目标，学校需要通过改革，使学校教育管理体制符合现代管理原理，并促使管理者有现代的管理观念和素质。数字校园的建立，为教育管理现代化打下了良好的基础，也必将推动学校的教育教学管理向着符合现代管理原理的方向发展，促使管理者逐步具备现代管理观念，提高管理者素质，同时也将实现办公信息化，从而实现教育管理现代化。

4. 教育手段和教育方法的现代化

信息技术在教育教学中的广泛应用，必将带来教育方法和手段发生重大的变化。在支持教学方面，由于教学活动中信息组织的非线性，教学内容表现形式呈现多样化。多媒体技术能综合处理各种媒体信息，如文本、图形、声音、图像、动画、动态影像以及模拟的三维景象等，通过多媒体技术，各种信息媒介之间可以实现交叉转换，实现教学内容的结构化、动态化和形象化。生动丰富的学习内容将大大提高学习者的学习兴趣。同时，各种类型的计算机网络(如局域网、Internet 网等)的使用，使教学信息传递的形式、速度、距离、范围等发生了巨大的变化。利用 Internet 网可将全世界的教育资源连成一个信息海洋，供广大学习者共享，为网络教学、远程教学、虚拟实验室等新型教育模式实施提供了条件。教学过程智能化和学习资源共享化就是教育手段现代化的重要体现。

(1)教学过程的智能化

多媒体计算机系统与人工智能技术相结合可以实现智能模拟教学过程的功能。学生通过人机对话，自主进行学习、复习、模拟实验和自我测试。计算机能根据学生的不同的个性特点和需求给予帮助、指导、判定，从而实现教学过程的智能化。

(2)学习资源的共享性

目前，各类局域网和 Internet 网上存在丰富的教学资源库，提供各类 CAI 课件、视频点播资料、教师备课教案、多媒体素材等信息内容。图书情报信息库能提供全面的图书查阅和检索服务，管理信息库能提供全校教学、科研、行政、后勤、财务等多项管理信息资源，动态综合信息库能提供校内新闻发布、问题讨论、师生之间的 E-mail 交流、常用软件下载等。学习者可以根据不同的条件、不同的目的、不同的阶段，有效地选用相应的学习资源，从而实现自主学习和终身学习。

5. 教育研究和教育理论的现代化

信息技术的应用促使教育科学研究方法和手段的变革，从而促进教育研究和实验水平的提高，这为不断揭示现代教育教学规律，形成现代的教育科学理论体系打下了基础，实现教育研究的普及，推进教育和教学实践活动的发展。与此同时，信息技术在教育领域的广泛应用将为学校德育工作带来重大变革，学校、社会、家庭的联系更加紧密，学生思想教育的内容、方式、手段也将面临新的要求。充分利用现代多媒体设备和信息传播工具推动学校德育工作的发展，提高德育工作的效率和效果，成为新时期下德育工作的必然选择。

6. 教育结构的现代化

随着社会信息化程度的不断加深，社会教育体系将发生宏观结构上的变化。以信息技术为基础，对整个教育教学体系进行全面改革，使教学目标、内容、方法和形式，甚至教育组织结构设计更加符合社会发展的要求，充分发挥现代教育的社会功能，建立旨在解决包括青少年儿童教育和成人教育在内的多类型、多层次、多规格的社会教育体系，才能满足社会各方面对教育的要求，完成社会教育的现代化。

综上所述，数字校园建设中的教育信息化过程将全方位地改变教育，促进教育向现代化迈进，同时，这也是实现教育现代化的必由之路。

三、基础教育领域数字校园建设的思考

1. 要以变革精神顺应时代发展

信息时代是一个变革的时代，是一个创新的时代，所有的学校都应重新审视自己在这场教育变革中的合理定位，抢抓机遇，迎难而上，学校的发展能否适应社会发展需求，是自身能否获得进一步发展的关键。本次以信息技术为代表的社会变革，使传统的教育观念和教育手段发生巨大的变化，每一个学校都不可避免地要在这次变革中重新找到自己的位置，以应对传统的学校在社会上的地位发生变化。例如，在信息技术为背景的本次课程改革，对所有学校而言就是一次严峻的挑战。面对这次课改，很多学校和教研人员有自己的

看法，有不适应，加上涉及一些既得利益上的变化，因此，呈现出多样的心态和做法。课程改革是对应试教育的否定，是对素质教育的回归，是为了让教育回归其本来的目的和归宿。在这样的变革时期，所有学校都要经历一次脱胎换骨式的阵痛，只有顺应教育改革的现实，努力研究课程改革的实质，将课程改革引向课堂，使之常规化，彻底改变传统的教育观、人才观、教学观，才能真正将本次课程改革落到实处，才能在正确的发展方向上扬帆远航。信息技术与课程整合，其实质就是要加快这场变革的进程。因此，在这次教育变革过程中，有的学校会落伍，被淘汰，而有的学校会借此发展，成为新的大校、名校。

2. 要以科学的态度推动数字校园建设

数字校园的建设应该先行规划，夯实基础，梳理现有系统，加强基础平台建设，数字校园的建设要与学校的整体建设相结合，通过数字校园的建设研究，学校要梳理已有的信息化问题，提出自己要解决的问题，特别是对那些具有本学校特性的问题要进行深入研究，通过数字校园的建设进行探讨和解决。实施过程应该是分步实施，不能一刀切，不能一步到位，那种过高、过大、过全的建设反而是浪费。为此要探讨和明确数字校园的建设过程，制定详细地实施步骤分阶段、分步骤地进行。

3. 要正确认识技术的作用

技术是解决数字校园的基础，但仅仅有技术支持是不够的。在数字校园建设中，学校要根据自身的教育教学管理的特点，设计符合自身需要的应用体系，使网络设备、系统软件和网络技术发挥真正的作用，因此，构建数字校园，关键是学校自身如何发挥作用。数字校园的建设应该促进学习方式和评价方式的变革，从而促进教育的深层次变革，这些问题的解决有观念上的、管理制度上的、社会大环境方面的、还有学校领导对数字校园的认识程度，这些问题绝非是仅技术能够解决的。

4. 要正确处理继承与发展的关系

数字校园的建设，绝对不是推倒重来，是要整合过去已有的系统，照顾已有的投资，特别是在已有的系统有很多宝贵的数据，所以对于大多数学校来讲是在已有的校园网应用基础上，构建整体解决方案。过分强调数据库的统一不现实，也没有必要，更不符合市场规律，构成数字校园应用体系的建设，绝不是一个包罗万象的系统平台能够统一解决的，学校要搭建通畅网络环境，建立规范的数据互通平台，用市场的手段让更多的厂家加入到数字校园应用体系的建设中，通过应用整合消除“信息孤岛”，提升“数字校园”的整体能力。要考虑定制开发和运营维护的问题，各学校的数字校园的建设，不仅是要买一些定制的产品，还要有大量的定制开发的过程，要控制好硬件、软件、开发和培训的投资比例，特别是许多问题不是靠花钱买软件能解决的，在符合规范的基础上，既要引进一些通用的成品应用系统，也要培养本校的技术人员，在符合规范的基础上设计开发具有本校特性的小的应用程序，使应用层的应用更加丰富。数字校园要有一个规范，通过研究来构架数字校园的规范框架，是数字校园建设的重要内容。

第三节 推动数字校园建设，培养创新型人才

一、培养学生的创新精神与创新能力是素质教育的新体现

学校教育的目标是培养出社会需要的各类人才，学生创新精神和创新能力的培养，在中学教育领域受到越来越多的关注，各校都把学生研究性学习的开展和校本课程的建设作为学生创新能力培养的重要手段。面对信息社会的挑战，中学教育应该通过数字校园的建设，改变学生传统学习方式，使每一名中学生通过中学阶段的学习，不断地提升自身的信息素养，学会和适应信息时代的学习，为终身学习、满足不断发展的社会需求打下坚实的基础。因此，每一个学校培养的目标应该定位在使每一个毕业于该校的学生，都能够具有适应未来信息社会学习方式的能力，并具有比一般人更强的学习能力和创新能力，使之成为能够引领未来社会发展的人才，数字校园建设就是为实现这一教育目标服务的。

二、数字校园建设要以提高学生创新意识和创新能力为目标

创新人才的培养要探索其规律，对创新人才的基本素质的认识在不断地变化，对培养规律的认识也在不断的变化。创新人才的基本素质包括：在任何情况下，都要坚信经过自己反复思考的奋斗目标是一定能实现的坚定的信念；以发现问题、提出问题为前提强烈的创造欲望；深厚的理论基础和广博的知识面；具有很强的心理承受能力，要有坚忍不拔的意志，能承受失败，特别是要有超越自我的精神素质。这就必须要有包括高接触、高思考、高科技的社会创新能力的教育。在数字校园环境中，学生在数字化的学习环境中学习生活，参加一系列学校学习生活，在活动中成长，同时在活动中产生的信息通过数字校园，源源不断地汇集到每一个学生的账号上，使得这样的数字学生的各方面数据不断丰富，逐渐积累成为能够反映学生全面成长的信息库，并逐渐形成一个具有丰富记录的数字化成长档案。通过对学生成长档案袋的分析，可以为学生的培养提供更多的支持。数字校园的建设应该基于这一角度，不断进行新的尝试和探索。面对传统教育体制下一些长期存在的问题，比如班级授课制度下学生个性化学习问题，比如面对大信息量的教学的问题，比如组织学生全员参与课堂教学的问题，现代信息技术都大有可为。数字化实验室、智能化探究实验室、远程协作教室和全覆盖式无线校园网的建立，都可以为学生个性化发展营造前所未有的环境，数字化的空间环境浸润式地培养了学生的信息获取与加工、知识建构

与表达、人际沟通与协作、问题发现与解决等能力，从而使学生养成了利用信息技术开展自主学习和终身学习的习惯，从这个层面上讲，数字校园建设还任重而道远。

第四节　耀华中学数字校园发展概述

《国家中长期教育改革和发展规划纲要(2010—2020)》中指出：信息技术对教育发展具有革命性影响，必须予以高度重视。把教育信息化纳入国家信息化发展整体战略，超前部署教育信息网络。

教育信息化是当今世界教育发展的大趋势，数字校园建设是教育信息化程度的具体体现。数字校园建设是学校一项基础性、长期性和经常性的工作，是学校建设和人才培养的重要组成部分，也是学校抢抓机遇在新一轮教育竞争中占据有利位置的必由之路；更是学校加强内涵建设、提升教学质量的必要推手。其建设水平是学校整体办学水平、综合实力和社会形象的重要体现。

天津市耀华中学的教育信息化建设起步于20世纪80年代，在阎治身校长、曲丽敏校长等几任领导的带领下，耀华人在教育信息化的道路上不断努力和探索，坚持以“科学规划、分步实施、注重实效、全面应用”为原则，以学校网络及信息化基础设施建设为基础，以教育资源、信息交换平台和应用软件建设为重点，以教育教学信息化应用为核心，以管理体制、机制和队伍建设为保障，以全面改革学校教育教学手段、创新教育模式、提升教育质量为目的，大力推进教育信息化，为实现我校教育现代化奠定了良好的基础。

一、起步阶段

1. 硬件基础

教育技术现代化，必须有一定的物质基础。经过十年的不懈努力，到1997年我校已拥有386微机30台、486微机60台、586微机60台、美国原装新型苹果机15台，建成三个局部网络(其中两个多媒体网)，基本能满足教学改革的需要。

耀华中学在1998年建成天津市第一个百兆校园网，当时的网络主干为100兆光纤，10兆到桌面，核心交换机为思科catalyst2916，接入层交换机为思科catalyst 1924。水平工作子系统采用非屏蔽超五类双绞线。INTERNET的接入通过64 KDDN专线，服务器采用HP的LH3、LC3服务器。

2. 功能定位

建成后的校园网提供的服务有WWW服务、资源共享服务、cisco IP/TV服务、FTP服务、信息采集等服务，为学生提供电子阅览的功能、资料查询的功能等。CISCO IP/TV

可将现场的实况直接通过校园网络传播到每个计算机工作站，有电教系统的部分功能。

3. 经验积累

在硬件建设过程中，耀华中学一直坚守三个原则。一是既要及时了解现代科学技术发展的东西，又要考虑自身的需求与条件，逐步上台阶；二是实事求是，从实际出发，不追求华丽排场，倚重硬件设备在教学中的实际应用；三是勤俭节约、艰苦创业，发挥自己的优势，充分挖掘和合理运用已有的资源，不断自我完善。现代信息技术的应用和探索，既取决于领导高瞻远瞩的认识和决心，又取决于教师的积极性和素质。因此，不间断地培训教师和职工掌握、运用现代信息技术，就成为实现教育现代化的关键。这就促使学校狠抓制度建设，建立一个良好的激励机制与约束机制。

根据学校要求，1982 年以后参加工作的教师都必须学会使用多媒体手段并能制作本学科的教学软件。学校成立电教工作领导小组，每年评审一次，根据教师掌握现代信息技术以及创造的业绩，定出一、二、三级，作为职务评聘、晋升条件之一。学校每年第四季度组织评委会，评比一年来制作的 CAI 软件，给予精神与物质奖励。与此同时，对在研制、运用现代信息技术做出突出贡献的教师，总结介绍经验，向上级领导推荐，评为优秀教师或劳动模范。

学校抓住研究、制作计算机辅助教学软件这个中心环节，不断推进教育现代化。在制作 CAI 软件的过程中，强调三支队伍的有机结合，即丰富教学经验的中、老年教师提出课题，把握 CAI 软件的内容与科学性；青年教师在中老年教师指导下，针对课堂教学中提出的要求，写出 CAI 课件脚本；机房专业人员及部分青年教师依据课件脚本制作 CAI 软件。

全校 219 名教职员工中经过培训的达到 190 人次，其中 50 多人已成为能独立编制教学软件的骨干力量，共研制出数学、语文、外语、物理、化学、历史、生物、地理、政治、体育等各学科教学软件 200 余个，并将自制的第一张教学光盘向全国推广。1998 年被教育部评选为全国电化教育工作先进学校。

二、改造阶段

耀华中学数字校园的建成在潜移默化中转变着教师长期以来“以教为中心的教学模式”，强调以学生发展为本，为教学提供丰富的、可用性的资源环境，促进学生自主合作探究学习，不断优化教学过程，提高教与学的效率为出发点。

随着数字校园的广泛应用以及学校办学规模的不断扩大，部分设备已经不能满足需要，速度慢、应用领域窄、运行不稳定等问题日益突出，为此学校分别于 2001 年和 2003 年对数字校园进行了综合改造。此次改造不仅是对原有的设备和系统需要进行改造和升级，同时还扩充了新的应用领域。

1. 硬件提升

随着耀华中学示范校建设的进行，学校占地面积增加了 4 万多平方米，“尚勤”、“尚朴”、“惟忠”、“惟诚”四座教学楼拔地而起，各种类型的教室、实验室、图书室、信息技术教室等为数字校园的建设提供了更广阔的舞台，同时将新校区和老校区科学地整合也成为此次网络改造的重点。

本次改造以 catalyst 6509 为中心交换机，从网络中心向各教学楼铺设 16 颗光缆，在二级交换机的选择上遵循“满足应用，适当扩充”的原则，分别选择了 catalyst 4006、catalyst 3548、catalyst 2916、catalyst 2950、catalyst 2900 等设备，保障了数据传输的通畅。

为了保证数据的安全和提高通信的效率，加大数字资源的建设，学校扩充了原有的服务器，将 14 台服务器全部改造为机架式，集中放置在网络中心控制室。

经过几次分批购置，学校共有台式计算机 490 台，其中办公室、实验室有 140 台；计算机教室为学生计算机学习的电脑约有 350 台。除此之外，学校实行信息技术绿色证书制度，为一线教师配备笔记本电脑 360 台左右。

教学楼中的每个教室内都安装投影仪、视频展视台、音视频系统，云台摄像头等设备，较好地支持了教学工作。

学校目前有两个多功能教室，均设在信息楼内，一个是有 300 多平米的演播厅，另一个是 150 平米左右的观摩教室，为学生各类大规模的活动提供了技术支持。

2. 丰富功能

(1)校园网管理

校园网管理平台基于数据库服务器，其功能主要有：学校基本信息管理、学籍管理、教务管理、教师管理、学生综合素质管理、总务管理、校园网管理、图书馆管理(纸质图书)、一卡通管理、考勤等。

校园网管理系统采用安博公司的管理软件，对学校的基本信息、教务、总务、校园网络等进行管理。

图书馆管理系统采用北京清大息洋公司的管理软件，对我校图书馆的 4 万册左右的图书进行管理。

一卡通管理采用南开太阳公司的管理软、硬件，分考勤系统和消费两大类，使用非接触式一卡通，在校园内教师、学生可利用一卡通进行各种消费；上班、上学考勤打卡；到图书馆进行图书借出、还回。

(2)网络安全

数字校园需要为师生提供一个安全的应用平台，我校购买了正版的瑞星杀毒软件，并在网上随时升级，由网络中心将最新版本的杀毒软件进行下载，存放在文件服务器上，由教师使用安装，并在校内部主页上随时公告最新的杀毒软件版本信息。

学校安装有两个硬件防火墙，分别为 PIX 525 和 PIX-515-R-RUN，教育科研网和网通网的接入均通过该防火墙，对校内的服务器、计算机进行保护，以防外部黑客的攻击。

在学校内部，为防止有人利用校内的计算机对校内的服务器进行攻击，采取了以下一些措施：一是在中心交换机上加访问列表；二是在服务器上关闭一些端口；三是利用瑞星个人防火墙(软件)。

为了有效、安全地使用网络带宽，学校还引进了流量监控设备，将学校的数据流量有效地控制起来，屏蔽了下载软件、游戏、非法类网页、视频流媒体软件，并可以控制上网时间，限制非法流量，随时监看用户的上网情况等功能，保证了教学的使用。

(3)视频控制系统

视频控制系统实现了校园闭路电视系统。我校现有 6 个频道增补器(PBI 邻频调制器)，即最多可同时观看 6 套自办节目，在网络中心视频控制室对各节目源进行调制，将其转变为射频信号，通过射频线到各个地点，教室里放置电视接收器，将射频信号调制成音、视频信号，视频信号从投影仪投出，音频信号通过教室里的功放送到教室的扬声器中，从而实现在教室中观看有线电视或校自办节目；校长室、机房等地点放置电视机直接观看有线电视或校自办节目，形成覆盖全校的视频控制系统。

(4)音频控制系统

我校的公共广播系统中心控制采用 MAG 智能化主机，它以一台专用的主机虚拟了广播系统中除功放以外的所有环节(包括音源播放环节)，直接在主机屏幕上操控。它除了具有常规系统的功能(矩阵分区、定时、钟声、告警、强插、寻呼、电话、监听、语音文件固化、CD 播放、数码录播)外，在其主机中还内置一个容量极大的电声广播节目音源，无须外设音源即可支持各种音乐广播播放，我校目前的所有铃声就是利用了这台 MAG 智能化主机。

目前我校的音频系统采用分区广播的方式，全校共可分 62 个分区，对每个分区即可单独进行广播，也可组合进行广播。教室的喇叭使用两路功放控制，使其能接受多路声音信号，并设优先级。音频控制中心可对多个区域进行广播控制，实现播放、收听自如，音量调节自主。

(5)电话系统

电话系统将使用网通的模拟电话系统，共 400 多部电话，基本做到每个教师一部电话。教师接电话不收费，打电话使用 201 卡，同时在校园内多个区域安装 IC 电话，方便教师及学生的使用。

三、互通开放阶段

数字校园的建设是一个长期的工作，在这个过程中，要不断完善应用体系，使学校的工作逐步更多地纳入到数字校园中来，使得学校的信息越来越丰富，使得为学生和教师的信息化服务越来越到位，使得数字化校园中的数字化的人越来越立体和丰满，从而使得信息化真正为素质教育服务。

耀华中学在 2005 年下半年开始实施的数据互通平台和校园门户建设。数据互通平台和校园门户的建设，把耀华中学数字校园建设向前大大地推进了一步，但是当初决定做数据互通平台和校园门户网建设时，耀华中学的主管领导却费了很多心思，大家在思考着一个问题：耀华中学的数字校园建设下一步该怎么走？

近年来，学校陆续建设了图书馆管理系统、一卡通工程、学籍及成绩管理系统、家校通系统等。随着这些系统的应用推广，耀华中学老师现在上班的时候所有工作都要在电脑里面完成，变成了一个自觉的行动，已经具备了在教育思想引领下的手段的现代化。

在耀华中学的数字校园的构想中，上述系统仅仅是一个开端。学校更希望建设在以校园的全方位生活和工作为中心，覆盖并协调各类人员对生活与工作的需要，实现从环境(包括实验室、教室、设备等)、资源(包括公文、图书、讲义、课件等)到活动(包括教、学、科研、管理、服务、办公等)的全部数字化，进而实现在传统校园的基础上构建一个数字空间，扩展传统校园的功能，最终实现教育过程的全面信息化，达到提高教育管理水平和效率的目的。

耀华中学的数字校园建设下一步该怎么进行？国内能为耀华中学提供参考的成熟数字校园建设的案例还很少，国外的经验又不太适应中国的国情。2006 年，在天津市教委的支持下，耀华中学在微软公司的帮助下，开始共同规划数字校园建设的方案。经过仔细考虑，耀华中学决定先从优化信息系统的数据共享、用户管理、网络安全管理等基础信息化环境入手，为下一步的数字校园建设，搭建更高效、统一的平台。

1. 数据互通平台，建设统一的数字校园

耀华中学应用的图书馆管理系统、一卡通工程、学籍及成绩管理系统，是分别由三个不同的公司开发的，而且每个公司都有它独立的应用软件的系统，也有它独立的数据库。也就是说，每一个人的基础数据都要分别在三个数据库里输入，但是在更改某一个数据的时候，其他的数据不能同时改变，就是所谓的数据不能互通，我们把这种现象称为信息的孤岛问题。

从 2005 年发现这个问题以后，学校本身也在想办法，曾经提出在引入后续的新建应用系统时，要与之前已经使用的应用系统进行互连，实现信息的共享，或者叫数据的交换，但是这种方法并不能从根本上解决“信息孤岛”的问题。

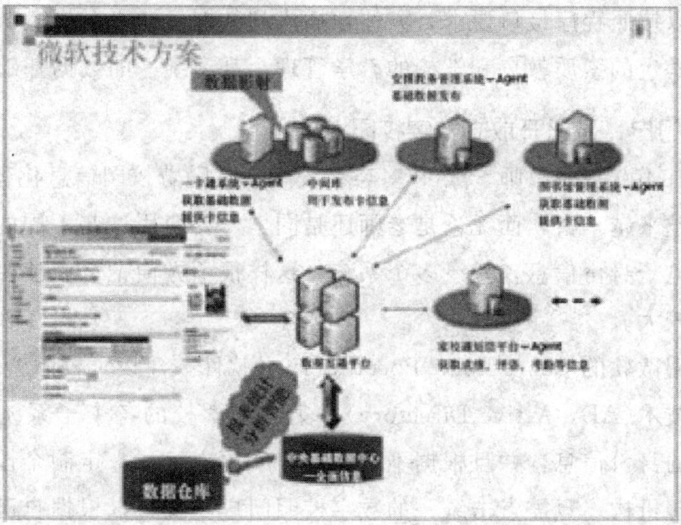

图 1-6 数据互通平台

2005 年 11 月，耀华中学开始实施数据互通平台建设，就是将现在正在运行的图书馆管理系统、一卡通工程、学籍及成绩管理系统三套应用系统，都与数据互通平台进行连接，通过中心交换，实现系统之间的数据互通。同时，系统之间进行数据交换时完全遵循教育部的 EMIF 标准。

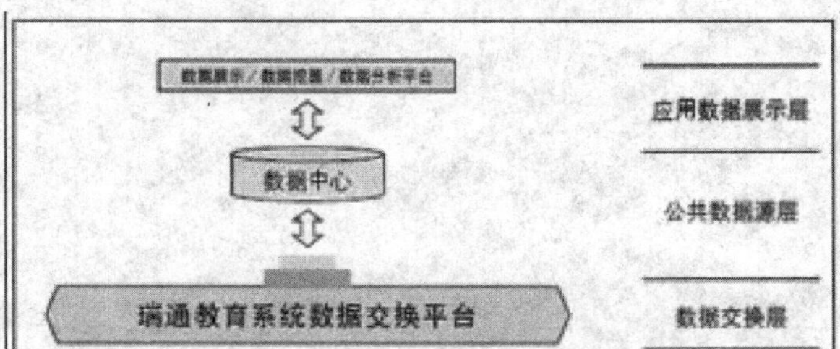

图 1-7 瑞通数据交换平台系统构架图

到 2006 年 3 月份，开发测试基本获得成功。现在的三套应用系统已经实现了数据互通。

数据互通平台的成功建设，大大简化了耀华中学原有的信息系统优化和整合的过程。未来耀华中学需要建设的各项业务管理系统、教学系统，如体育锻炼管理系统、艺术教育管理系统等都可以按照程序接口要求，方便地插入到数据互通平台中，共享其他系统的数据和资源，保证学生的素质教育和学校的教学管理，都在统一的数据基础上进行。

2. 素质教育门户，建设开放式数字校园

耀华中学现有400多名教师，5000多名在校学生，随着校园信息化建设的发展，学校内部的应用系统越来越丰富，而无论是老师还是同学，要使用这些不同的应用系统，就要记忆多个不同的电子身份信息，登录多个系统，这样很不方便记忆和使用，统一管理很困难，工作量相对较大。

耀华中学利用微软的 Share Point Portal Server 软件，建设了校园全面素质管理门户，并结合活动目录技术(AD，Active Directory)，集成了学校的各个子系统后，为每个用户建立了域内唯一的身份信息，并且根据不同的用户和用户组，来定制个性化的权限。目前教师和学校的管理机构，只需点击统一的数字校园门户，就可以根据自己的权限，浏览并管理相应的信息。门户技术的应用，不仅教师、管理人员可以应用数字校园的应用，还可以支持学生、教师和家长从远程进行访问，了解学校动态，课程设置，反馈对学校的建议等。

门户的技术不仅方便了用户的使用，成为一点即通的素质教育门户，而且使耀华中学的数字校园，成为开放性的数字校园，从根本上加强了教师、学生、家长的全面沟通和交流。

第二章　数字校园的标准建设

第一节　数字校园标准建设的主要内容

信息化标准覆盖面很宽，随着信息技术的迅速发展，我们认识到，信息标准不再是平面的，而是立体的、结构化的。参照高校信息化建设标准规范，提出了信息化基础设施规范、应用系统规范、信息标准规范(含信息的应用规范)、用户规范和项目管理规范等几个大的方面，其结构如图 2-1 所示。

一、基础设施规范

信息系统的基础设施包括计算机硬件系统(包括服务器、个人计算机、其他设备等)、计算机软件系统(包括操作系统、数据库平台、应用平台等)和网络基础设施与服务。随着 IT 产业的迅猛发展，计算机软件也是日新月异。目前，硬件、软件管理规范不可能定出具体、详细的条目。但规划、选购硬软件绝不可掉以轻心，不仅要看同类设备的性能价格比，还要看该产品是否可满足中学整体信息化建设的需要，是否为市场的主流产品，是否

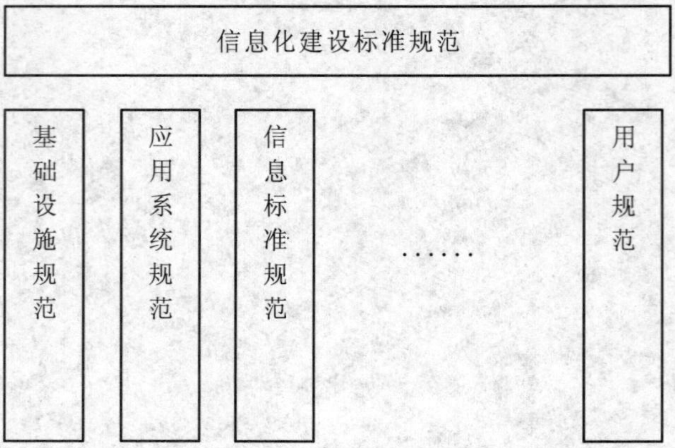

图 2-1

有发展前途。在一个学校(企业)中，从硬件(如服务器、网络设备)到系统软件(如操作系统、数据库系统等)均应有一种(或两种)主流产品作为推荐标准，不宜成为万国产品博览会。如数据库管理系统(DBMS)，市场上产品现在有大大小小十几种，在一个学校中应该选用一种能够满足分布式计算需要的数据库系统作为主要平台。如果不加控制地引进势必造成混乱，使数据交换、共享更为困难，自找麻烦。

制定基础设施规范应考虑以下几个因素。首先是其功能指标能是否满足校园整体信息化建设的需要(是否适合网络计算、稳定性、安全性等)；其次是其基本性能是否满足今后若干年的需求(速度、容量等)；再次是是否符合 ISO 标准；是否是主流产品或者与其他主流产品兼容；产品的技术支持和服务质量；最后是否代表新的发展方向。

二、应用系统规范

应用系统软件是面向最终用户的，其质量的高低，直接影响管理效益和效率。无论是购买还是自行研制，应用软件应具有以下性能指标：

● 适应科学的管理体制，代表先进的发展方向。

● 数据设计符合信息标准及应用规范。

● 功能齐全，满足需求。

● 与相关应用系统的数据交换接口；提供应用访问接口；符合一定的应用管理规范，能够与其他应用系统集成。

● 通用性、扩展性，易操作。

● 信息安全性能。

● 技术文档齐全规范(源程序、技术文件)。

这里不能忽视的是要适应科学的管理体制尤其是管理软件，首先要能满足科学、合理的管理机制。以教学管理软件为例，学分制、集中式教学管理显然能较好地配置学校的教学资源(师资、教学设施)和最大限度地调动学生的积极性。如果采用了不科学的管理体制，投入巨额资金购买或开发的系统就可能无法使用或寿命短暂。

三、信息标准规范

1. 信息标准

信息标准在全校范围内为数据库设计提供了类似数据字典的作用，为信息交换、资源共享提供了基础性条件。信息标准在信息化建设中是至关重要的，在新的形势下应该有新的拓展。图 2-2 所示是学校信息标准中一种模式的结构图。按学校的特点可分多个信息标准集。信息标准集下分信息子集(如教学管理信息标准集下分基本子集和教务子集)，信息子集下分信息类，信息类是相关信息项的集合(如基本子集中的学籍类)。信息标准集中最基本描述的是信息项(数据字段)的属性(字段名，类型，宽度等)。这里明确地指明息项名称和增加“关键信息项”等的说明，为数据关联提供必要条件，这对使用者来说十分必要的。

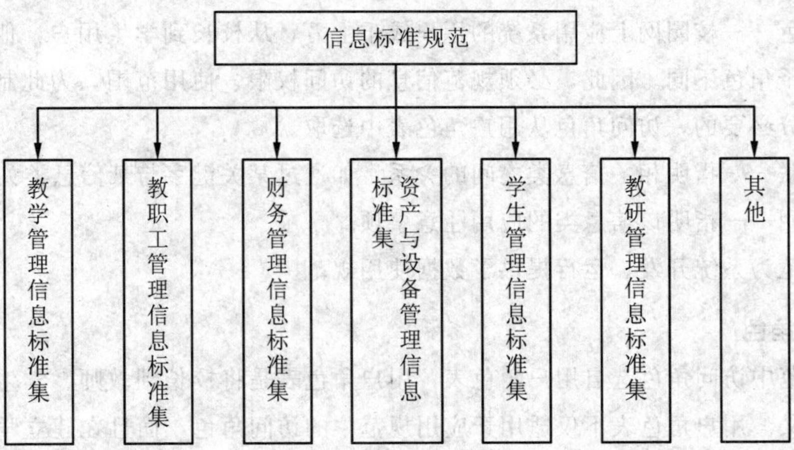

图 2-2

信息标准集的层次如图 2-2 所示。由图 2-3 中可以看出，这里增加了应用规范和用户角色表。

2. 应用规范

目前各类信息系统几乎都在校园网环境下运行，规范它们的数据应用属性才能促进资源共享，使信息能有序流通。应用规范指明信息类的如下条目的要求：

信息来源——信息的提供者也就是信息的维护者，确定保证数据准确性的责任。

更新周期——没有一成不变的信息，只有定期更新的数据才是准确、实用的，因此信

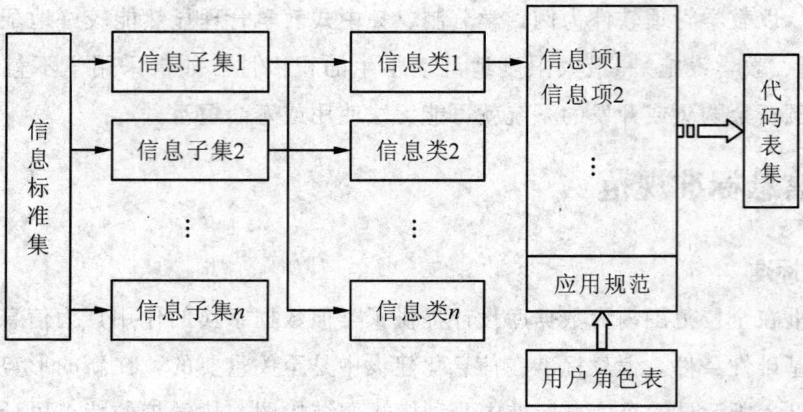

图 2-3　信息标准的层次结构

息必须有更新周期，按信息类的特点可将更新周期定位：实时、日、周、月、季度、半年(学期)、年(学年)等。

有效期——从信息档案的角度来看，很多信息是长久有效的。这里的有效期是指校园网上当前运行系统的信息。

访问角色——校园网上应用系统的用户成千上万，从校长到学生用户，他们因访问权限各异而赋予角色不同。因此，必须规范信息的访问权限、使用范围。为此制定全校用户角色表是十分必要的，访问角色从用户角色表中选取。

数据关联——指明相关信息类之间的关系，如通过某关键字与某信息类关联。

应用说明——指明该信息类的应用注意事项。

应用规范为系统开发、运行提供了数据使用规范。

3. 用户角色

应用规范中访问角色选自用户角色表，用户角色表是将校长到教师、学生的各类用户进行规范定义。用户角色表不仅适用于应用规范中的访问角色，而且在建立学校门户网站进行统一身份认证也是不可或缺的。因此制定好用户角色表是一项十分重要的工作。

如下是信息标准及其应用规范的示例。

G 高中生教学管理信息集

GZ 基本子集

GZ01 高中生招生类

编号	信息项名	中文含义	类型	宽度	说明

GZ 0101 BH 编号字符型 5 学校内部编号，关键信息项

GZ 0102 KSH 考生号字符型 30

GZ 0103 XM 姓名字符型 20

……………

[应用规范]

数据来源：教务处

更新周期：　　年

有效期：4 年

访问角色：教学副校长，教务处处长，教务员

班主任(本班数据)

年级组长(本年级数据)

学生(本人数据)

数据关联：供给"GZ02 高中生学籍类"做基本信息，通过关键字段"GZ0101，BH，编号"与其关联应用说明：

4. 代码表

代码表是规范信息项的填写内容，为应用系统便于数据录入和查询统计而设计的。代码制定原则如下：应优先使用国家标准代码；首先制定好学校管理的重点代码，如教工号、学号、课程号等；统一制定其他方面的通用代码表。

四、项目管理规范

项目管理规范的建设，是指学校在信息系统建设和运行中应遵守的管理规范，使信息化建设和运行进入统一管理的新局面。制定学校信息化管理规程，要重点反映学校在建设网络应用系统建设中的政策、指导方针。包括项目立项管理规范、项目开发管理规范，项目测试验收管理规范、项目运行管理规范、各种中长期建设规划规范、信息安全管理规范等。

主要考虑以下几个方面：

- 新建应用系统要有报批制度，只有符合标准规范的系统才能开发实施；对已有不符合规范要求的系统要有计划地改造为符合标准规范的系统；
- 对于未报批的新建系统学校将不予支持(资金、技术)，今后该系统与其他系统的数据交换、信息共享造成的问题自己负责；
- 新系统验收或鉴定要有学校有关部门参加，对不符合标准规范的系统不能通过；

- 应用系统的运行后台需要建立严格的运行管理和技术操作制度，并建立具备一定资质的技术保障和管理队伍；
- 应用系统的运行前台需要建立培训、考核及使用规范，保证用户能够有效、准确的使用信息系统。

五、技术文档规范

技术文档规范的建设主要指的是从系统开发的角度考虑符合软件工程的各种技术文档和规范。包括项目开发计划、需求分析说明书、概要设计说明书、数据库设计说明书、测试说明书、操作手册、用户手册等。

六、系统用户规范

以上所说的是系统建设方面的规范，而系统的用户素质是影响应用水平和效益的最终制约因素。因此，用户素质的提高是信息化建设的重要环节。这里对用户提出以下规范要求：不断提高信息技术水平，学校要对教职工定期进行考核，考核通过者才能上岗；积极参加新系统的培训学习，熟练掌握应用系统的功能操作；建立全校一盘棋的全局观念，及时维护数据的准确性和数据交换的可靠性，确保信息资源共享；加强规章制度教育与学习，提高系统安全、信息保密意识。

第二节　数字校园标准建设的数据交换规则设计

如今，越来越多的应用系统或资源库出现在各个领域的工作中，为某个领域中的某种工作乃至整个领域的相关工作提供强有力的数据和服务支持。随着信息化建设的不断发展，更多的时候要求领域内以至于领域间的不同资源节点能够达到高度的数据共享，这就要求不同节点间进行大量的数据交换行为。

在数据交换过程中，由于存在大量同构、异构节点之间的数据交换动作，就必须为数据建立一整套完整的交换规则，用于保证各个同构、异构节点能够最少人为干预，甚至于自动完成对数据的正确理解和处理。

一、术语及相关技术

元数据：元数据是一种特殊数据，用来描述数据的定义、类型、约束等信息。

数据元：数据元是数据交换中数据最小的物理单位，包含数据本身及其描述信息(元数据)。

聚合数据元：聚合数据元是一个以上的数据元的集合，表示一组具有业务含义的数据的逻辑单位。

序列化：序列化是将数据按照一定规范转换成某种特定形式的过程。

二、数据交换流程

1. 数据交换格式设计

在数据的采集、清洗、分发的过程中，需要在多个同构或异构节点间进行大量的数据交换。在这个过程中，由于交换数据量大、需求灵活多变，且异构系统之间存在差异，因此如想达到最小人为干预甚至是自动化的数据交换，就必须为交互的数据进行预定义和结构化，提供完全独立于各个节点的数据规则，以便各个节点能够通过统一的规则对数据进行正确的理解和处理。对这个规则的建立就是数据交换格式的设计工作。

2. 设计数据交换格式的步骤

创建数据交换的通用业务模型

一组数据交换发生在两个节点之间。某一个节点向另一个节点请求数据，另一个节点根据请求的内容准备响应数据，并发送给请求方。请求方接收到数据以后，再对接收到的数据进行处理。如图 2-4 所示：

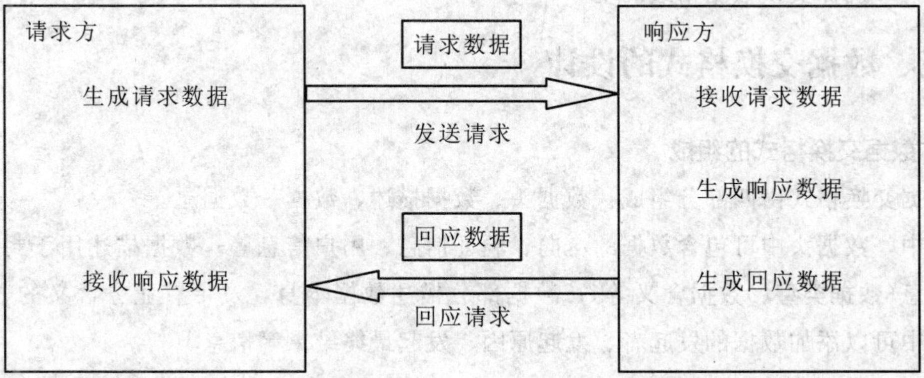

图 2-4

图 2-4 即数据交换的通用业务模型。在图中经历了一个数据往复的过程，在这个过程中，两个节点之间彼此传递了数据。数据格式的定义规则就是针对节点间传递数据的格式进行定义。

数据模型的建立

在通用业务模型的基础上可以看出，两个节点之间彼此传递了数据。数据由一方提交申请，另一方根据申请的内容进行处理，并将请求中指定的结果传回给请求方。

具体的数据内容可以通过信息模型的建立来实现。例如，可指定请求数据模型中主要内容包括如下：

数据发起者：包含数据发起节点的基本信息

数据接收者：接收者的基本信息

数据发源地：数据发起者的物理地址

数据目的地：数据送达目的地的地址

数据格式：为数据内容指定某种预定义的数据规则

数据内容：数据的具体内容

数据行为：针对数据内容进行的操作

响应数据模型和请求数据模型类似，但数据内容是根据请求方生成的数据结果。在不同的节点中，可通过不同的 API 来处理不同种类数据模型定义的数据。

数据的标准化处理

无论对于数据的发起者还是接收者，都需要保证数据遵循统一的规范。对于任意一方，可通过自身的 API 将数据转化为标准制式发送出去，或将接收到的数据按照标准制式转化成自身需要的数据格式。

在这个环节，有数据由标准化专家或领域专家按照符合国家或业内标准的规则对数据进行转换，确保交换数据格式的统一。

三、数据交换格式的设计

1. 数据交换格式的组成

数据交换格式由四部分组成：数据头、数据描述、数据、数据尾。

其中，数据头中可包含数据的流向、验证信息、用户信息等；数据描述用于封装数据的元信息(数据类型、数据含义等)；数据部分描述数据本身，及带有业务含义的数据值；数据尾中可以添加数据的发起者、发起原因、发起最终结果等信息。

2. 交换数据媒介

由于在数据交换中存在大量的异构系统，为使这些异构系统之间能传递数据，必须采用一种所有系统均能识别的数据格式——字符串。与此同时，为了保证数据传输格式语义的严格(完整性和正确性)，并能充分体现交换数据的结构性，因此采用基于 Schema 约束的 XML 技术作为交换数据的媒介。在 Schema 约束中，包含了能够满足各种元数据、数据元以及聚合数据元的定义——包括类型、名称、约束、定义等，并且提供了独立于任何节点的第三方规则，如数据的组织结构、数据类型等信息，可以满足任何节点将自身数据转化为标准数据的需求。

3. 数据交换格式的定义

根据数据交换格式的组成，数据由四个聚合数据元组成，在 Schema 约束中可采用 complexType 定义。每一个聚合数据元又是由一个或多个数据元(element)，按照一定的顺序、出现次数等约束组成。最后，创建 XML 模式的前导说明。

四、序列化和反序列化

在数据交换格式设计出以后，不同节点便可根据自身的 API 将自身数据转化为独立于任何平台的第三方规范的数据，这个过程称为序列化过程。经过序列化处理后的数据便可被所有遵循该规范的节点获取并识别。

某个节点获取到经过序列化处理后的数据，也可以将数据按照交换格式逆向生成自身所需要的数据，这个过程称为反序列化过程。

五、设计使用流程

数据交换格式设计流程如下：

开始 ⟶ 业务模型 ⟶ 数据模型 ⟶ 生成数据模型的格式

数据交换格式使用流程

发送节点 ⟶ 序列化请求数据 ⟶ 发送请求数据

接收节点 ⟶ 反序列化请求数据 ⟶ 执行操作 ⟶ 序列化操作结果数据

第三章　数字校园基础设施建设

第一节　数字校园基础设施建设的规划

一、网络建设的规划

网络前期规划和综合布线属于网络硬件方面的基础设施建设。网络从本质上来讲主要是通过各种网络设备来连接、转发的，网络设备不能正常工作，网络本身也就不能正常发挥作用。在局域网中，主要的网络设备包括网卡、交换机、路由器、防火墙和服务器等。如何使学校所组建的网络高效地的运转，网络的前期规划至关重要。

在网络初建时，学校就应该要求系统集成商，根据校方的需求，并将现行的主流网络技术及成熟技术运用到网络方案的制定中，选用性价比较强的网络方案进行实施。那么网络方案如何制定呢？从校园网建设的需求分析、校园网建设目标、校园网络规划设计中涉及的网络设计方法与服务系统到校园网应用系统等方面做出全面分析描述，以便使校园网络高效运转。各学校应该有专门的网管员参与网络方案的设计，将本单位的需求告知系统集成方，以保证系统集成作出符合学校实际需求的方案。作为网管员，此时必须要认真审视方案，吃透方案设计的原由，做到心中有数，尤其是对于网络拓扑结构，要熟知于心。

1. 用户需求分析

用户需求分析是指根据对学校馆舍和教育教学工作的实际需求，分析出主要信息点，作为数字校园基础设施建设的依据。

以耀华中学为例，学校有教师 400 多人，学生 4000 多人。全校有行政楼两个楼宇，该楼层信息点 200 个。教学楼 6 个楼宇，信息点 600 个。宿舍楼 1 个，信息点 300 个。体育馆、综合楼各一个，信息点 300 个。计算机房 6 个，400 个信息点。综合楼位于这些楼宇的中心，最远的楼宇距离综合楼为 300 米，其他楼宇均在 300 米内，网络中心机房在综合楼 5 楼。校园网主干为千兆光纤，每个信息点百兆到桌面。

2. 校园网建设目标

校园网建设的总体目标，实现学校内所有数据资源共享，各信息点均能访问 INTERNET 和教育科研网。并具备教学，学校的各种管理系统、通信等功能。教师可在学校的任何地方上网浏览、查询资料等，对教师的教学，提供了极大的帮助，还可以通过网络与学生进行互动交流；学生可以在计算机房上网浏览查询资源，与老师进行网上讨论，但学生不能在教师的办公室上网；学校的管理人员，比如会计人员使用的一卡通管理系统，实现校园内一卡在手走遍校园，无须现金交易；教务人员通过教务管理软件，对学生进行管理、成绩管理、分班管理等；图书管理人员通过图书管理系统，对学校的图书进行管理，并进行图书借阅管理、检索等功能；人事管理人员通过人事管理系统对学校的人事进行管理；其他办公人员通过各自的系统(有些是教师自编系统)，初步实现办公自动化。

概括起来校园网主要包括以下建设需求。首先是校园网必须拥有高速的 INTERFNET 和 Cernet 接入出口。校园网接入 INTERNET，对校外可提供 WWW 服务、DNS 服务、邮件服务等，对校内提供数据库服务(学校各种应用系统的基本数据)，各种应用系统服务(如教务系统、图书管理系统、一卡通系统等)，门户网站，资源服务(FTP 服务、网络共享等)；其次是通过引进网络流量管理设备或软件，根据自己学校实际安装的 INTERNET 接入带宽，对教师的使用加以权限较大的设置，对学生来讲除了规定上网时间外，还应该严格限制上网内容，限制黄色、淫秽、反动等一切不利于学生发展的任何站点(通过网络流量管理设备可实现)；最后，校园网要实现对校内也可提供 WWW 服务，实现校内通知及时上网、值班记录实行上网、校园新闻及时上网、校务公告及时上网，实现无纸化办公等。

二、几种常见的网络拓扑结构

1. 星型网络

各站点通过点到点的链路与中心站相连。特点是很容易在网络中增加新的站点，数据的安全性和优先级容易控制，易实现网络监控，但中心节点的故障会引起整个网络瘫痪。

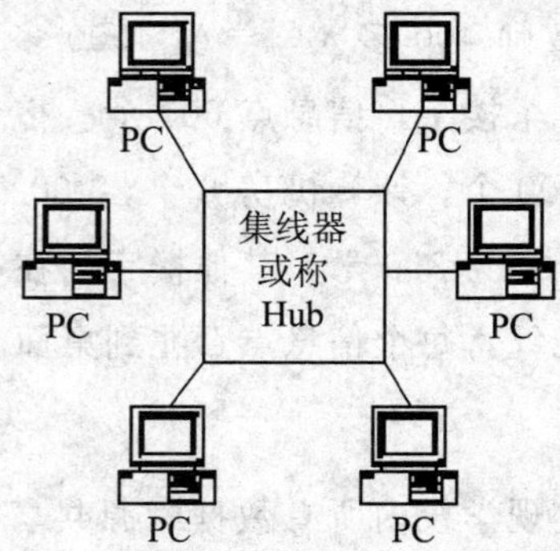

图 3-1 星型拓扑

2. 环型网络

各站点通过通信介质连成一个封闭的环型。环型网容易安装和监控，但容量有限，网络建成后，难以增加新的站点。

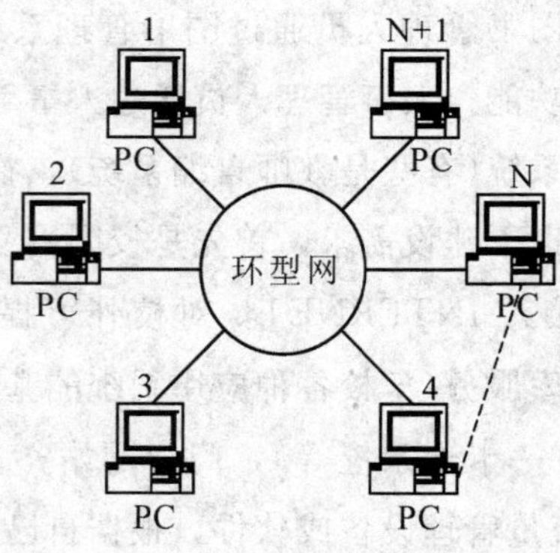

图 3-2 环型拓扑

3. 总线型网络

网络中所有的站点共享一条数据通道。总线型网络安装简单方便，需要铺设的电缆最短，成本低，某个站点的故障一般不会影响整个网络。但介质的故障会导致网络瘫痪，总线网安全性低，监控比较困难，增加新站点也不如星型网容易。

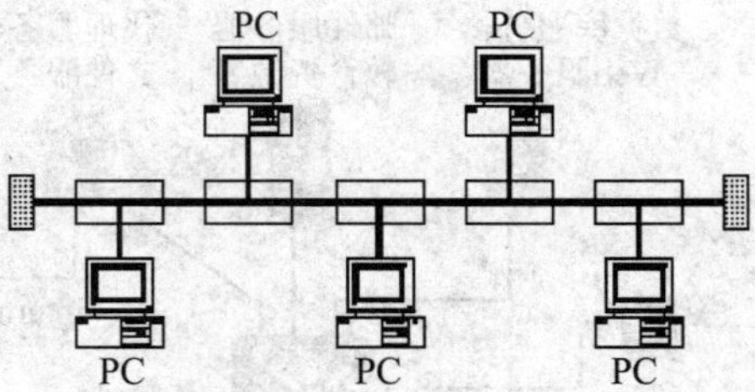

图 3-3　总线拓扑

4. 网状网络

如果一个网络只连接几台设备，最简单的方法是将它们都直接相连在一起，这种连接称为点对点连接。显而易见，这种方式只有在涉及地理范围不大，设备数很少的条件下才有使用的可能。

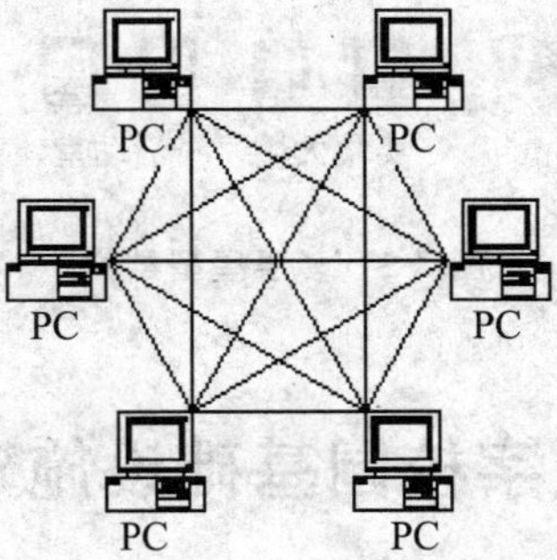

图 3-4　网状拓扑

目前中小学校园网的拓扑结构通常采用中心交换机的多层星型结构，中心交换机放在学校网络中心。如图 3-5。

作为应用端，一般是在教学楼、办公楼等楼宇中，使用双绞线(网线)通过墙面上的模块，接至二级交换机。二级交换机一般在每个楼宇的设备间，每一层楼可以有一个设备间，整个楼宇也可以只设一个设备间。二级交换机通过千兆光纤与中心交换机(核心交换机)联通，中心交换机是整个结构中最为重要的部分，使用千兆双绞线分别连接至不同的服务器，如 WEB 服务器、邮件服务器、代理服务器、文件服务器等。通过代理服务器即可访问 Internet。校园网规模通常在百至上千个信息节点，这些信息点通常分布在各个教学楼、行政楼、宿舍楼、实验楼、体育馆等各个楼宇中。

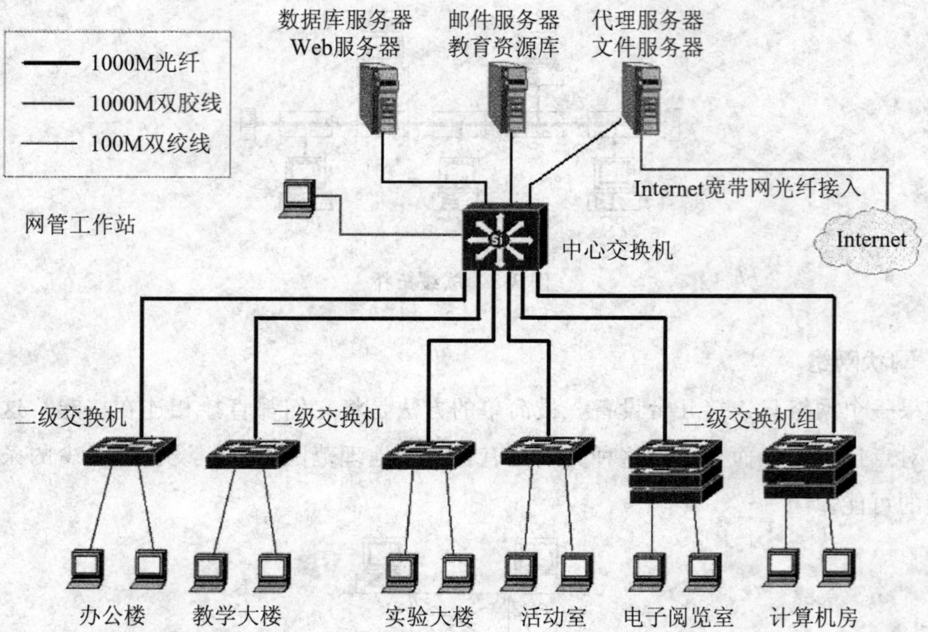

图 3-5 多层星型结构

第二节 数字校园基础设施建设与管理

一、网络的建设与管理

1. 综合布线

(1)综合布线概述

建筑物综合布线系统(Premises Distribution System，PDS)的兴起与发展，是在计算机技术和通信技术发展的基础上进一步适应社会信息化和经济国际化的需要，也是办公自动化进一步发展的结果。它也是建筑技术与信息技术相结合的产物，是计算机网络工程的基础。

布线系统的对象是建筑物或楼宇内的传输网络，以使话音和数据通信设备、交换设备和其他信息管理系统彼此相连，并使这些设备与外部通信网络连接。它包含着建筑物内部和外部线路(网络线路、电话局线路)间的民用电缆及相关的设备连接措施。布线系统是由许多部件组成的，主要有传输介质、线路管理硬件、连接器、插座、插头、适配器、传输电子线路、电气保护设施等，并由这些部件来构造各种子系统。

随着互联网络和信息高速公路的发展，中小学校针对自己的楼宇特点，进行综合布线。理想的布线系统表现为：支持语音应用、数据传输、影像影视，而且最终能支持综合型的应用。由于综合型的语音和数据传输的网络布线系统选用的线材、传输介质是多样的(屏蔽、非屏蔽双绞线、光缆等)，一般单位可根据自己的特点，选择布线结构和线材，作为布线系统，目前被划分为6个子系统，它们是：工作区子系统、水平干线子系统、管理间子系统、垂直干线子系统、楼宇(建筑群)子系统、设备间子系统。

学校的综合布线系统是将各种不同组成部分构成一个有机的整体，而不是像传统的布线那样自成体系、互不相干。综合布线系统结构如图3-6。

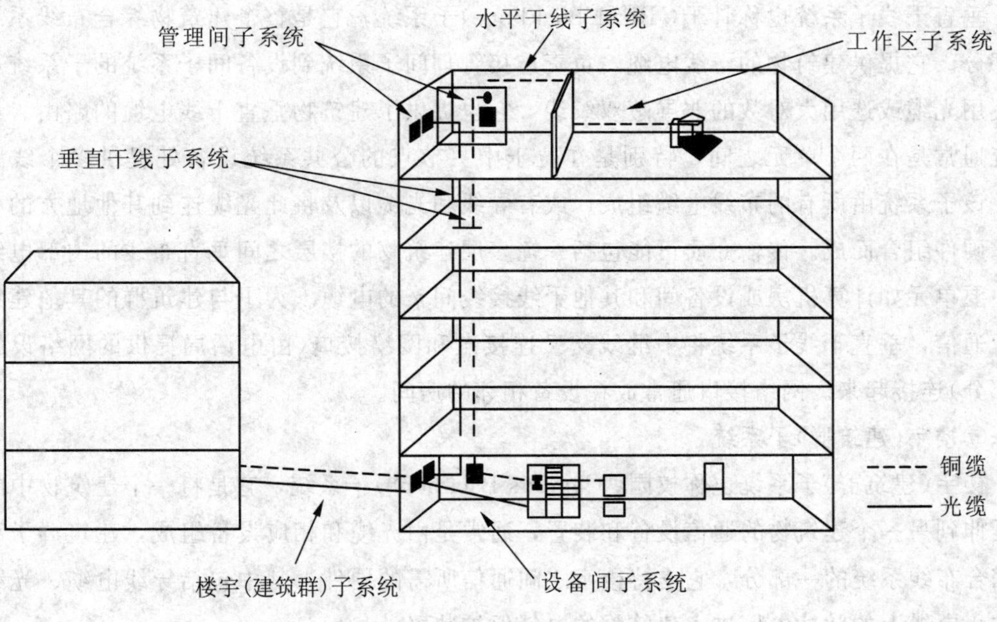

图 3-6

①工作区子系统

工作区子系统由RJ45跳线与信息座所连接的设备(终端或工作站)组成。在进行终端设备和I/O连接时，可能需要某种传输电子装置，但这种装置并不是工作区子系统的一部分。例如调制解调器，它能为终端与其他设备之间的兼容性传输距离的延长提供所需的转换信号，但不能说是工作区子系统的一部分。

②水平干线子系统

水平干线子系统是整个布线系统的一部分，它是从工作区的信息插座开始到管理间子系统的配线架。结构一般为星型结构，它与垂直干线子系统的区别在于水平干线子系统总是在一个楼层上，仅与信息插座、管理间连接。在综合布线系统中，水平干线子系统由4对UTP(非屏蔽双绞线)组成，能支持大多数现代化通信设备。

③管理间子系统

管理间子系统(Administration Subsystem)由交连、互联和I/O组成。管理间为连接其他子系统提供手段，它是连接垂直干线子系统和水平干线子系统的设备，其主要设备是配线架、HUB和机柜、电源。交连和互联允许将通信线路定位或重定位在建筑物的不同部分，以便能更容易地管理通信线路。I/O位于用户工作区和其他房间或办公室，使在移动终端设备时能够方便地进行插拔。

④垂直干线子系统

垂直干线子系统也称骨干(Riser Backbone)子系统，它是整个建筑物综合布线系统的一部分。它提供建筑物的干线电缆，负责连接管理间子系统到设备间子系统的子系统，一般使用光缆或选用大对数的非屏蔽双绞线，它也提供了建筑物垂直干线电缆的路由。该子系统通常是在两个单元之间，特别是在位于中央节点的公共系统设备处提供多个线路设施。该子系统由所有的布线电缆组成，或有导线和光缆以及将此光缆连到其他地方的相关支撑硬件组合而成。传输介质可能包括一幢多层建筑物的楼层之间垂直布线的内部电缆或从主要单元如计算机房或设备间和其他干线接线间来的电缆。为了与建筑群的其他建筑物进行通信，垂直干线子系统将中继线交叉连接点和网络接口(由电话局提供的网络设施的一部分)连接起来。网络接口通常放在设备相邻的房间。

⑤楼宇(建筑群)子系统

楼宇(建筑群)子系统也称校园(Campus Backbone)子系统，它是将一个建筑物中的电缆延伸到另一个建筑物的通信设备和装置，通常是由光缆和相应设备组成，建筑群子系统是综合布线系统的一部分，它支持楼宇之间通信所需的硬件，其中包括导线电缆、光缆以及防止电缆上的脉冲电压进入建筑物的电气保护装置。

⑥设备间子系统

设备间子系统由电缆、连接器和相关支撑硬件组成。它把各种公共系统设备的多种不同设备互联起来，其中包括邮电部门的光缆、同轴电缆、程控交换机等。

(2)综合布线的实施

校园网主干，也就是建筑群子系统与垂直干线子系统，采用光纤布线，光纤到达每个楼层配线间，所有光纤汇聚到中心机房配线间，所有光纤在此熔接在光纤熔接盒中，通过光纤尾纤跳接到核心交换机上，所有结点交换机，光纤的接入也是先熔接，然后通过光纤跳线接入结点交换机。

如上所说的交换机及为了让交换机和服务器稳定不间断工作的电源(不间断电源UPS)，还有如下所说的各个配线间的配线架等都属于管理间子系统。

水平干线子系统。光纤接入到核心交换机及结点交换机后，接下来就是每个信息点到达各个配线间的线路路径，也就是水平干线子系统，每个信息点通过非屏蔽超五类或超六类双绞线到达最近配线间的配线架上，在通过双绞线跳接到相应的交换机上。

工作区子系统采用非屏蔽超五类或超六类双绞线，一边与墙上的信息点插座连接，一边与计算机连接。

高质量的施工是保证网络设备运转良好的关键。在工程施工过程中，网管员一定要熟知每个信息点的位置，盯住施工人员对信息点做好标记，不只是信息插座的标记，对于每个结点交换机、配线架处及核心交换机、配线架处都要作好标记，以便于以后容易管理。比如，配线架上要有标记，标记出配线架上的每个 RJ45 口接入的是哪个信息终端的信息点。配线架上的 RJ45 口所连接的交换机的端口要有相应的标记，标记出所连配线架的哪个 RJ45 口。只有作好标记，才能有利于以后维护工作的进行。

2. 校园网络建设

1998 年，耀华中学建成了全市第一所百兆校园网。经过两次升级改造，我校校园网络现在已发展为以思科 catalyst6509 为核心交换机，约有 53 台二级交换机，14 台服务器，共约 2800 个信息点的网络规模。我校引入两根外线，一个是通过网通 10M 共享透过思科 PIX525 防火墙接入 Internet；一个是通过教育网 100M 共享透过思科 PIX515 防火墙接入 CERNET。在校园网任何地方都可以访问 Internet，所有教师使用网通浏览 Internet，学生可在机房通过教育科研网浏览访问 Internet。我校最新安装了流量监控软件，管理员可以定义上网时间、限制上网内容等，随时监看网络流量。

(1) 网络系统

以网络中心作为中心，向各教学楼铺设了 16 个光缆：其中新教学楼 8 颗(尚勤楼、尚朴楼、惟忠楼和惟诚楼各 2 个)；体育馆 2 个；宿舍楼 1 个；一、三校舍 1 个；二、四校舍 1 个；教育科研网 1 个；网通 1 个。

在这 16 个光览中，目前共使用了 31 对(62 芯)光纤：其中尚勤楼 5 对(一层一对共五层)；尚朴楼 5 对(一层一对共五层)；惟忠楼 5 对(一层一对共五层)；惟诚楼 5 对(一层一对共五层)；体育馆 2 对；宿舍楼 3 对；一、三校舍 2 对；二、四校舍 1 对；科教馆 1 对；教育科研网 1 对；网通网 1 对。

这些光纤以中心交换机 catalyst6509 为中心，接入到各处的二级交换设备，形成了我校的千兆校园网系统。

(2) 交换设备

目前我校使用思科公司的 catalyst 6509 交换机作为我校的中心交换设备，我们使用了思科的最新技术，即在核心交换机上的 720 Gbps 交换矩阵和交换引擎(集成 MSFC3 和 PFC3)以及高密度万兆以太网模块等，720 Gbps 交换矩阵和交换引擎处理能力具有极大的提高，为日后高密度的万兆以太网的实施奠定了坚实的基础，而且也立即可以支持下一代互联网 IPv6 的 IP 地址，并支持 IPv4 和 IPv6 共存和转换，catalyst 6509 交换机为校园网提供了高性能、多层交换的解决方案，专门为需要千兆扩展、可用性高、多层交换的应用环境设计，主要面向园区骨干连接等场合。

catalyst 6500 交换机包含 9 个插槽，6509 使用最为广泛。所有型号支持相同的超级引擎、相同的接口模块，保护了用户的投资。6500 系列的特性主要包括：

①端口密度大。支持多达 384 个 10/100 BaseTx 自适应以太网口，192 个 100 BaseFX 光纤快速以太网口，以及 130 个千兆以太网端口(GBIC 插槽)。

②速度快。C6500 的交换背板可扩展到 256 Gbps，多层交换速度可扩展到 150 Mpps。

③多层交换。C6500 系列的多层交换模块可以进行线速的 IP，IPX 和 and IP-multicast 路由。

④容错性能好。C6500 系列带有冗余超级引擎，冗余负载均衡电源，冗余风扇，冗余系统时钟，冗余上连，冗余的交换背板，实现了系统的高可用性。

目前校园中总共有信息点 2800 个左右。

信息楼大约有 750 个信息点，包含 6 个学生计算机房，使用的二级交换设备有：catalyst 4006、catalyst 3548、catalyst 2916、catalyst 2950-24(3 台)等，6 个学生机房包括 4 个新改造的联想学生机房，两个旧的联想学生机房，共 360 多台计算机，占用了 430 多个信息点；

行政楼(原二、四校舍) 校安工程后，重新布线，重新更换网络设备。有 200 多个信息点，使用的二级交换设备有：catalyst 2900-48 (6 台)；

一校舍大约有 100 个信息点，使用的二级交换设备有：catalyst 2900-48(2 台)；

三校舍大约有 140 个信息点，使用的二级交换设备有：catalyst 2900-48(3 台)；

新的教学楼使用的二级交换设备有：catalyst 2950-48(20 台)、catalyst 2950-24(7 台)；

宿舍楼使用的二级交换设备有 6 台 catalyst 2950-48；

体育馆用的二级交换设备有 1 台 catalyst 2950-48 和 1 台 catalyst 1924；

科教馆用的二级交换设备有：catalyst 3524(1 台)；

(3)服务器

目前学校使用的服务器有 14 台，所有服务器都是机架式的，放置在网络中心控制室，它们是：主域服务器 1 台(曙光 R2400)；对外 WWW 服务器 2 台(分别是曙光 R2400、R220ST)；对内 WWW 服务器 2 台(分别是 HPLH6000、曙光 R220-XP2)，方便教师、学科组发布自己的网站使用；数据库服务器 1 台(曙光 R2400)；应用服务器 1 台(曙光 R2400)；学生机房服务器 2 台(Intel、曙光 I420R)；文件服务器 1 台(宝德服务器)；门户网站服务器(曙光 1U 服务器)；学生综合素质评价服务器 1 台(宝德服务器)；新调试服务器数据中心服务器 1 台(曙光 I840R)；为了备份数据和扩大容量，购置了存储器 1 台。

①主域服务器(曙光 R2400)：提供域名服务；实现了用户统一认证，计算机统一配置。WWW 内部服务器(HP LH6000、曙光 R220-XP2)：用于学校教师、学科组、办公室网页的临时发布。

②WWW 外部服务器(曙光)：用于学校外部主页的发布。数据库服务器(曙光 R2400)：提供学校的校园网管理系统(包括校园网管理、校园一卡通管理、校园图书管理、考勤系统、安博教务管理)的数据存储服务。学生服务器(Intel、曙光 I420R)：提供学生上计算机课练习及存储作业、作品等服务。

③应用服务器 (曙光 R2400)：安装有安博教务管理系统服务。门户服务器(曙光 1U 服务器)为教师、学生提供图书借阅情况查询、工资查询、成绩查询等功能。文件服务器(宝德服务器)、存储器：为学科组、办公室提供资源存储空间，实现了资源共享，并兼有备份数据功能。

④数据中心服务器(曙光 I840R)：数据互通平台、中心数据库。学生综合素质评价服务器(宝德服务器)：对学生进行综合素质多维度评价系统。

(4)计算机

目前我校总共有台式计算机 490 台，其中供教职员个人使用及用在实验室、阶梯教室的有 140 台；六个学生计算机房共有 350 台台式机。

我校现实行信息技术绿色证书制度，凡参加培训并获得我校绿色证书的教学人员均已做到人手一台笔记本电脑，目前我校有笔记本电脑约 400 台，发放到一线教学人员手中的笔记本电脑大约有 360 台。

(5)校园网管理

校园网管理平台基于数据库服务器，其功能主要有：学校基本信息管理、学籍管理、教务管理、教师管理、学生综合素质管理、总务管理、校园网管理、图书馆管理(纸质图书)、校园消费(一卡通)管理、考勤等。

校园网管理系统采用安博公司的管理软件，对学校的基本信息、教务、总务、校园网络等进行管理。

图书馆管理(纸质图书)系统采用北京清大息洋公司的管理软件，对我校图书馆的 4 万册左右的图书进行管理。

校园消费(一卡通)管理采用南开太阳公司的管理软、硬件，分考勤系统和消费两大类，使用非接触式一卡通，在校园内教师、学生可利用一卡通进行各种消费(食堂、上网、复印、打印、小卖部、住校生洗澡等)；上班、上学考勤打卡；到图书馆进行图书借出、还回等。

以上三大管理系统不是独立的，是相互联系的，三大系统采用一个基本信息数据库，很好地避免了基本信息的重复管理。另外，图书馆管理与校园消费(一卡通)管理也是密不可分的，图书的借出、还回都要由一卡通来完成，一卡通的挂失、注销等操作也会实时地影响到图书的借出及还回。

(6)网络安全

病毒的防治：我校购买了正版的瑞星杀毒软件，并在网上随时升级，由网络中心将最新版本的杀毒软件进行下载，存放在文件服务器上，由教师使用安装，并在校内部主页上随时公告最新的杀毒软件版本信息。

学校安装有两个硬件防火墙，分别为 PIX 525 和 PIX-515-R-RUN，教育科研网和网通网的接入均通过该防火墙，对校内的服务器、计算机进行保护，以防外部黑客的攻击。

在学校内部，为防止有人利用校内的计算机对校内的服务器进行攻击，采取了以下一些措施：一是在中心交换机上加访问列表，二是在服务器上关闭一些端口，三是利用瑞星个人防火墙(软件)。

为了有效、安全地使用网络带宽，学校还引进了流量监控设备(锐捷的易网关)，将学校的数据流量有效地控制起来，屏蔽了下载软件、游戏、非法类网页、视频流媒体软件，并可以控制上网时间，限制非法流量，随时监看用户的上网情况等功能。保证了教学的使用。

耀华中学校园网络拓扑图(图 3-7)：

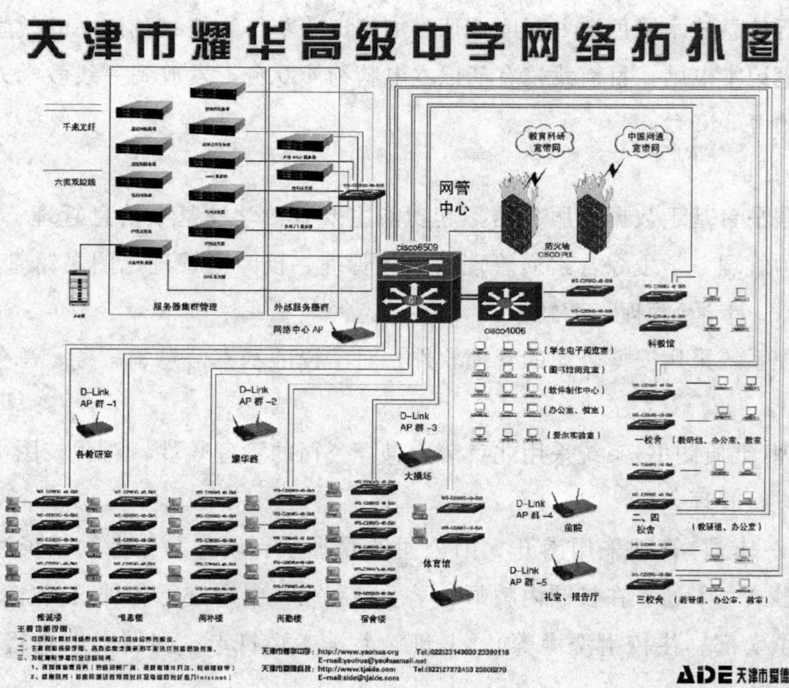

图 3-7

核心交换机采用思科公司的 catalyst 6509。在信息楼、尚勤楼、尚朴楼、惟忠楼、惟诚楼，一校舍、三校舍、二校舍、四校舍、宿舍楼、体育馆和科教馆分别设置二级交换机节点。这些二级节点配备的交换机约有 53 余台，包括 catalyst 2950-48、catalyst 2950-24、catalyst 1924、catalyst 3524、catalyst 2900-48、catalyst 4006、catalyst 3548、catalyst 2916 几种型号。二级交换机通过光纤与核心交换机连接。核心交换机与多个服务器连接，同时通过防火墙与 Internet 联通。

3. 校园网络管理

(1)概述

网络管理所涉及的日常工作非常之广，到目前为止也没有一个正式、严格的规定。但总的说来，我们的最终目标就是确保所管理的网络系统全天侯正常运行，不出现大的问题，不能长时间中断，更不能出现长时间的网络瘫痪，当然用户提出的应用问题也不能长时间得不到解决。

网络管理是保证各类网络正常运转的重要举措。它是指通过对网络范围内软、硬件的使用和不同级别用户网络行为的管理，实现对网络资源的监控、测试、分析、评价和分配。从宏观方面来讲，网络管理的工作主要包括网络教室的管理、网络设备管理、网络系统管理、应用性管理、桌面管理、员工行为管理、安全管理等方面。网络设备的管理属于网络硬件方面的管理，是网络管理员日常工作中的一项基本任务，因为网络从本质上来讲主要还是通过各种网络设备来连接、转发的，网络设备不能正常工作，网络本身也就不能正常发挥作用了。在局域网中，主要的网络设备包括网卡、交换机、路由器、防火墙和服务器等。现在随着宽带和无线网络应用的普及，宽带和无线接入设备也在各行各业得到广泛应用，如各种带宽 MODEM、宽带路由器、无线网卡、无线 AP、无线交换机、无线路由器、无线防火墙等已得到了广泛应用。作为合格的网络管理员同样需要对这些新兴的技术和设备有比较全面的了解甚至掌握。

(2)网络设备管理核心

①交换机的设置——整体设置

对于大型的交换型局域网站点，广播数据流量随着网络的增长而增长。过多的广播会减少最终用户的可用带宽。在最坏的情形下，广播风暴甚至使整个网络瘫痪，因为广播数据流占用了所有的可用带宽。有两种可选的遏制广播的方法。第一种方法是使用路由器来生成多个子网，逻辑上隔开数据流，因为局域网广播数据帧不能通过路由器。尽管该方法可以过滤广播，但因为传统的路由器要对每个数据包进行处理，可能在网络中形成一个瓶颈，因为一个第二层网桥或交换机每秒钟可以处理数百万个包，而一台传统的路由器每秒钟只能处理几十万个包，如果有大批量的数据流要穿过该第三层设备的话，在包处理速度上的这一差异就会形成一个瓶颈。第二种方法是在交换型网络中实施虚拟局域网(VLAN)技术。为了使整个校园网实现虚拟概念上的划分，VLAN 被定义为广播域(一个 VLAN 是一个广播域)。一个 VLAN 由位于多个物理局域网段或交换机上的一组末端设备组成，它们相互间的通信就像这些末端设备都位于单个共享介质局域网段上一样。VLAN 的主要好处之一，是局域网交换机能够被用来有效地遏制广播数据流并分隔数据流量。对于交换机的设置，首先将全网进行一个整体规划，将整个局域网的信息点按照功能需求进行多个 VLAN 的划分，不同的 VLAN 功能不一样，要求每个 VLAN 之间是不能互相访问的，所有的 VLAN 只能访问服务器所在 VLAN，针对某些 VLAN 通过访问列表来控制禁止还是允许某些地址的访问。在核心交换机上启用了 DHCP 功能，将某些 VLAN 下的工作站通过动态获得 IP 地址、子网掩码、网关、DNS 等网络设置。

IP 地址冲突问题也是网络管理过程中常见的问题。解决 IP 冲突问题除了技术上采取相关措施外，加强用户管理也是其中一个重要因素。以耀华中学为例，机房的 IP 地址采用静态地址管理的方式。由机房管理人员统一分发，通过还原卡的功能将机器保护起来，不是管理人员不能修改机器配置。对于网络系统管理，通过域控方式对网络进行管理，可以通过设置域控服务器的设置将登录域的用户权限设置最小，域用户可在任何一台工作站上登录，将享有域控设置好的权限下发到工作站。

②核心交换机的设置——策略路由的使用

除了对布线工程进行详细的前期规划，对整个网络采用的软、硬件设备进行细致的甄别测试也是十分必要的。设备的配置要基于目标网络整体功能设计，保证单个设备性能的稳定和设备之间的兼容性。要根据规划拓扑图使用设备，根据网络功能要求，对网络设备进行整体调试和规划，策略路由的使用就是其中一个重要方面。由于两根外线的接入，要在核心交换机上配置策略路由等功能。策略路由的加入，既可以智能地实现数据流量均衡分开，也可以对数据流量控制进行人工操作。以天津市耀华中学为例，教育网和网通网络这两根外线的接入，可以在某个 VLAN 里指定该 VLAN 的数据流量是通过教育网出口出入，还是通过网通网出口出入，从而实现数据流量的平衡。针对我校具体情况，我校采用网通和教育网两个出口，其中网通共享 10M 带宽，教育网共享 100Mbps 带宽。根据目的 IP 做的策略路由是：默认路由由网通出口出去上外网，然后根据教育网的 IP 段来确定数据包是否从教育网出口转发。简单说，就是来了一个数据包先判断数据包的目的 IP 是否在教育网 IP 段以内，如果在教育网 IP 段以内就从教育网出口转发，否则就从网通出口转发。策略路由对目标网络的网速产生重要影响，是软硬件采购过程中一个重要的参考因素。

③防火墙调试阶段问题的解决

防火墙的使用阻止了外网入侵者的攻击，相对来说更大的安全隐患在校园网内部，所有校内用户都是通过代理服务器上外网，只有个别服务器比如WWW服务器、代理服务器、邮件服务器是通过防火墙映射地址，外网用户能直接访问这些服务器，可是访问不到所有其他校园网内部的计算机，所以说对于局域网络安全的最大隐患在内部网络用户，像邮件服务器、代理服务器、WWW服务器的维护也是非常重要的，因为这些服务器是直接对外开放的，想要维护这些服务器的安全，首先考虑这些服务器的安放位置，是放在防火墙的内部，还是放在防火墙的停火区，当然放在内部的安全系数比放在防火墙停火区的安全系数要大，所以决定把这些服务器放在内部，在防火墙上只开设相应的服务所使用的端口，比如，WWW服务，在防火墙上只开设80端口，邮件服务器，在防火墙上开设SMTP 25端口，POP3 110端口，这样一来相对来说比较安全，只要注意WWW服务的内容没有漏洞、邮件服务器所提供的邮件服务软件的更新和补丁。

④服务器的调试

管理者在安装服务器的操作系统时，先要将服务器的网络断开，因为某些操作系统软件在默认安装时就会携带一些不安全的设置，例如windows 2000有一个默认安装时的漏洞，在用户输入administrator密码后，系统就建立了admin $的共享，并且没有启用用户输入的密码来保护它，这要等到用户重新启动机器后密码才会起作用的，在这期间如果遭遇黑客，用户的计算机将无法使用。

用户的操作系统安装完成后，各种系统服务就会自动地运行，这里面包括了很多危险的服务，这时候满身漏洞的服务器就很容易被入侵，管理者要及时停用这些危险服务，以保证服务器的安全。

在管理者安装好所有windows应用程序后，再对操作系统及应用程序的漏洞安装补丁，不然有的补丁可能起不到应有的效果。比如有的IIS补丁就要求每次更改IIS的配置后都需要重新安装。还要对服务器所启用的服务与应用软件的安全设置进行检查，比如说IIS服务器，必须单独给IIS补漏洞，并且保证所发布的Web站点内容没有任何漏洞，IIS服务器至少分一个系统一个应用程序分区，微软的IIS是常有溢出等漏洞的，将IIS和系统放在不同的分区可以在一定的程度上防止通过IIS的入侵造成系统文件的泄漏和远程获得admin。推荐三个分区，一个放系统和重要的日志，一个放IIS，一个放FTP。这样无论是IIS或FTP出了安全漏洞都不会直接影响到系统目录和系统文件，IIS和FTP分开是出于对防止入侵者上传程序并在IIS中运行的考虑。SQL服务器，必须给SQLserver补充SQLserver的相应漏洞。除此之外，服务器当中装有的一些第三方的软件，例如安装一卡通系统、安装图书馆管理系统，这些系统也会存在安全漏洞，这就需要向第三方软件提供商索取补丁程序，及时补各种系统的漏洞补丁；

服务器不同与PC机，如果用户安装的是微软的操作系统，服务器的分区格式多数是

NTFS分区，NTFS分区与FAT32分区有一点不同之处，就是磁盘分区有一个安全的属性，用户可以通过这个属性，将整个硬盘的读写权限控制起来，给用户分配相应权限，将everyone的完全控制的权限的去掉，这样只要单位的服务器的用户名与密码设置的复杂性较高的话，该单位的服务器相对来说就比较安全。

⑤工作站的调试

把握好“最少的服务＋最小的权限＝最大的安全”这样一个安全原则。遵循这样一个原则，可以让用户的机器得到最大的安全。为此，用户需注意以下几点：

每位使用计算机的用户必须要有使计算机安全的意识，不能一味地使用，不去维护它。

首先确认自己计算机的操作系统 service pack 为最高版本，除此之外还要注意微软站点每个月的第二个星期二都要发布新的系统补丁，大家可以去微软的中国站点下的 WINDOWS UPDATE 定时给自己的系统打补丁。

杀毒软件的安装也非常重要的，选择一款比较满意的杀毒软件安装在自己的机器上，不过千万不要忘记定时升级杀毒软件(更新病毒库)，如果不更新杀毒软件的版本，也不会起到杀毒的目的，因为新的病毒会时时出现，杀毒软件不更新还是发现不了新的病毒，达不到杀毒的目的。

停掉不必要的服务，如 Microsoft windows xp professional ，系统安装完成之后，终端服务(terminal services)默认是开启的，这很危险 ，最好禁止掉，除了开启自己需要的服务和系统服务之外，其他的最好都停掉，其他可以停掉的服务还有 Remote Registry 允许远程用户修改计算机上的注册表，Telnet 允许远程用户登录到此计算机，Task scheduler 允许程序在指定时间运行，Remote Procefure Call(rpc)locator 管理 RPC 名称服务数据库等。

如果用户所使用的计算机不需要将自己的资源共享，最好将文件和打印机共享服务删除，如果需要将自己的文件共享给大家的话，首先必须将默认共享去掉，即 c＄、c：\winnt\admin＄、d＄等，如何去掉默认共享，[5]在这里只介绍其中一个方法，就是在开始菜单中找到运行，输入 regedit 回车后，进入注册表编辑界面，如果用户的操作系统是2000SERVER，，hkey_local_machine\system\currentcontrolset\services\lanmanserver\parameters 新建 AutoShareServer(DWORD)的键值为零。

如果用户的操作系统是 2000prefessionol，找到 hkey_local_machine\system\currentcontrolset\services\lanmanserver\parameters 新建 AutoShareWKS(DWORD)的键值为零。

如果用户的机器不需要 IIS 服务发布 WWW 站点，你最好将 IIS 服务卸载。

注意自己的计算机所装软件的安全性，比如 QQ 软件的安装，必须考虑 QQ 软件的安全性，注意软件的漏洞，及时更新；注意每一次的外接设备，都有可能给你带来危险，如优盘的使用，它很有可能给你的机器带来病毒；注意上网浏览尽量去大型、官方的网站，警惕从网上下载东西、执行安装的操作。

注销一些组件如 FileSystemObject、WScript. Shell、Shell. Application 等，FileSystemObject 可以对文件进行常规操作，WScript. Shell 可以调用系统内核运行 DOS 基本命令，Shell. Application 可以调用系统内核运行 DOS 基本命令。但是这些组件有时是必须使用的，这种情况就需要将组件更改名称，以后调用的时候使用更改后的名称就可以使用了，这样能防止一些木马程序的侵扰。

关闭不使用的端口，用户可以借助第三方软件或者是通过本地安全策略，来关闭不使用的端口。如用户可以使用瑞星个人防火墙，当瑞星个人防火墙安装完成以后，该瑞星防火墙便默认安装了一些规则，这些默认规则阻止了比较流行的黑客、木马等恶意程序经常使用的端口，但是，一些不常出现的恶意程序所使用的端口就需要用户自己添加规则，关闭这些端口，同时还必须保证用户的机器不使用这些端口，比如：关闭 tcp 135、139、445、593、1025，udp 135、137、138、445。

由于 windows 系统是越用越慢，或者是因为使用过程中出现的一系列问题(病毒、木马、应用程序的安装、卸载等)，这些操作都会对计算机操作系统有影响。最好是计算机使用一段时间后，需要重新安装操作系统。但是重做系统又比较麻烦，做完系统后，某些设备的驱动程序需要加载，系统漏洞需要安装，各种软件需要重新安装，上文所说的安全注意事项都需要重新操作。在加载设备的最新驱动程序时，应到设备的官方网站提供的站点，下载最新的设备驱动程序。这一系列的工作，会给大家带来很大的麻烦。这时需要用户借助第三方软件，在系统运行状况良好的情况下，将用户的操作系统备份起来(做一个镜像文件)，一旦系统瘫痪或着是系统无法正常工作的情况下，系统能在几分钟内恢复正常。常用的做镜像文件的软件是 Symantec 公司的 Ghost 软件，使用该软件最好是 8.0 以上的版本，因为 8.0 以上的版本能给 NTFS 分区格式做镜像文件，如果 Ghost 软件版本在 8.0 以下，只能给 FAT 分区格式做镜像文件。使用 Ghost 软件最好在 DOS 环境下使用，这就需要做 DOS 启动盘(软盘、光盘)，通过软盘或光盘启动机器，进入到 DOS 系统后，用户就可以给操作系统做镜像文件，或者是用户操作系统瘫痪还可以用该软件从镜像文件恢复。

(3)内部网络安全管理

内部网络安全管理是整个网络管理的重点，它涉及日常管理工作的各个方面，而不是像一般用户所理解的那样，仅仅是防火墙和杀毒软件的安装与配置。更为重要的是网络安全策略的部署，特别是网络服务器的域安全策略的部署，它涉及整个内部网络的安全性能。

总而言之，网络安全管理包括为了阻止外网入侵所采取的防火墙和杀毒软件的安装与配置，还包括网络系统内部的安全策略部署、用户权限配置、身份认证机制、计算机证书的安装与发布、密钥管理、用户访问控制等多方面。这一领域还有许多技术有待发展。针对耀华中学校园网安全管理工作而言，除了 CISCOPIX525 防火墙的安装和杀毒软件的配置与更新之外，在域控制器上还部署了安全策略，定义了登录域用户浏览器的统一设定及用户对注册表的修改权限，限定了用户在计算机上随意安装软件的权限，限定用户任意修改系统关键位置的权限，例如不能任意修改 IP 地址的权限等。用户权限的配置是网络管理员在保证网络安全可靠运行的前提条件下，根据单位人员的工作职权和人员变动情况，为每个用户设置账户、密码和分配不同的网络访问权限。与此同时，还设置了 WEB 服务器等远程访问服务器中用户的访问权限，对 WEB 服务器可登录的账号数量进行限制，及时注销过期用户，关闭不用的网络服务等。既要保证各用户的正常工作不受影响，同时又要避免分配过高的权限而给网络安全和管理带来不必要的安全隐患，通过科学合理的权限设置与分配，保证校园网的畅通与安全。

(4)进行网络管理时应注意的几个问题

硬件防火墙只是抵御外来用户，对于内网用户不起任何作用，所以服务器的安全设置，网络的安全设置是非常重要的，对于服务器的维护，除了杀毒软件的安装杀毒、软件防火墙的安装，还要让服务器运行最小的服务，不使用的服务停止或者是卸载，如终端服务、打印服务、远程注册表修改、网络文件和打印机共享等服务，也可以通过系统本身的本地安全策略，来禁止一些不使用的端口，比如 3389 端口、135 端口、139 端口。切记服务器系统管理员运行的权限最高，所以管理员的密码设置就要复杂一些，并能定期更改，管理员默认的用户名也要进行更改，其他级别的用户也要设定复杂的密码，并能定期更改密码，注意做好更改记录。

网络安全管理是整个网络管理的重点，它涉及各个方面，而不是像一般用户认为的仅是防火墙和杀毒软件的安装、配置，更重要的是网络安全策略的部署，特别是网络服务器的域安全策略的部署，它涉及整个内部网络的安全性能。总的来说，网络安全管理包括为了阻止外网的入侵所采取的防火墙和杀毒软件的安装与配置，还包括网络系统内部的安全策略部署、用户权限配置、身份认证机制、计算机证书的安装与发布、密钥管理、用户访问控制等许多方面。这一领域还有许多技术有待发展。针对我单位采用的安全管理方案做一些简单说明，除了 CISCO 防火墙的安装和杀毒软件的安装之外，在域控制器上部署了安全策略，定义了登录域的用户浏览器的统一设定及用户对注册表的修改权限，限定了用户在计算机上随意安装软件的权限，限定用户任意修改系统关键位置的权限，例如不能任意修改 IP 地址的权限等。用户权限的配置，网络管理员在保证网络安全可靠运行的前提条件下，根据单位人员的工作职权和人员变动情况，为每个用户设置账户、密码和分配不同的网络访问权限；设置 WEB 服务器等远程访问服务器中用户的访问权限等；限制 WEB 服务器可登录的账号数量，及时注销过期用户，关闭不用的网络服务等。既要保证各用户的正常工作不受影响，同时又要避免分配过高的权限而给网络安全和管理带来不必要的安全隐患。一个宗旨：最小的权限等于最大的安全。

(5)新时代网管员具有的能力

网管员是网络管理最重要的一环，是网络安全的重要保证。作为新时代的网管，要熟悉网络的安装、维护和故障检修等工作，确保网络的正常运行。网络管理在实际操作上主要包括两个方面：网络本身的管理和网络中操作、应用系统的管理，网管员要熟悉其中的各项业务，掌握相关技术要求，这样才能更好地完成自身工作。

①服务器管理

在这项管理工作中，主要是配置和管理服务器属性，安装和设置 TCP/IP 协议和远程访问服务协议，安装、配置和管理域控制器、文件服务器、DNS、WINS、DHCP、WEB、FTP 服务器和各种远程访问服务器。这些服务器要及时地更新系统版本和补丁程序，这不仅关系到服务器的性能发挥，而且还关系到整个网络系统的安全性，因为现在的操作系统不断有新的漏洞被发现，及时安装补丁可以有效地阻止填补这些安全漏洞。

②IP 地址管理

IP 地址管理是计算机网络能够保持高效运行的关键。如果 IP 地址管理不当，网络很容易出现 IP 地址冲突。对于服务器、固定机房通常采用静态 IP 地址分配方案，对于那些不经常上网或是移动性较强的计算机，可以采用动态主机配置协议 DHCP 来动态配置 IP 地址，以节约 IP 地址资源。

③网络打印机的配置和管理

网络共享打印机得到广泛应用，网络管理员不仅要懂得如何安装，还要明白怎样设置共享打印机和网络打印服务器。

另外还有用户管理、文件和文件夹管理、磁盘和数据管理、安全管理、硬件资源的维护与管理、软件管理、网络布线的日常维护、网络升级和关键设备的管理等。

总之，网络的维护需要网络管理员具有全面的技术，网络管理员与其他职业有着相当大的区别。其一，网络技术和产品发展非常快，网络管理员必须不断学习新技术、新产品的相关知识，不断提高自己的实际操作能力，才能跟上时代发展步伐；其二，网络管理员面对的是单位中的所有员工和整个网络环境，工作范围比较大，工作量也比较大，工作内容呈现多样性和突发性。要做好一个好的网络管理员绝非易事。作为学校网管员，要化压力为动力，一方面通过不断学习新的计算机和网络技术，更新自身知识储备，另一方面要在工作中讲究耐心、细心和恒心，用崇高的责任感和扎实的业务能力确保单位网络长期正常工作。

二、计算机房的建设与管理

如今计算机和网络的飞速发展，促进了计算机基础教育的发展，从早期使用的COMX-35、APPLE-II、286、386等发展至今。多媒体网络机房的建设已成为中学多媒体及现代化教学的重要硬件设施，是中学开展计算机普及教育的重要依托。

1. 硬件环境

计算机房是由若干计算机及其辅助设备(如交换机、投影机等)构成。采用星型网络结构规划网络、合理布线，网线两头要进行对应编号，便于日后网络维护。每个机房设有若干台学生机，1台教师机，将这些机器通过通信线路连接到交换机上，彼此间实现互相通信，并且计算机的硬件、软件和数据资源大家都可以共同使用，实现资源共享构成一个机房的局域网。机房的网络拓扑结构为星型网络，各站点通过点到点的链路与中心站相连，形成一个以集线器(或交换机)为中心的网络连接体系。特点是很容易在网络中增加新的站点，数据的安全性和优先级容易控制，易实现网络监控。

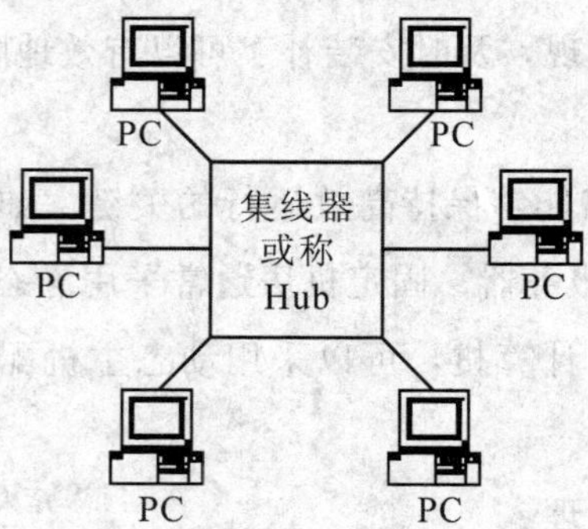

图 3-8　星型拓扑

几个机房共用2台学生服务器，分别存储初中、高中学生的数据。

2. 软件环境

教师机安装SERVER 2000系统，便于学生访问教师机，因为WINXP系统共享文件只能有几个用户可以同时访问。教师机安装LanStar或其他管理软件和学生授课用的应用软件。学生机安装WINXP系统，常用的教学应用软件及LanStar或管鲍客户端软件。LanStar或管鲍管理软件是广播、监控、屏幕录制、屏幕回放、语音教学等操作来统一地进行管理与监控，辅助学生完成电脑软件的学习、使用。此系统突破传统教室对时空的限制，既实现传统课堂教学中老师与学生、学生与学生间的交流。特别是任课老师进行教学演示时画面能够同步，教师端可以控制学生的机器，进行全体教学演示，为学生分发文件，收集学生完成的文件，监控学生的操作等功能。是目前使用非常广泛多媒体教学软件，它设置简单，性能稳定。有了这些多媒体教学软件的普及应用，任课老师再也不用在计算机机房教学时到处转了，既节省了时间，又提高了教学效果，如教师可打开多个窗口监控学生上机使用情况，如发现与课堂不符的可以进行屏蔽使之不能使用机器等。服务器安装 SERVER 2000 系统，安装 Serv-U 软件对学生存储信息管理，给每个学生设置一个用户及存储文件夹，学生可以对此文件夹有完全控制权限，并给予一定的存储空间，每个学生设置密码登录后只能对自己的文件夹进行操作，学生之间不能互相访问，共享文件可以放在匿名用户上，学生登录服务器后就可以显示共享文件及文件夹，学生可以下载后进行操作。如高一(1)班的学生按照学号设置用户为 g101，建立一个班的文件夹 g1，每个用户再设置文件夹为 g101 那么 g101 的学生所对应的文件夹为 g1\g101。服务器端发布学生档案袋管理软件，管理员对老师和所授的班级进行分配，根据学生上传的文件需要设置存储空间，学生根据自己班级情况注册登录进行存储。为了系统安全，去掉系统的默认共享，做批处理文件 1. bat 文件放在启动组里

```
net share c$ /del
net share d$ /del
net share e$ /del
net share f$ /del
net share ADMIN$ /del
```

3. 计算机系统

现阶段一般学校机房的机器都使用了还原卡，不管学生怎样对机器进行设置修改，或误操作删除某个程序，重新开机后恢复开机前状态，减轻了管理员的工作强度。如果有机器系统瘫痪可以通过还原卡进行对拷。还原卡大都能大批量地完成整个机房电脑系统的安装或更新。先将一台已安装好同方系统还原卡、操作系统及应用软件的电脑设为发送端，其余所有的电脑设为接受端，通过还原卡的网络拷贝工具将发送端的硬盘数据同时复制到所有的电脑中，并自动分配修改所有的 IP 地址等网络设置，完成整个电脑机房系统的安装或更新。

(1)还原卡的安装和设置

第一次安装：

启动计算机，出现“第一次安装”界面，放入“同方易教”光盘后按“回车”。如图 3-9：

图 3-9

在出现“安装设定”时，选择“简易安装”，注意：如果选择“自订安装”会对硬盘重新分区，并删除硬盘上的所有资料。如图 3-10：

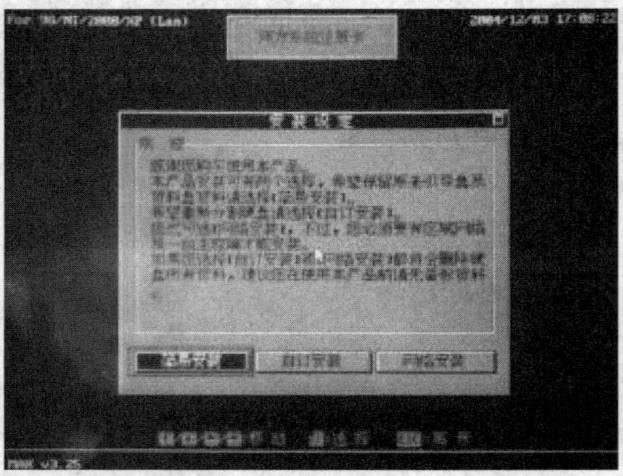

图 3-10

按提示安装完成后，重新启动计算机。选择简易安装时，一般做母盘，重新安装系统。如本台机器系统瘫痪可以使用网络安装，直接可以通过还原卡把母盘的信息传输到本机。

还原卡的设定：

开机出现“选择操作系统”菜单时，按“F10”进入还原卡设置，初始密码为空，直接按回车。出现如图 3-11 界面：

密码设定：根据自己的需要设置。

参数设定：可以不用设置，如果能理解各参数的功能，可根据自己的需要进行设置。

分区信息：清华同方计算机还原卡默认设置第一分区“每次复原”，其他分区不还原或

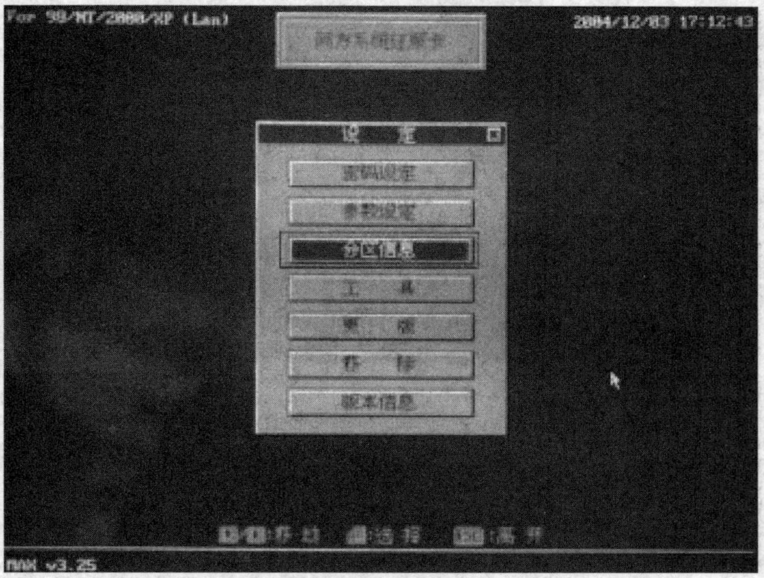

图 3-11

每次清除。

如果要在硬盘的第一分区(C 盘)安装程序或修改设置，需要在上图的设置中将第一分区的还原方式由“每次复原”改为“不使用”，修改后按“ESC”，并储存设置。退出还原卡设置后，计算机重新启动进入 windows XP，安装程序和修改设置。程序安装完成后，重新启动计算机，再次按“F10”进入还原卡设置，将“分区信息”中的第一分区还原方式由“不使用”改为“每次复原”，启用第一分区的保护功能。还可以按〈CTRL＋ENTER〉，进入管理员模式，安装操作系统及应用软件。但是注意此功能安装过程中系统不能重新启动。

(2)还原卡的移除和屏蔽

还原卡的移除：

在开机等待选择操作系统时，按“F10”进入还原卡设置，选择“移除”，即可卸载还原卡驱动，还原卡移除后，每次开机都会出现“第一次安装”的界面。如果要让计算机不出现“第一次安装”界面，可在 BIOS 中将还原卡屏蔽。

还原卡的屏蔽：

注意：在屏蔽还原卡之前，请先移除还原卡驱动！

开机，在出现“清华同方”标志时，按“DEL”进入 BIOS 设置，密码为：thtfpc，此密码无法修改和移除；

在 BIOS 的主菜单中选择第三项 Integrated Peripherals。如图 3-12：

进入 Integrated Peripherals 后，将第四项 Onboard Lan Boot Rom 的值由“Enabled”改为“Disabled”；

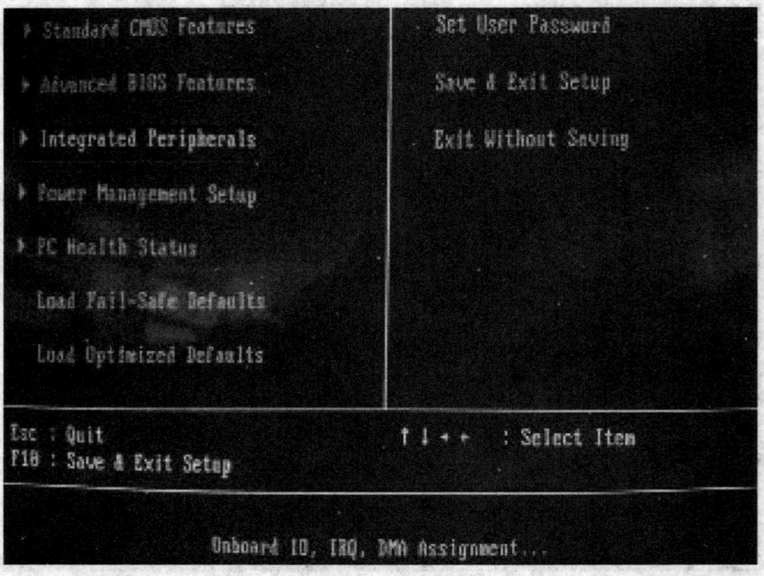

图 3-12

按"ESC"返回 BIOS 主菜单，保存 BIOS 设置后重新开机，还原卡即被屏蔽。

注意：如果对 BIOS 不够熟悉，请不要修改其他项目，否则可能使计算机不能启动或工作不正常。

(3)系统安装

按 F10 键进入还原卡管理界面，用还原卡自带的工具，重新对整个硬盘进行分区操作。安装 WINXP 系统，对系统进行设置，安装应用程序等操作。注意：运行同方易教光盘根目录下 setup 文件夹中的 setup. exe 文件，否则还原卡不起作用。双击安装 setup. exe 文件，根据需要勾选对应的选项。一定勾选"Auto IP Confinguration"选项，这样以后再对机器进行网络对拷可以自动的修改计算机名和 IP 地址。对于学生机，把网上邻居里 Micrsoft 网络的文件和打印机共享卸载可以使学生机之间不能互相访问，以便于教师上课方便管理。

(4)网络拷贝

网络拷贝设定：

通过网络中的一台计算机，更新整个网络中计算机的操作系统和应用软件，并可同步修改 IP 地址和计算机名。先进入"网络拷贝设定"菜单进行设定，在还原卡开机选单界面按"F10"→"工具"→"网络拷贝工具"→"网络拷贝设定"。设定电脑名称如 S01，网络群组名称为 group，IP 地址设为 172. 16. 1. 1 。完成以上操作后即可执行网络拷贝功能。

第一次安装机房机器，选自动分配 IP 地址一项，"自动批次作业"→"Computer Name&IP Address&Sncopy Group" →完成分配。这样每台机器按照开机顺序每台机器自动分配给一个计算机名和 IP 地址。接受端重新启动后，整个机房机器 OK。

现阶段病毒很猖狂，虽然有硬件还原卡进行保护，原则上重新开机后恢复开机前状态，但往往病毒通过 U 盘或上网感染了病毒，穿透还原卡可能使单机或网络感染病毒，学生机安装 360 安全卫士和杀毒软件，可以屏蔽一些病毒的发作。

(5)局域网设置

把每个机房的网络设成一个独立的局域网络，不直接和外面网络相连，从而减少了病毒直接入侵的机率。但是我们平时在信息技术教学中又是与外网密不可分的，我校有两条路可以上网，一条是通过代理服务 172.16.25.1 上互联网，另一条是通过教育科研网上网 172.16.26.20，那么可以根据教学需要控制学生的上网情况，并在代理服务器上对一些网站进行屏蔽限制。每台学生机器安装“绿坝·花季护航”绿色上网软件。它是一款保护未成年人健康上网的软件工具，可以直接、主动识别并拦截黄色图像、色情文章及不良网站，过滤黄色等不良信息、控制上网时间、管理聊天交友、管理电脑游戏等。

4. 设备维护

在电脑发生故障后，应本着先软件后硬件原则，在排除软件方面的原因如系统中毒，系统注册表损坏、WINDOW 系统文件丢失、硬盘主引导记录损坏等可以通过还原卡对拷恢复系统，如有问题再考虑硬件原因，否则很容易走弯路。计算机房硬件故障是不可避免的，如确实发生问题，我们应掌握硬件正确的维修方法。

(1)先清洁后检测

计算机设备的不少故障，很多是由于硬件上的灰尘引起的，在检查故障时，首先应把机内清洁干净，排除由污染引起的故障后，再动手进行检测。如部件内存显卡等重新插好以排除灰尘及松动或接触不良的原因。

(2)先机外后机内，先外设后主机原则

先机外后机内指应首先检查机外各开关的位置是否正确；或者连接线、插头、插座有否问题，在确认一切正常后，再开机对主机进行检测。先外设后主机，是指由于因外设原因引发的故障往往比较容易发现和排除，维修时可以先根据系统报错信息检查键盘、鼠标、显示器等外部设备的连线和工作状况，在排除外设后再考虑主机原因。

(3)对于硬件的检测应采用插拔逐一替换法进行

即如按上述方法仍不能确定机器故障时，可采用正常计算机上的硬件逐一替换故障计算机硬件的方法确定机器故障部位，其顺序一般为先内存，后电源、显卡、硬盘、CPU，最后主板的顺序进行。因内存的插拔相对简单，又是高频故障部件，所以逐一替换法先从内存开始，之后为电源，电源为计算机的动力源泉，电源的作用很关键。其功率不足、输出电压电流不正常等都会导致各种故障的发生。因此，排除内存的问题后应考虑电源故障。如仍不能排除故障，可再按显卡、硬盘、CPU 的顺序逐一进行。如经过以上方法仍无法判断故障产生的原因，可以采取最小系统法进行诊断，即只安装 CPU、内存、显卡、主板。如果不能正常工作，则在这四个关键部件，采用替换法查找存在故障的部件，直到找出引发故障的罪魁祸首。

5. 机房管理应注意以下几个问题

(1)加强机房管理，重视机房管理人员的工作

计算机故障时有发生。授课教师不可能在讲课中去具体维修每一台电脑，这些任务必须交给机房管理人员。这就要求机房管理人员必须要有较强的计算机维修能力，能够在短时间内排除故障，这样既减轻了授课教师的负担，也使得实操课能够顺利进行。

(2)制定计算机管理细则，进一步严格机房管理制度

机房管理是一项看得着、摸得着的实际工作。面对诸多因素，必须“严”字当头。首先是机房的管理人员一定要有从严管理的指导思想。新建机房从一开始使用就要严格管理、严格要求，建立上机登记表和教师机房机器使用登记表。建立、健全计算机机房的各项规章制度。

(3)强化业务管理

计算机机房管理工作琐碎而复杂：除了日常的清洁卫生，计算机软件、硬件的更新速度很快，所以就要求我们必须在维修、维护的素养上与时俱进。

(4)对学生上机提出具体要求

在机房里学生的自我约束能力往往较差，因此对学生上机必须有明确的管理规定：(1)禁止在机房玩游戏；(2)不得在机房内打闹、喧哗；(3)按规定的位置对号入座；(4)不得私自插拔电脑硬件、更改电脑设置；(5)自觉维护公共卫生，不能携带任何食品、饮料等进入机房；(6)做好上机记录。

三、图书馆建设与管理

1. 耀华中学图书馆建设以及发挥的作用

耀华中学图书馆建于 1935 年，距今已有 77 年历史。70 多年来，图书馆从最初的无固定馆舍，1 名馆员，18483 册藏书发展到现在拥有 2000 平米的现代化馆舍，3 名专职馆员，14 万册藏书，5000 多张音像视听资料，长期订阅 407 种期刊，62 种报纸和万余册电子图书，形成了具有学校特色、持续更新的馆藏资源。

图书馆现有教师阅览室(含教师借阅室、特藏室)、学生阅览室、学生借阅室和图书采编室四大部分。有教师座位 84 个，学生座位 120 多个，基本满足师生需求。从 1998 年起，图书馆引进清华息洋图书管理系统，在天津市中学图书馆中率先实现了采编、流通、

期刊管理、公共检索等业务的自动化。从 2004 年开始，图书馆又不断对该检索系统进行完善，相继引进了非书资料管理子系统和远程检索子系统，至今已实现全馆业务的自动化，能够高效率、高质量的完成图书馆日常业务和管理。

经过 70 余年的积累，图书馆保存了丰富的馆藏资源。

线装古籍图书丰富。图书馆珍藏古籍线装书万余册，经天津市图书馆古籍部专家鉴定，具有较高的学术价值和收藏价值，在全市中学图书馆领域位居前列。其中，较为珍贵的有同治十二年印制，金陵书局版的《古经解汇函》、光绪四年印制，百纳宋本《二十四史》和民国时期商务印书馆影印的《资治通鉴》等。2008 年，图书馆所藏古籍纳入全国古籍普查范围，且受到市馆重视，根据初步统计，图书馆现有古籍 1600 多函。另外，图书馆还藏有 1935 年商务印书馆王云武主编的被称为中国“第一部百科全书”的《万有文库》。

外文文献资源。耀华中学早期为租界内私立学校，故保存了丰富的外文资源。图书馆外文文献以英、日为主，兼有俄、德等语种文献，学校早期曾实行过外文教科书授课，至今还保存有早期英文图书 300 余册，日语文献 400 余册，近两年来，图书馆加大外文文献收藏力度，补充了 400 多册新的外文原版书，从而构成本馆馆藏的另一大特色。

珍贵期刊报纸收藏。珍贵报刊收藏是图书馆馆藏的主要亮点，也是学校图书馆工作体现之一。在图书馆 70 余年历史中，由于积极收藏和认真保管，图书馆现藏有近代进步期刊 600 余册，其中不少期刊具有珍贵的历史价值。比如，图书馆现藏有《新青年》1915 年第一卷、《新月》1928 年创刊号、《文学月刊》1932 年创刊号、《科学画报》1933 年创刊号、《译文》1936 年创刊号及 1937 年终刊号，另外，图书馆还保存 500 余册建国前报纸合订本，如《申报》、《庸报》、《益世报》、《京津日日新报》(日文版)等，这些报纸不但保存完好而且连续，具有很高的史料价值。与此同时，图书馆还收藏十年文革时期的一些报纸，如《北京日报》、《光明日报》和《参考消息》从 1970 年到 1979 都有完整收藏，《人民日报》和《解放军报》从 1969 年到 1979 都有完整收藏。

图书馆目前的图书采购主要分为三大块，分别是教师书库图书采购、学生书库图书采购和视听阅览室音像资料采购，其中教师书库的图书主要以教师借阅为主，部分学生可以进入借阅，而借阅内容也主要是学习资料类；学生书库基本上是满足学生的借阅需求，是学生借阅的主要场所；视听阅览室允许教师借阅音像资料同时也让学生在内浏览光盘，师生同为其借阅对象，从流量上看学生浏览占据很大一部分。

在实际使用过程中，最大限度地发挥图书馆藏的作用，突出文化的功能，主要体现在以下几个方面：

学校教育资源中心

丰富的文献信息资源是教育教学工作顺利进行的重要保障，建设学校教育资源库对学校的可持续发展具有十分重要的意义。图书馆一方面对学校教育成果进行系统保存，另一方面通过教育资源的建设，为各学科教师建设自己的教育资源库提供支持和保障。

师生文化休闲中心

素质教育是中学教育的重要内容，图书馆成为师生文化休闲中心，加强对师生的人文关怀，为师生提供高质量、高品味、高覆盖度的文化食粮，成为紧张学习工作之余的精神休息场所，有利于营造“书香校园”。

学校交往的窗口

图书馆建设是学校建设的一个重要方面，是体现学校办学理念、人文底蕴和现代化程度的一个窗口。当前，信息素质教育成为素质教育中一个重要的话题，而现代化的图书馆和到位的图书馆知识普及是信息素质教育的一个重要方面，也是学校教育思想的一个体现。丰富悠久的馆藏资源，现代科学的办馆理念，整洁高雅的馆舍布局无疑会成为一所学校的亮点。

通过对传统图书的数字化和结合馆藏的特点采购数字化资源，通过数字校园的建设，能够进一步强化师生通过网络来进行信息检索，有利于师生信息素养的培养。

2. 学生图书建设出现的问题与对策

在图书馆图书采访过程中学生用书建设可能出现的问题，大概可以分为以下几方面。

(1)过于照顾学生爱好，丧失教育性

在借书过程中或者其他场合，有些学生会向图书馆人员反映他们对图书采访的意见，这些意见是图书馆了解学生图书需求的第一手资料，但在有些时候学生的这些反馈带有很大的主观色彩，甚至是个人色彩，不具有普遍性。如果对于学生的意见不加区别的对待，就有可能使图书采购的教育功能大打折扣。

(2)类别过于集中，丧失普遍性

由于中学生特定的身心特征，他们的阅读需求很时尚，容易关注相同的热点，喜欢同类别的书籍，并且对于同一类别的书籍的兴趣也不太持久。所以，在某一时刻，大家可能都对某个文化热点或某套书感兴趣，借阅量也比较大，图书采访也会并且也应该向这个方向倾斜，但如果过于侧重这点而忽视整个采访计划的实现，就会造成由于类别的过分集中而导致的整体质量的下降。

(3)内容过于陈旧，没有反映时代性

只有现代化的教师才能教育出现代化的人，同样，也只有反映出时代特征的馆藏才是合格的馆藏，学生书库主要满足学生的日常借阅，它的特点应该是图书更新率快，借阅频率快，内容现代化程度强。所以，在保证有一部分经典著作的同时，学生书库应加快“新陈代谢”的步伐。

(4)忽略阅读对象身心特征，夹杂不适合的内容

中学生处于身心发展的关键时期，图书馆的教育功能主要是通过鼓励和引导学生阅读帮助学生成为健康的人，所以，图书馆的藏书具有教育性、导向性，如果收录了不适合学生看的或者超出学生认知范围的图书，那就是图书馆图书采访中最大的败笔。这些情况主要有图书内容本身不健康(包括色情、反动、暴力等)、图书内容消极颓废和图书内容超出中学生认知能力等。

虽然有以上情况存在，图书馆可以采取各种措施在采访过程中加以注意，尽可能地避免以上问题的出现，提高图书采访质量。

从图书信息收集途径上把关

图书采访的第一步就是收集相关信息，图书馆可以尽可能多地了解用户的需求和相关图书信息，并从馆藏建设整体的高度综合考虑，对于拿不准的图书或音像资料，可以征求有关老师的意见，在对拟采购的对象有了深层了解后再决定取舍。

首先是从图书采访途径上把关。图书采访保证是正规出版社出版的正版图书，让出版社尽可能多的提供相关信息，最好是相关各方对所出图书的评价。

其次是图书借阅过程中把关。在图书流通过程中，图书馆工作人员可以随时询问学生对图书内容的评价，有可能的话尽量收集教师、家长等对于学生阅读相关书籍的意见，并根据这些意见对以后的图书采访计划进行修正。

图书馆图书采购活动是藏书建设目标实现的保证，也是图书馆发挥其职能的基础，应该慎之又慎。

四、多功能教室的建设与管理

学校目前有两个多功能教室，一个300多平方米的演播厅和一个150平方米左右的观摩教室，均设在信息楼内。

1. 演播厅设备及功能

前面的舞台有50平米，有各种音频、视频、VGA接口；上面有120″投影幕，会标杆及各种舞台灯(70多个)。演播厅中间有可供一个班学生上课的课桌(约60张)，两侧有60个(一边30个)观众座椅。演播厅后排有一个110座的活动看台。整个演播厅内设三个摄像机位。

现场摄录编工作在导播室内进行。三个摄像机位由三台特技切换台控制，加上一台字幕机，将三个机位的信号现场制作进入录像机，有两台录像机以备长时间录制时录像带的更换。后期制作可使用线性编辑机与非线性编辑机两种制作方式，两盘(或更多)录制好的录像带可通过线性编辑机合成一盘所需要的录像带；非线编是利用计算机进行录像资料的

制作。

2. 观摩教室设备及功能

视听教室主要包含有录播系统、高清晰投影仪、触摸电视、三基色柔光灯等。该录播系统包含了三台摄像头，并且能够180度旋转和远端控制；三台辅助摄像头，主要用作定位使用；教师用笔形话筒和学生区域的悬吊话筒；图像跟踪设备、课堂录播设备服务器（软件固化在芯片上），话筒控制器、调音台等。

通过该套系统能够将授课电脑VGA信号、老师授课和师生互动场景以及课堂板书等进行智能化的跟踪切换录制，自动生成课程资源，形成常态化、自动化、智能化的课程资源建设和应用平台。基于学校的校园网网络环境，支持网络的点播、广播、直播、存储、后期编辑等多种利用，真正实现在网络环境下对优秀课堂的真实、全面、立体化再现的精品课堂系统。

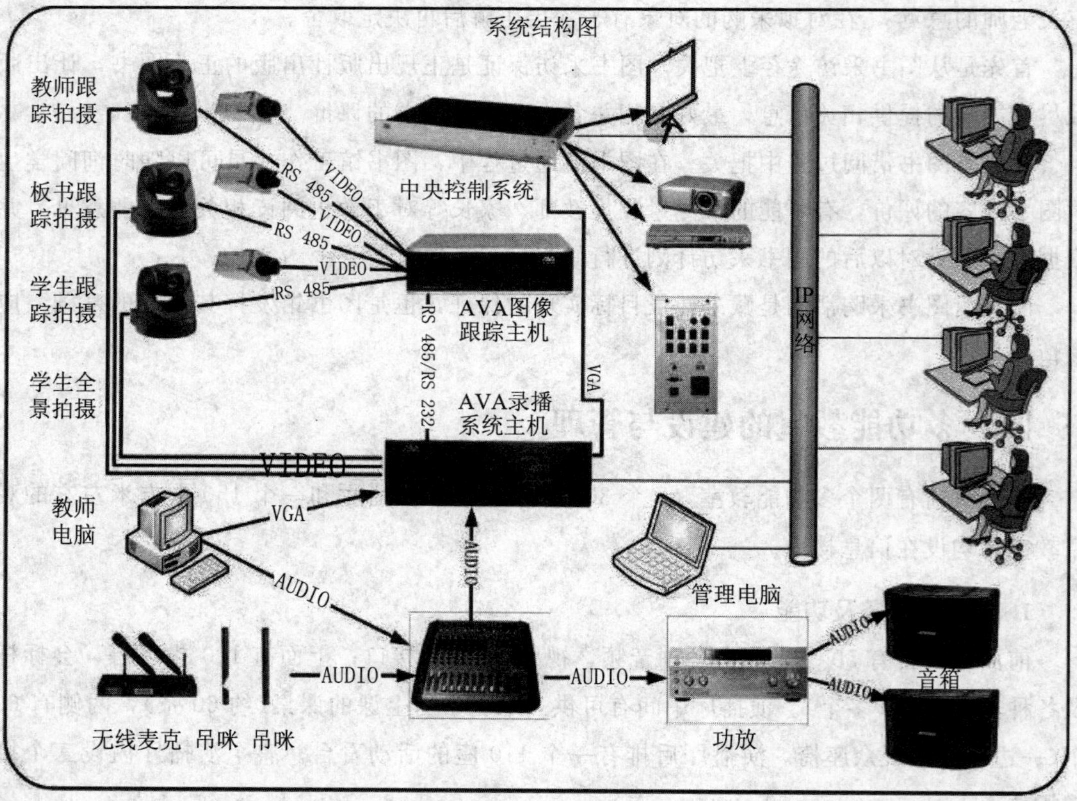

图 3-13

在进行课堂录制时，教师可通过黑板旁边的触摸屏进行操作控制，同时，学生可通过大屏幕观看教学课件，系统将教师电脑的信号通过VGA设备输送至录播服务器，作为一路视频信号；一路摄像头用来拍摄教师，一路用来拍摄学生区域，另一路可以拍摄教师的板书或作为另一路教师或学生拍摄，三路信号直接传送至录播服务器，共有四路信号传送至录播服务器。通过终端导播电脑对服务器的访问，进入导播平台界面，对四路信号进行实时导播切换，并录制导播的内容。等到课堂录制结束，通过录播服务器可将所录制的内容自动上传至设置好的 FTP 服务器，就可以通过校园网应用平台及时的观看录制的课堂内容。该系统能够实现以下功能：

录制过程常态化；教师授课时，身上不需要配带任何外加设备即可实现摄像系统自动跟踪和自动切换，包括书写板书、学生回答问题时，定位准确，录制的声音清晰；具有人工导播和自动导播两种录制模式两种模式能在后台管理平台中实时切换；网络传输带宽的自动适应功能，可灵活控制传输质量，确保网络传输效果；网络客户端经过授权可以实时观摩、监看、并控制云台镜头；录播系统在录制的过程中可自动地将现场画面进行网络直播，能通过校园网直播到全校任意教室，同时也可通过教科网或城域网直播到学校以外的地方；讲台中控设备除了能控制原多媒体设备外，同时集成了开启或关闭录播系统工作的“一健式”功能，老师能通过按钮启动课堂自动录制功能；录制视频记录在本地存储空间，并支持 FTP 自动上传；录播系统录制的文件有单流和多流两种模式供用户根据需求自由选择。单流支持多画面录制，多流录制方式保证每一路视频都是独立的，可通过编辑软件在后期单独的把其中任意一路视频导出，进行编辑；支持教师活动区域灵活设置，并且能够识别教师在讲台区域还是走向学生区域，配合录播主机实现不同场景的切换，确保教学活动的拍摄；具备在线点播 VOD 功能。

3. 多功能教室的作用

多功能教室具有普通教室所无法比拟的优势。在教师进行多媒体教学时，这一点尤为明显，优秀视听效果能够烘托出课堂所要表现的氛围，让学生紧紧地融入其中，并积极参与。

一方面，传统的课堂录制方式是摄像老师与摄像器材显式的出现在课堂中，摄像老师的工作会有动作的变化，有时会破坏学生课堂听讲的注意力与投入。视听教室的课堂录制无须人员出现在教师授课课堂上，整个过程只有教师与学生，他们始终处于课程进行过程产生的氛围，不会破坏课堂的连续性，更不会分散学生的注意力。只要导播人员在后台根据课程进展，对悬吊摄像设备传输过来的信号进行导播切换、录制，并且在课堂结束后授课教师即可以带走本节课堂录像，无须再通过录像机进行采集转化等过程，更好地服务教学。同时，也减少了大量课堂录制时对摄像老师数量的要求。另一方面，导播人员可以按照自己的想法，合理地调度每台摄像头，能够达到整堂课录制的一个统一，避免多人摄录时有些镜头不到位的缺点。

4. 多功能教室的管理

(1)加强安全防范

由于多功能教室里面有大量的录播系统设备，如摄像头与话筒都是悬挂在天花板或墙壁上，另外还有教师电脑以及功放等设备，因此首先要注意安全防范，及时检查门窗以及电源。

(2)设备检修与教室卫生

作为多媒体教室和录课教室，墙壁与地面采用特殊材料，应注意教室的卫生以及经常检修设备，排检故障，保障使用时的顺利。

(3)做好记录

应做好教室设备日志记录，及时的对设备使用情况进行文档记录。

五、数字实验室设备与管理

信息技术的发展为教学提供了更多的手段，也丰富了课程的形式和内容。近些年来，数字传感器在实验教学中逐渐被广泛地应用，为实验教学开拓了更广阔的空间。为了加强课堂实验的教学，学校充分发挥数字校园的作用，下大力度进行了数字实验室的建设。

学校结合物理学科的教学实际，经过广泛调研，最终建成数字传感器实验室。实验室引进了美国 PASCO 传感器，按照可满足一个班进行分组实验的要求进行配置，可完成初、高中物理中力学、电磁学、热学、光学等各类实验。传感器的使用给老师和同学们都带来了很多的收益。

其一是完善了传统实验。数字传感器的最大优点是采集数据的频率高，可以实现实时采集，采集速度快、数据多，能够解决传统仪器不能测量或实验现象不明显的问题。例如，演示通电自感和断电自感时，传统实验利用小灯泡亮度来观察电流的变化，现象很明显，但不足的是通电瞬间电流延迟的时间不能给出数值，断电时电流变化的数值以及电流的方向不直观。而利用电流传感器就把上面的问题很直观地展示给学生。

其二是开发新实验。数字传感器实时采集功能和快捷的信息处理能力，也为老师们的教学拓展了思路，在实验教学上有很多新的突破，开发出很多新的实验，如动量守恒定律的实验。以前的实验需要在气垫导轨上完成，速度的测量只能靠光电门和数字计数器结合使用，装置复杂，采集数据个数有限。而利用运动传感器，可以很方便地对小车运动的速度进行实时采集，并且对大量的数据进行自动处理，可以形成图表、图像等，便于老师和同学们进行分析。

其三是提高了学生信息处理能力。在数字实验室的使用过程中，学生不但可以观察到实验现象，还可以得到多种形式的数据。他们要对这些数据进行分析、判断、总结规律。

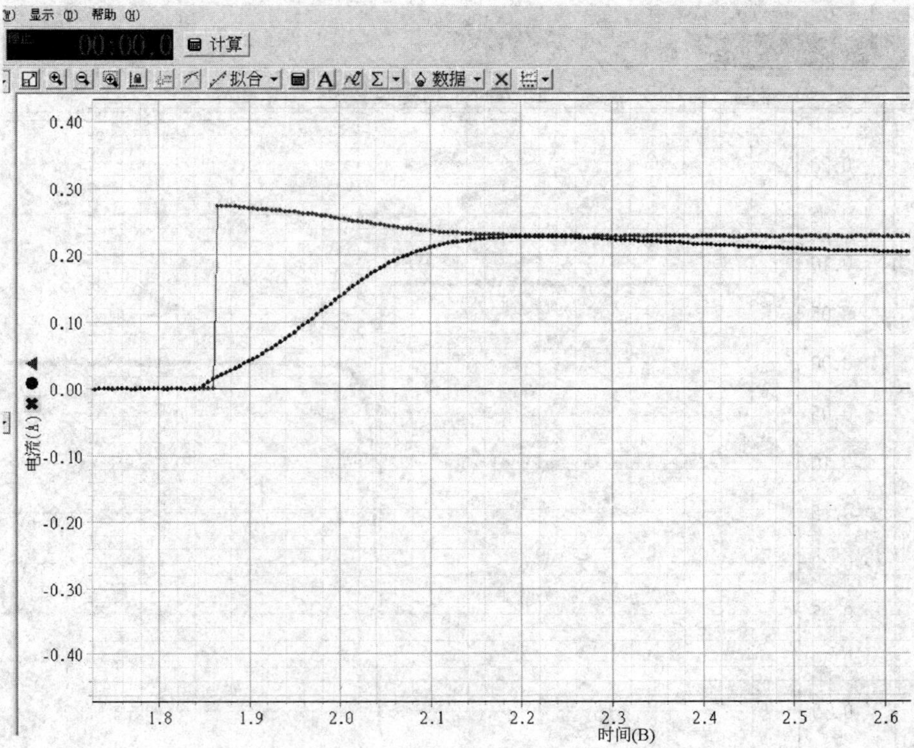

图 3-14　通电自感时的电流对比

对于学生信息处理能力的提高起到了积极的作用。

传感器在教学中的引入，给实验教学带来了新的思考、新的空间，给学生能力的提升提供了更多的空间和机会。教学是需要不断创造的，有了先进的手段创造的成果也会更加丰富。为了更好地利用这些资源，物理组专门抽出教师研究传感器的使用，开发新实验、新课程。目前的数字传感器实验室使用频率较高，一方面是日常教学中的演示和分组实验，我们结合传统实验，进行完善、开发，在很多的实验中都得到广泛的应用。另一方面是选修课和研究性学习课程，有专门的教师带领学生进行课外实验的探究活动。借助数字传感器去探索身边的各种问题，既增强了学习的兴趣，也锻炼了观察、探究的能力。

六、音频(广播)控制系统

我校使用的是迪士普公司的网络广播系统。该系统以局域网为媒介，采用全数字化传输模式。每个接入局域网的设备有唯一的 IP 地址和 ID 设备号码。在功能上比传统的以模拟信号传输为主的广播系统具有以下优势：

有强大的分区和定点编程功能，可以为每个时间点设置不同的接收分区。可以同时对不同分区播放不同的内容，可按星期对一周的铃声进行一次性编程，也可按日期设置某一

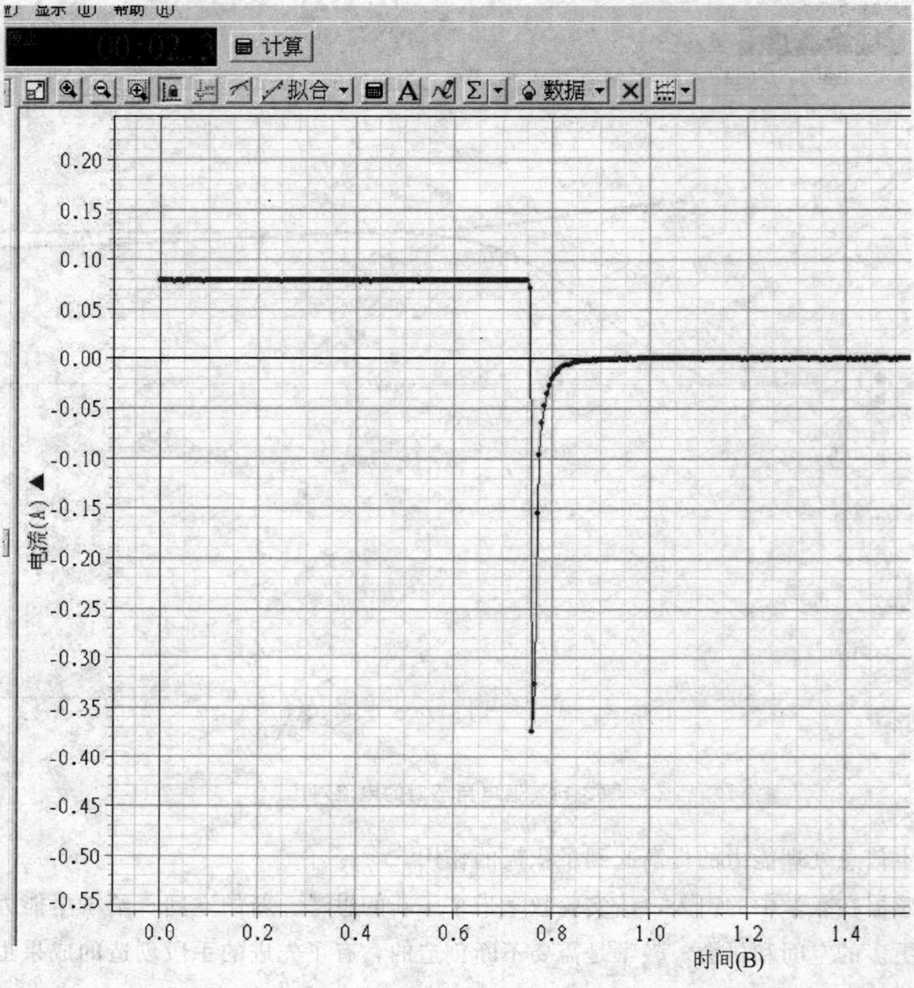

图 3-15 断电自感时的电流变化

天的铃声时间点。

传输距离广，信噪比高，音质好。因为该系统依托现有的高速局域网，全数字化传输，传输距离可达几十公里，衰减小，信噪比高，音质好。

突破传统公共广播只能下传和只能由机房集中控制的格局，具有强大的互动功能。比如，只要把遥控分区寻呼器接在网内任意一个点播寻呼终端，均可实现对网内所有或部分分区的寻呼广播。

分区和分组可以任意组合，随时重组而无须另行布线。

电话系统将使用网通的模拟电话系统，共 400 多部电话，基本做到每个教师一部电话。教师接电话不收费，打电话使用 201 卡，同时在校园内多个区域安装 IC 电话，方便教师及学生的使用。

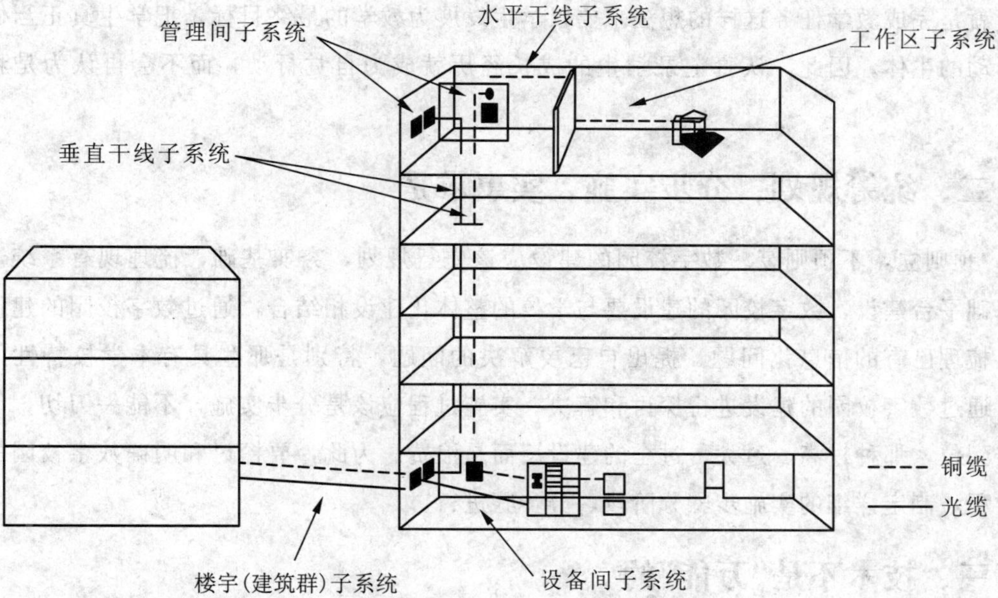

图 3-16

音频(广播)控制系统，在重大活动使用前都要进行预先调试，同时检测设备的畅通性，通过调试，发现问题，排除故障。

七、普通教室的建设与维护

教学楼的每个教室都装有投影仪、闭路视频系统接收器、功放、音频接口等。

通过闭路视频选台器可以接受 6 套学校自制节目，通过投影仪投放在屏幕上供学生观看；同时通过音频设备以及喇叭进行声音的扩放。

对于普通教室的设备，应该及时发现问题及时解决，如果问题复杂，应及时联系公司予以维修。在各种考试使用前，应做一次设备的检查，维修故障设备，保障考试的顺利进行。同时，制定设备使用说明，每个教室一份，提醒学生和老师在使用时的注意事项。

第三节　数字校园基础设施建设中应注意的问题

一、改变工作习惯和思维方式

数字校园的建立，学生学习成长档案的建立，关键是教师的工作习惯和思维方式要进行重大的改变，要求教师必须要改变现有的工作方式和教学方式，把记录学生的学习成长经历作为日常教学工作的一部分，这就要改变过去的思维方式，要改变过去那种把该讲的讲了就是完成教学任务这样的想法，要以学生发展为教学的最终目标，把学生真正当做教育活动的主体，因此，认真记录学生的成长经历就成为自觉行动，而不会再认为是新的负担。

二、统筹规划，分步实施，实事求是

“预则立，不预则废。”数字校园的建设应该先行规划，夯实基础，梳理现有系统，加强基础平台建设，数字校园的建设要与学校的整体化建设相结合，通过数字校园的建设研究，梳理已有的信息化问题，提出自己要解决的问题，特别是那些具有本学校特性的问题，通过数字校园的建设进行探讨和解决。实施过程应该是分步实施，不能一刀切，不能一步到位，那种过高、过大、过全的建设反而是浪费。为此，要探讨和明确数字校园的建设过程，制定详细的实施步骤分阶段、分步骤进行。

三、技术不是“万能”的

技术是解决数字校园的基础，但仅仅有技术支持是不够的。在数字校园建设中，学校要根据自身的教育教学管理的特点，设计符合自身的应用体系，使网络设备、系统软件和网络技术发挥真正的作用，因此，构建数字校园，关键是学校自身如何发挥作用。数字校园的建设应该促进学习方式和评价方式的变革，从而促进教育的深层次变革，这些问题的解决有观念上的、管理制度上的、社会大环境方面的，还有学校领导对数字校园的认识程度，这些问题绝非技术能够解决。

四、科学规划，统筹管理

数字校园的建设是一个系统工程，不是靠花钱买一个应用系统能够解决。因此，数字校园的建设，会影响到整个教育教学、办公等的习惯，要影响全面的工作，甚至是整个学校各方面利益的重新分配，有一定的复杂性，因此要有一个合理的规划和一个强有力的能够协调学校整体工作的机构。所以学校在实施数字校园工程时应该建立领导小组和工作组，此项目应是一把手工程。

五、承前启后，提升“数字校园”的整体能力

数字校园的建设，绝对不是推倒重来，是要整合过去已有的系统，照顾已有的投资，特别是已有的系统有很多宝贵的数据，所以对于大多数学校来讲是在已有的校园网应用基础上，构建整体解决方案。过分强调数据库的统一不现实，也没有必要，更不符合市场规律。社会分工的不同，使得各专业公司有自己的特点，而构成数字校园的应用体系的建

设，绝不是一个包罗万象的系统平台能够统一解决的，学校要搭建通畅网络环境，建立符合 EMIF 规范的数据互通平台，然后是用市场的手段让更多的厂家加入到数字校园应用体系的建设中。

六、合理分配投资比例

要考虑定制开发和运营维护的问题，各学校的数字校园的建设，不仅是要买一些定制的产品，还要有大量的定制开发的过程，要控制好硬件、软件、开发和培训的投资比例，特别是许多问题不是靠花钱买软件能解决的，在符合规范的基础上，既要引进一些通用的应用系统，也要培养本校的技术人员，在符合规范的基础上设计开发具有本校特性的小的应用程序，使应用层的应用更加丰富。

七、建立数字校园建设规范

数字校园要有一个规范，通过研究构架数字校园的规范框架，这是数字校园建设的重要内容。

建设数字校园要做到：网络基础环境必须要稳定、数据互通必须通畅、统一的身份管理、统一的安全必须能够保障、个性化的门户平台能够集成多渠道获取的信息。而数字化应用环境的构建，完全由本学校根据自己的情况来搭建，这个应用环境的建设是由若干的软件组成，可能包括大的数据库管理系统，如学校基础信息管理平台等，也可能是一些小程序。数字校园的建设是一个长期的工作，在这个过程中，要不断完善应用体系，使学校的工作更多地纳入到数字校园中来，使得学校的信息越来越丰富，使得为学生和教师的信息化服务越来越到位，使得数字校园中的数字化的人越来越立体和丰满，从而使得信息化真正为素质教育服务，为学生服务，为教师服务。

第四章　数据与资源中心的建设

第一节　数据中心概述

一、数据中心的概念

关于数据中心建设的讨论由来已久，根据CIO时代网的定义，数据中心是企业的业务系统与数据资源进行集中、集成、共享、分析的场地、工具、流程等的有机组合。从应用层面看，包括业务系统、基于数据仓库的分析系统；从数据层面看，包括操作型数据和分析型数据以及数据与数据的集成/整合流程；从基础设施层面看，包括服务器、网络、存储和整体IT运行维护服务。

从CIO时代网的这个定义，结合数字校园数据中心的建设，我们可以简单地这么来理解：把数字校园中存在的所有信息数据资源，不管是结构性的数据，还是非结构性的数据，都把它纳入到数据中心来，都看做是数据中心的一部分，唯一不同的是它们在数据中心中所处的层面不同。由此可见，我们可以把整个虚拟化的数字校园看做是一个大的数据中心，数字校园的建设，其实也就是数据中心的建设、数据的建设。因此，数据中心的建设是数字校园建设中头等重要的大事。

二、数据中心的功能目标

1. 基本功能

数字校园的数据中心在整体规划下，应该有以下功能：

(1)实现校园内各种信息、资源、数据的统一，并进行集中管理、维护与容灾备份；

(2)创建学校权威核心数据库和数据中心，实现校内不同层次、不同范围的数据共享；

(3)实现各个系统之间的数据交互，主要针对目前各个系统都存在的数据进行整理，当某个系统数据有更新的时候，通过数据中心完成各个系统之间的数据同步，以保证各个系统中所存储数据的唯一性和有效性；

(4)实现数据服务，也就是基于数据中心中所存储的存根数据，生成数据仓库进行报表和分析服务，支持领导决策，支持基于核心数据库的各类数据查询和决策分析表，支持历史数据的挖掘。

2. 达成目标

总的来说，数据中心要达到的目标如下：

(1)建立全校统一的数据信息标准规范；

(2)整理现有系统的数据，将存在于各个“信息孤岛”中的脏数据逐步清除，确保数据中心中数据的权威性；

(3)完成与已有应用系统的数据对接，保证这些系统之间核心数据的交互；

(4)完成待建应用系统与现有应用系统的数据对接；

(5)根据业务需求，为未来的应用系统提供数据支持服务。

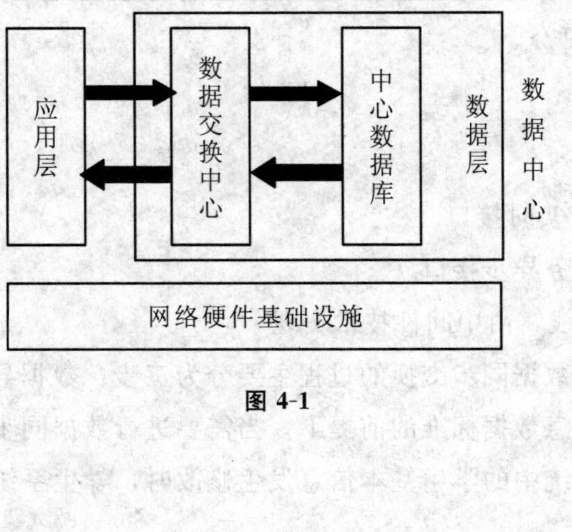

图 4-1

三、数据中心的架构组成

数据中心应该包含有以下三层，即应用层、数据层以及网络层。应用层指的是校园内的各种现存的应用以及待建的各种应用；数据层指的是通过数据交换中心清洗、转换后用来共享的标准数据；而网络层则指的是支撑整个数据中心稳定运行的各种网络硬件设施，包含有服务器、存储器、流量监控等网络设备。

应用层通过数据交换中心，对数据进行处理后，导入中心数据库，然后再通过数据交换中心，分发给应用层，最终实现不同应用之间的数据同步交换。

四、数据中心的工作原理

数据同步技术是数据中心建设的核心技术，数据中心建设应采用基于SOA(面向服务的体系架构)的数据同步解决方案来进行建设。此种方案能充分考虑到数据中心与各应用系统之间的粗粒度、低耦合性要求。此方案的工作原理图如下：

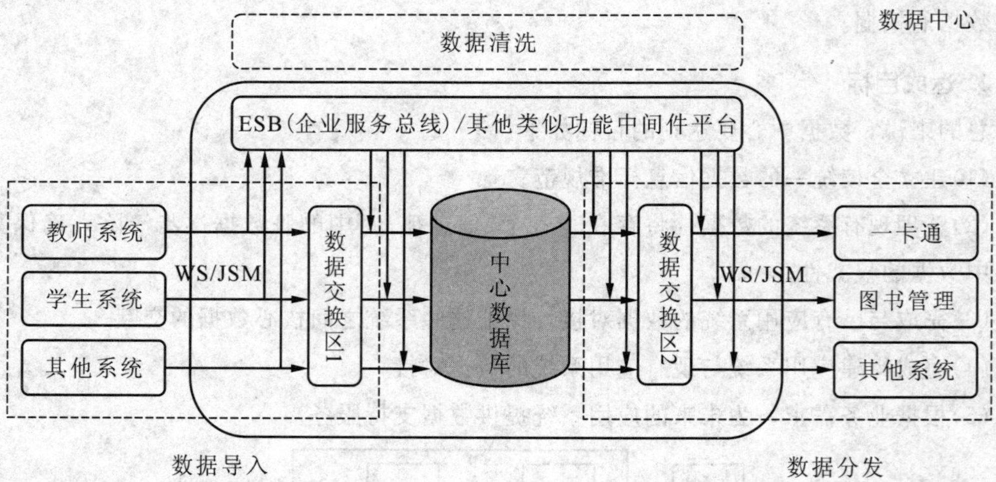

图 4-2

说明：

WS：Web Service 实时接口

JSM：Java 消息服务异步接口

ESB：企业服务总线，由中间件技术实现

此种方案下，进行数据同步交换的过程主要分为三步：数据导入、数据清洗、数据分发。在制定了统一的信息数据标准的前提下，当需要进行数据同步的某个应用的信息发生更改时，例如，学生系统中的学生基本信息发生修改时，学生系统会自动调用数据中心的

WS/JSM 接口，先将学生系统中更改的数据导入数据交换区的相应增量表中，然后，ESB 中会自动将数据交换区的相应增量表中的临时数据进行清洗，使增量表中的数据转换为标准数据，存入中心数据库中。当学生系统更改的信息存入中心数据库后，ESB 会自动调用数据分发服务，把更新的数据先分发到数据交换区，这个过程不用再进行数据清洗，只要进行简单的格式转换就可以了。最后，再把数据从数据交换区自动推送到需要这些数据的一卡通、图书管理等系统中。

五、数据中心的实施规划

数据中心的建设应该根据实际需求进行逐步实施，一般来说需要经过一些必要的步骤。

首先，数据中心建设需要一些必要的软、硬件设施，这是建立数据中心的基础条件。数据中心基本网络拓扑结构如下图(具体配置各单位可根据自身实际情况进行增减)。

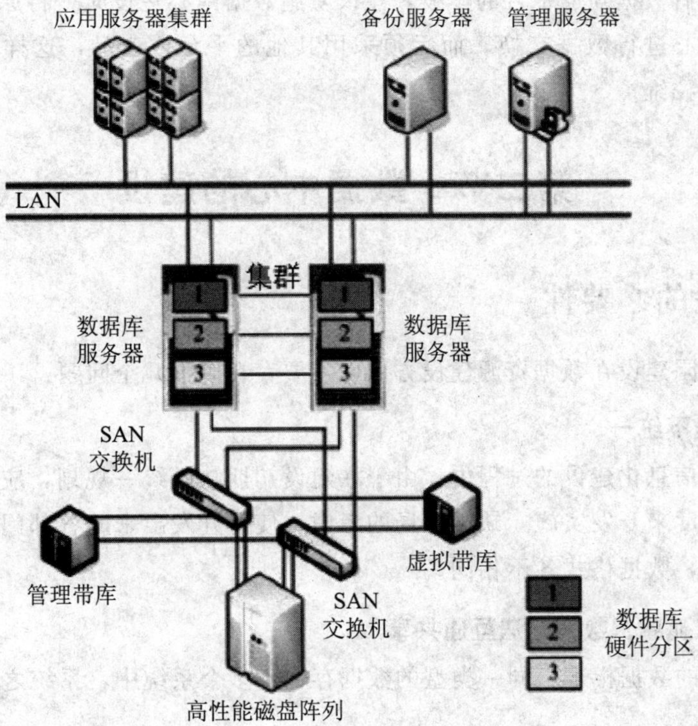

图 4-3

对于数据中心建设的软硬件配置清单如下：

硬件	软件
高性能服务器一台，用作数据库服务器	网络操作系统：Windows server 2008 R2
5T 以上容量存储器一台	数据库管理软件：SQL Server 2005 或 2008
SAN 交换机一个	中间件
流量监控设备一台	数据备份软件

在准备好基本的软硬件设施之后，在遵循国家有关源数据标准规范的基础上，制定统一的信息数据标准规范，然后移植现有应用，对异构数据，按已建立的统一标准规范，进行清洗、转换，并存入数据中心。

为充分发挥数据中心的作用，要通过各种技术手段实现数据中心与已有应用的数据同步转换，实现新的应用与数据中心、旧的应用的数据同步，在数据中心统一标准规范的基础上，开发新的应用。

对于已建设有数据互通平台的学校，建议实施数据中心建设时，将原有数据互通平台仍应用于数据中心进行数据交换，而无须采用其他的平台或产品，这样既可节省资源成本，也有利于各校维护。

第二节　数据中心的建设

一、建设的必要性

目前数字校园建设在数据资源建设方面，主要存在以下几个问题：

1. 数据标准不统一

学校在进行信息化建设的过程中，由于在建设初期缺乏统一规划，应用系统大多是从部门、基层的角度来开发实施，缺乏全局的考虑，使得开发出来的各部门的系统之间没有统一的数据标准，数据格式各不相同。

2. 存在信息孤岛，数据无法互通共享

由于无统一的数据标准，同一类型的数据存在于多个系统中，系统之间无法实现数据同步共享。

3. 整合应用系统工作量大

原来 EAI(企业应用系统集成)的整合方式，应用系统整合的工作量较大。

4. 不能有效地提高学校内部的工作效率

各个应用系统只能被动等待数据，而不能主动要求数据和主动使用数据。例如，以往不同系统之间需要查询数据必须通过较多的手续才能最后拿到数据，建设了统一共享平台之后，就能直接访问别的应用系统共享的数据。另外，同一类型的数据存在多个应用系统中，当一个应用系统中的该数据发生变化时，无法实时同步更新到其他应用系统，这样造成了各应用系统的重复操作，无法保证数据的完整性和一致性，增加了一定的工作量，也造成了不必要的资源浪费。

5. 数据无法统一集中管理

各应用系统的基础数据无法进行统一的存储、容灾备份，无法实现数据的集中管理。

6. 无法为决策提供实时的数据

没有一个共享平台，可以实现整个学校的业务数据都可以实时地相互查询和访问，因此无法为领导的决策提供第一手的数据。

二、数据中心的系统功能

数据中心平台作为校内基本数据的共享平台，将各个业务部门的基本数据进行集中整理，实现统一管理，保证数据的权威和准确，为各个业务应用系统和各类服务系统提供数据支持，并承担着数字校园中的大量数据、信息、流程以及处理结果，一般包括以下功能：

1. 统一数据标准

数据中心建设的第一步是要进行数据标准建设，前期进行的校内统一信息标准建设，会给数据中心建立一套以国家教育部信息标准为基础，其他标准做参考的信息标准。

2. 数据的采集交换

所有数据来源于各个业务系统，不管是异构的数据库管理系统还是非异构的数据库管理系统，可以通过通用的数据抽取(采集、清洗、转换)或同步方法自动地将数据推送至数据中心，并做出数据更新报告。另外，在操作上，对于任何业务应用系统(包括现有的或新开发的)，可以以可视化、拖拉、便捷地方式，制定业务数据交换策略，达到可以不需要写任何一行代码即可实现业务数据的采集交换；同时，考虑到未来数据标准的变化情况，主题数据库还可以以可视化的界面、拖拉的方式，更改主题数据库配置，再对数据交换策略进行配置，以此达到对未来增加的任何业务应用系统都能方便地把数据采集交换到数据中心平台。

3. 数据的共享发布

可以以可视化的界面或拖拉的方式，实现对数据共享接口的发布。通过授权，利用提供的通用数据共享接口，可以将数据中心的部分或全部数据进行共享和利用，并实时做出数据使用情况报告。

4. 主题数据库管理

依据划分的主题对象，利用数据仓库技术，构建相应的主题数据库。并根据学校数据标准的变化，以可视化的界面、拖拉的方式，更改主题数据库配置。另外，还需对访问主题数据库的用户权限进行管理。

5. 元数据管理

主要包括表的注册、字段的注册和更改数据库结构。

6. 用户和日志管理

用户管理主要包括应用用户管理和平台用户的管理。其中应用用户管理涉及应用管理(对应用系统进行增删改操作)、应用权限管理(划分应用对元数据表的访问权限，可将访问权限分为只读式访问和独占式访问)等；对平台用户的每次操作要求进行日志记录，尤其是异常操作，并保留每次操作的历史数据，保证数据的一致性和准确性。

7. 安全性管理

可以基于统一身份认证系统对共享数据库中心的数据访问进行安全保护，包括传输安全、身份验证和访问控制三方面。

8. 数据维护管理

可以对数据中心平台的所有资源数据，进行统一的备份、恢复。

9. 数据的导入导出

可以将数据中心中的数据根据外部数据规则进行数据转换并导出；也可以将外部数据根据数据中心的规则进行数据转换并导入。

10. 数据的挖掘分析

通过对共享数据和历史数据的 OLAP 分析，形成各种报表或根据需要展现分析结果，为决策提供参考。

三、数据中心的系统设计

1. 系统架构

数据中心的整体架构应该采取粗粒度、低耦合、面向服务的开放式体系结构(SOA)。要实现这种架构，可以采取基于 ESB(企业服务总线)的技术方案来实现。整体架构如图 4-4。

数据中心应该包含有以下三层即业务数据层、数据层以及网络层。

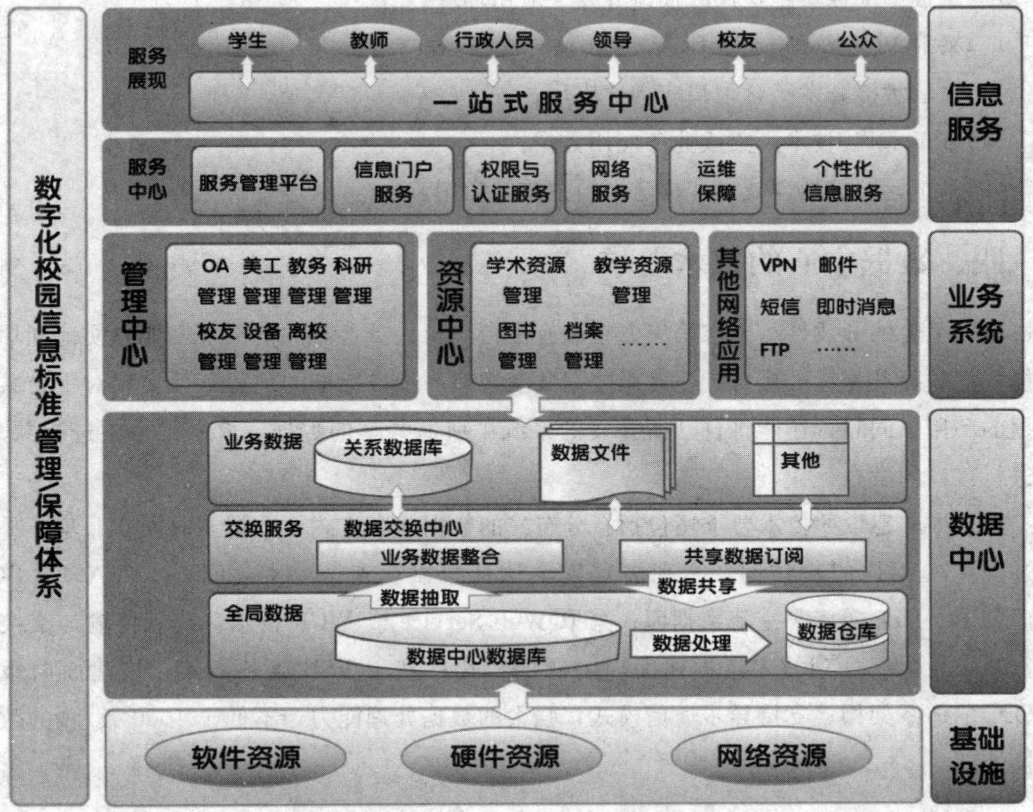

图 4-4　北京融创泰富公司

业务数据层是校园内的各种现存的应用系统以及待建的各种应用系统，比如图书馆系统、一卡通系统、学籍管理系统等。

数据层的功能是通过数据交换中心定义好的规范和标准对数据进行数据清洗、格式转换，以此达到可以共享的标准数据。通过数据中心定制的各种规范和标准我们就可以不再依赖于某个软件厂家，只要使各应用系统的定制完全在这个规范和标准中，我们就可以更加容易替换现有的应用软件系统。

网络层指的是支撑整个数据中心稳定运行的各种网络硬件设施，包含有服务器、存储器、流量监控等网络设备。

2. 技术特点

(1)严格遵守信息化标准与规范，构建信息化应用平台；

(2)基于成熟开发平台，分布式、高可靠性、先进性的解决方案；

(3)基于 ESB 服务框架，实现应用平台的开放式结构；

(4)集成中间件系统，保障快速开发、应用环境；

(5)采取 Web Service 技术，统一传输与交换标准；

(6)采取敏捷开发平台，快速构建应用；

(7)基于 ETL 技术，集成业务应用数据；

(8)基于元数据处理技术，构建面向主题的应用。

四、数据中心的技术要求

确保平台的开放性。要求第三方在没有平台公司人员参与的情况下，能方便地利用平台提供的数据共享标准接口，在遵循数据共享规范与接口标准的前提下，实现对平台共享数据的利用。同时，还能将自己所开发的系统中所需共享的数据，放入平台中进行共享，并进行接口的发布。

数据中心建设的技术要求还包括：分布式的数据共享方式；数据实时同步共享；平台通过统一的用户门户访问，实现多重安全认证机制；支持 ORACLE、SYBASE、SQL SERVER、DB2 等多种主流数据库；采取 Web Service 或 WCF 技术，统一传输与交换标准；基于元数据处理技术，构建面向主题的应用；基于 ESB 服务框架，构建面向服务(SOA)的体系架构；支持异步通信模式；强大的数据处理能力，不低于 1000 条/秒的数据交换处理。

第三节　资源体系建设与数字图书馆

一、中学校园网资源库体系

1. 中学校园网资源库现状

目前，中学校园网的教育资源主要有：购买的一些公司的综合性资源库，过去开发的 CAI 课件(主要是单机上开发的辅助课堂教学的演示型课件)，一些教师自行设计的个人教学网页等。这些资源是中学校园网的原始资源，对中学校园网的初期应用发挥了积极作用，但存在着许多问题：

(1)使用效率较低

目前的资源库，不论是购买的综合型资源库，还是教师开发的教学课件或网页，主要针对教师的课堂教学而设计，用于辅助教学，许多课件甚至就是书本搬家。大多数资源没有考虑学生的学习特点，更没有考虑网络环境下的学习特点，缺乏指导学生自主、协作、探究讨论学习的教育资源；大多数资源库没有适应教与学的检索方式。

(2)学校特色不突出

学校的资源库主要是购买的，由于目前出版资源库的几家公司是基于他们对教育资源的理解，设计开发的资源库大多是资源的简单堆积，数量不少，但是大同小异；其次，这些公司开发的资源库平台，由于没有统一的国家标准，也是各自出于商业的考虑，使用的资源库是封闭的，相互之间不能进行方便的信息交换，教师很难将自己的教学信息存入资源库，学生也难以在资源库上学习、并将学习的成果补充进去，因此不能建立资源大家建的有效机制；这样的资源库，不可能具有各学校的特色。

(3)数据结构不规范

从技术角度上讲，各公司开发的资源库具有各自特征的应用界面；虽然资源库大多采用通用的数据库管理软件(如微软的 SQL Server)，但是内部的数据结构定义的各不相同，资源库管理平台安装方法不统一，这给操作带来了一定的困难。

(4)缺乏系统性规划

教育资源库开发商出于商业运作的考虑，开发的资源库都是相互独立，没有考虑在一个地区建成宽带城域网后各级资源库与学校资源库的关系。随着各个地区教育城域网建设不断完备，各地区范围内的教育宽带网在不久的将来将成为现实，有些地区，如上海、天津、南京和广东等一些城市，教育宽带已经非常发达，在这些地区构建教育资源库将要用全新的思路，要考虑全国的基础教育资源库及省、地、县三级区域性教育资源中心的各自特点、资源整合的分工及与中小学校园网资源库的关系。这些问题显然不是教育软件资源库的开发商们能够考虑和解决的。

2. 中学校园网资源库体系的内容

通常来说，目前建设的中学校园网，一般情况下对外与 Internet、Cernet 或 Chinanet 相连，许多校园网也与本地区的教育资源中心相连，所以可以从网上获取丰富的教育资源；市面上也有许多公司开发教育资源库，可以通过购买获得大容量的教育资源库；广大教师根据教育教学工作的实际需要进行现代教育技术的研究，也开发出许多的课件，所以目前的教育资源是丰富的。但是如何在本校的校园网上将这些丰富的教育资源组建成具有学校特色的能够帮助教师教学和指导学生学习的资源库，需要对教育资源的构成体系、资源的分类原则加以研究。

从中学校园网的服务领域来分析，校园网的网上资源应该包括知识性信息、学科性信息和教育性信息三大类。网上各种科学技术、政治、经济、文化、体育以及各种技能知识都属于知识性信息；经过各学科教师加工处理，由教师通过网上传授给学生的，适应学生通过网络进行某一学科协作性、研究性学习的各学科的基础知识性信息属于学科性信息；校园网上必须要有教师通过网络对学生进行道德品质、心灵陶冶、思想修养、学习目的性的教育的信息，这就是教育性信息。通常这三大类信息不是孤立的板块，而是相互联系、相互渗透的，按照网络教育信息的功能特性可以分为以下五大类：

(1)教学素材信息

教学素材是指教师或专业人员经过分类筛选将适合于教学、研究的图象、声音、视频、动画等辅助性素材以数字化形式记录，通过数据库形式存储和管理，用于教师进行备课、辅助课堂教学或教学网页的制作；学生进行自主学习、协作性学习和研究性学习；专业人员进行计算机辅助教学软件的开发等活动提供的辅助性素材，要求这些的素材内容丰富、分类明确、便于检索，主要形式有：

- 各种图片：包括照片、矢量图、背景图及装饰性图片、按纽等；
- 各种视频片段：包括一些经典的实验片段、珍贵的历史镜头等视频片段；
- 电脑动画：包括一些模拟的实验演示、图象变换等 Flash 动画、三维动画等；
- 各种音效：包括各种具有典型特征的动物、机械、天气等效果声音。

(2)教学资源信息

教学资源主要服务于教师的备课、上课、教学研究和网上交流等，是学校教学资源的积累方式和物化形式，是形成一个学校、一个学科以及教师个人教学特色的重要组成成分。虽然在建网初期要通过购买、下载和交流的形式尽快形成教学资源的原始积累，但一个完善的、具有本学校特色的教学资源库，一定是通过建立起的一套资源积累的机制将全校教师的教学经验、过程和交流等信息组织起来的。教学资源可以按照以下板块划分：

- 电子教案：要求按学科的知识点进行分类，电子教案有别于传统的纸面教案，不仅要包括教学目标、教学重点、教学难点、教学媒体和教学过程，最重要的是采用超链接的形式将教学参考资料、相关的教学内容连接到教案中，形成一个内容丰富、使用方便的教学资源。
- 学科网页：每个学校的各个学科，不但有各学科自身的学科特点，也有各自的教学特色。学科网页的设计、制作与维护是一个系统的、长期的工作，也是每个学科组自身建设的重要途径，开发好学科网页，不但能使本学科的知识体系完整，使学生获得丰富的课内、课外知识，而且是师生交流的重要场所。
- 教师个人教学网页：学校应该鼓励教师设计、开发具有本人教学特点的个人教学网页，这不但可以提高教师的教育研究意识，总结学科教学规律，而且长期的积累也可以形成教师个人教学特点和教学风格的物化形式，同时，教师个人教学网页也是实现教师与所教学生交流的平台。
- 教师论坛：教师论坛是教师讨论教学问题的场所，论坛要按照本校教师关心的教学问题分成几个专题，每个专题要有专人负责，对离题的言论要删除，对精彩的讨论要整理。

- 教学论文库：从网上、各种期刊杂志上整理的教育教学理论性文章，要按学科分类，这些文章对教师开展教育科研有着启迪和借鉴作用。

(3)学习资源信息

学校信息化的最终目的是为学生提供一个数字化的学习环境，使学生最大限度地提升综合素质，因此，学校资源中一定要有学生的学习活动资源，包括学生的网上学习、网上活动、学习成果和学生学习成长的足迹。

- 网络课程：以扩展性知识为主，按课程分类，主要用于学生自主学习，拓展知识领域。
- 反映学生学习生活的网页：包括学生会主页、班级主页、学生个人主页等，是学生在学校学习、生活的真实反映。
- 学生电子作品之窗：将学生在学习中创作出的优秀作品分类推荐给全校的每一位同学，让学生从自己同学的创作中受到启发。
- 学生论坛：学生论坛是学生之间交流场所，要按照不同年龄段的学生，针对同学们感兴趣的话题设立相应的主题区。学校论坛不能与网吧的聊天室相同，这里可以自由地发表与主题有关的论述，但是要拒绝与主题无关的言语，每个话题要有专人负责管理，要引导讨论的方向，整理有价值的内容，使校园网上的论坛成为社会、家长放心的网上净土。
- 协作学习的资源：针对目前开展的研究性学习，校园网上应该为各个研究性学习小组开辟研究成果的展示场所，小组的同学可以通过网络进行协作学习与研究，其他组的同学也可以从这些同学的研究中受到启发。
- 心理健康园地：目前许多中小学生存在着不同程度的心理健康问题，网络是一个非常好的解决心理健康问题的媒体，学生可以通过网络实名，或匿名向心理指导教师寻求帮助。

(4)电子资料库

主要是公共类信息，内容多，覆盖面大，要求对这些信息要进行科学的分类，包括：

- 电子图书：目前有许多公司提供电子图书，并负责补充新出版的电子图书。
- 电子期刊：包括教学研究、教学参考、各类公共信息。
- 音乐库：按照古典、流行、民族等方式进行分类。
- 影视库：包括教育类影片，经典名著，各种戏剧等。

(5)教学测评系统

教学评价是教学的重要组成部分，智能化测评系统是今后一段时间要重点研究的课题。中学校园网上应该有的测评系统如下：

- 题库维护系统：题库应该是动态的，每一个学校都要通过题库维护系统，建立适合本校学生的题库。
- 自动组卷系统：可以按学生情况、既定的知识点范围的分布和指定的难度系数自动生成一套或多套评价试题。
- 自动评价系统：智能评价系统是校园网评价应用亟须解决的难题，目前可以做到的是客观题能够简单地分析，对于主观题目的智能评价还在研制过程中。

校园网教育资源体系可以按照以上的分类原则构建资源库，需要指出的是对于已建成了教育宽带城域网的地区，可以考虑将公共信息集中存放在地区信息中心，学校的资源建设重点放在构建具有本校特色的资源库上，这样可以最大限度地实现资源共享，并能发挥各学校资源建设的优势，使各学校既是资源的使用者，也是资源的建设者。

二、中学校园网资源库建设的方法

中学校园网资源库的建设是一项系统工程，也是一项长期积累的工作，不可能仅靠大量的投资就能在短期内完成，要建成具有学校特色的、反映出学校教育教学水平的资源库，不仅需要时间的积累，还需要学校各部门、各学科，乃至全体教师和学生的共同参与。

1. 资源库信息的来源

获得教育资源的途径应该是多渠道的。在建网初期，快速建立资源库的基础性资源，可以通过购买、下载和交换，迅速积累起一定的数量，形成资源库的底子。购买要有一定的资金投入，因此，在规划校园网的建设时，一定要有一定比例的资金用于建网初期的教育资源购买，这一点尤为重要。许多学校在规划时，将资金主要用于硬件建设，很少计划，甚至不安排软件购买和资源建设的资金，硬件建设、资源建设、人员培训的资金比例严重失调，这样做的后果是：建成了校园网但不能很快投入使用，从而造成投资的严重浪费。在购买资源时要注意的是，选择的产品必须是具有开发教育软件资质的正规公司，既要注意资源的数量、质量、教学性、科学性等因素，同时要注重公司的服务承诺，特别是资源库管理平台的升级和教育资源的补充和更新；在校园网的应用过程中，每学期也要安排一定数量的资金用于资源建设，因为教育信息不可能一次就收集齐全，信息时代新的教育信息会不断出现，要经常补充更新。

下载网上的教育教学资源是一条经济实惠、效率高、时效性强的捷径，但要求参与的人员要有很强的事业心、责任心和耐心，同时还要有很强的学科专业知识和信息的辨别能力，以及熟练的计算机操作能力。应该由学科教师结合各学科的教学特点、对信息的需求承担下载信息的工作，网络中心的专业技术人员要做好技术支持和服务工作，包括指导对下载资源的分类、存储、索引等，要规划好资源存储的平台，防止出现下载资源的混乱和做重复劳动的情况出现；有条件的学校可以开发基于数据库管理技术的资源管理平台，为教师下载信息提供一个入库界面，方便教师使用。网上教育信息的搜索有许多途径：对于已知的主题教育教学网站，可以定期地对其进行访问，寻找并下载新的教育信息；要寻找并发现新的教育网站，可以通过已知教育网站上的友情连接逐步扩大搜寻范围，也可以通过一些专业搜索网站的搜索引擎，通过主题词或关键字进行查找。特别指出目前教育系统的许多地区和部门，通过教育科研课题的研究，组织开发了许多专题学习网站，这些网站根据各地区、各学校的资源特性和地区特点，按专题开发的特色资源网站，在这些网站可以获取许多特色教育信息。

2. 通用的数据库管理系统是基础

资源的丰富不能变成资源的堆积，无序的信息将成为信息垃圾，教育资源库的教育信息应该是有序的、检索方便的、对学生学习及教师备课有指导作用的。为了防止资源积累到一定数量后出现混乱情况，在建设资源库的初期一定要对资源库的结构、分类方式、检索方式进行周密的设计，(分类方法可以参考本文中小学校园网资源库体系的内容)，但建议要选择一个功能强大的通用数据库操作系统，利用数据库操作系统对数据的管理方式管理信息资源。在对被选入的教育信息进行存储时，要按照教育部颁布的《基础教育教学资源元数据应用规范》要求对信息进行规范描述，力求使建成的资源符合国家标准，便于今后的对外交流。

3. 具备较高信息素养的教师队伍是关键

教师是校园网教育资源建设和应用的主体，教师队伍的信息素养高低，直接影响学校教育资源库的建设，因此，建立一只具有较高信息素养的教师队伍是校园网教育资源建设的关键，也是学校信息化程度的关键。教师要转变传统的教育价值观、教育评价观，必须将培养知识型人才的教育观转变为培养创新型人才的教育观。要提高教师队伍的信息素养，新的教育媒体需要教师具有新的教学技能，信息时代的教育要求教师必须具有较高的信息素养，教师必须掌握信息时代的教学理念、教学模式和教学设计，以适应信息时代的教学需求。为此，对教师定期进行思想观念、操作技能和综合应用等方面的培训是非常必要的。

4. 科学合理的资源建设体制是保障

学校教育资源库建设的目的是服务于教育教学，广大教师，学生既是资源的使用者，也是资源的建设者，建立起规范的教育资源建设体制，是确保教育资源库不断扩大、不断充实、不断丰富和不断更新的制度保障。学校网络中心的基本工作不仅仅是维持校园网硬件的基本运行，更重要的是对校园网教育资源体系的作出规划，进行维护和更新，还要承担公共教育信息资源的建设工作；学科教学信息的建设要依靠学科教师，学校应该将学科资源建设作为学科组的基本工作之一，成为本校学科建设的重要组成部分；学生也是学校资源建设的主体，学生不但可以按自己的学习方式组织信息资源，也通过在网上的学习、研究活动将自己的学习过程、研究成果或优秀的电子作品留在资源库中，成为宝贵的学习过程资源，还可以通过班级主页，学生会、团委会的部门主页，积累活动型资源信息，这些都是教育资源的重要来源。

三、中学校园网资源库建设遵循的原则

建设适合于本校校园网应用的、具有本学校教育特色的教育资源体系是一个渐进的过程，所以在校园网建设与应用的过程中始终要明确教育资源建设的标准、目的、意义，明确了大方向，就可以少走弯路。

1. 围绕学生进行资源建设

网络教育资源不能只发挥知识载体的作用，更重要的是要起到指导和启迪学生掌握精髓、深入钻研、独立思考、探索创新的作用。因此，开发网络教育资源的指导思想要以学生为中心，内容的组织应该有利于学习者按学习需求检索学习内容，以培养和帮助学生提高自主学习及生存、发展能力和创新意识为目标，开发内容先进的、启迪型的教学资源，资源库的内容应该有利于培养学生创新精神和提高终生学习能力，避免简单的课堂再现或课本“搬家”的现象产生。

2. 突出学校或区域教育特色

学校资源库的建设宗旨是建成具有本学校特色的资源库，这些特色能够反映本校的教学特点，因此，构成资源库系统的管理平台要具有将本校资源不断整合到资源库中的机制，如开设能够吸引学校各专业的教师经常进行交流的场所，这样可以积累教学思想和教学资源，也能够为在网上学习的学生提供学习的指导和帮助；能够将学生在网上学习时丰富地学习体会留在资源库中，这样能积累学习案例，并且学生的作品对其他学习者也具有启迪和示范作用。

3. 体现科学性、共享性和交互性

开发设计的教育资源库既有学生所需的知识和参考资料，又能利用教学支持平台实施师生实时与非实时结合的交流，反馈学生的学习情况，按网络教学资源使用的规则实现资源共享；同时，教育资源库要按照元数据标准提供功能强大的检索功能，使教师和学生能方便地从大容量的教育信息库中提取所需的信息。

4. 有助于学生创新能力的培养与个性化学习

教育资源库的建设要为创新教育提供环境支持，为各类学生全面发展提供资源保障，在目前实施规模办学的大环境下，如何让每一位学生的个性得到充分的发展，让每一位学生在大班的教学中得到最大的收获，这是班级授课制下个性化学习的难题，开发教育资源库的建设应该考虑解决或部分解决这个难题，让学生在教育资源库上实现个性化学习，从而实现学生自身能力最大的发展，培养创新能力。

四、中学校本资源的开发制作

在校本资源建设的过程中，按照制作方式可分为：

1. 视音频、动画等形式的制作

多媒体包括了视频、音频、图像以及文本等。多媒体制作软件可相应分为视频制作软件、音频制作软件、图像处理软件以及文字处理软件。

(1)视频制作

教育性视频的制作：对于学生来讲，在学校要接受德育教育，德育教育包括了学校组织的各种活动，如学生的军训活动、体育节、艺术节等，学生参与其中，是一种体验式的德育教育行为。在活动中，通过摄像机记录活动过程，记录下学生参与活动的瞬间与他们的表情。通过后期对视频的再加工，凝练成一部纪录短片，最终以电影的方式呈现给学生，让他们为自己而骄傲，实现德育活动的延伸与感悟性教育。对于教师来讲，通过制作优秀教师或一辈子奉献学校的老教师的人物专题片，能够让老师们了解作为学校老教师的从教历程与学校的发展，了解优秀教师背后付出的努力，激励老师们不断学习与提升，激发教师的教学热情与爱校之情。无论是对于学生还是教师，这种类型的视频短片都能够产生积极的教育意义。

(2)多媒体课件资源的制作

每一个课件解决一个重难点问题，要简化背景修饰，突出主题，要做到动画的合理、准确。在开发时，一定要考虑到课件平台的可移植性，遵循好用、易用的原则。课件制作的软件有很多，比如，Authorware 、Flash、Powerpoint 等。此外，一些三维动画软件也越来越多地应用于课件开发。每款软件都有自己表达的长项，也有自己难以表达的方面。因此，根据课件的主题以及呈现方式，结合软件本身的特点进行开发尤为重要。比如，Flash 表现的是平面动画，多以图形符号来表示物体；3D 动画软件表现的是三维空间中的动画，与我们真实生活中的视角一致。若要表现一个质点的运动动画，肯定选择 Flash；而模拟地球、月球、太阳的天体运动动画，使用 3D 动画软件会更形象些。另外，多媒体软件的选择也要结合学科知识特点，以制作简单且有效为原则。比如，在一节语文课上，讲的是方言的介绍，这种情境下只有音频方式最能直观的表达出方言的发音不同与地方特色，通过声音给学生以强烈的听觉刺激，强化了课堂内容。常用的音频编辑软件有CoolEdit，简单易学。课件教学效果的高低，不在于开发技术的复杂或简单，关键是看课件能不能准确地把握学科特点与要实现的功能，能否有效地解决问题。

2. 程序设计开发

对于学生论坛、教师论坛、教师网页、学科网页、学生网页以及协作学习平台，一般采用程序设计的方式进行开发建设。程序设计语言有很多种，如 VB、C、C＋＋等以及.NET平台上的多种开发语言，每种开发语言都有自己的优势与特点。在设计开发的过程中要以要实现的功能为基本，选择自己熟悉的语言进行开发。程序设计流程通过需求分析，明确软件功能，确定详细的功能模块，进而确定软件的界面。不同学科所要设计开发的网页具有各自学科特点。比如，语文学科更多的是文字方面的内容；音乐学科除了文字介绍方面的内容外，应强调音乐的欣赏，即要有音频资源数据库提供丰富的门类较多的音乐；化学学科与物理学科可能会重视虚拟实验功能的实现；等等。这就要求程序开发人员要进行详细的功能需求分析，也要有相关教师的积极参与，提出意见，再反复修改，最终完成功能的确定。接下来就是实施开发的过程，程序设计人员在之前的基础上进行整体的系统设计，包括基本处理流程、组织结构、划分模块、分配功能、接口设计以及数据结构的设计与出错处理设计等。完成后还要进行系统的详细设计，即描述算法、类的层次结构与调用关系、数据结构以及具体程序的说明文档等。完成以上工作后就进入了具体的编写程序(编码)阶段，实现确定的目标功能。在设计开发完成后要进行充分的测试，检验模块功能的运行情况。在程序设计过程中，要注意数据规范以及平台的可扩展性，便于软件功能的增添与升级，同时要做好软件的日常维护工作。

五、数字图书馆

资源建设是数字校园建设的重要内容，丰富而完善的资源体系是校园网络软硬件投入发挥效能的基础和保障。在中学教育实践过程中，图书馆作为学校资源中心，承担着为学校教育教学工作的开展提供文献信息资源支持的重要作用。随着数字校园建设的开展，学校图书馆的功能和形态也被赋予新的含义，数字图书馆建设成为中学数字校园建设的重要组成部分。

1. 什么是数字图书馆

数字图书馆(Digital Library)是随着网络技术的发展和知识社会的到来所产生的新事物，是传统图书馆在数字环境下的体现和发展。从发展过程来看，数字图书馆的出现是呈阶段性的，是从资源的数字化发展到图书馆管理的数字化，实践的开展推动观念上的进步，最终发展到图书馆建设和服务理念上的数字化，“无墙图书馆”“虚拟图书馆”以及“网络图书馆”的概念不断被提出，图书馆服务理念也呈现出从“文献服务”“信息服务”到“知识服务”上的变化。综合对数字图书馆的各种描述，从社会需求和技术条件分析，数字图书馆的核心和本质是利用现代信息技术，通过构建网络平台，实现资源建设和传递上的数字化，通过营造包含各种资源和工具的数字环境，提高资源利用率和用户满意度。

2. 数字图书馆在中学数字校园建设中的地位和作用

作为学校资源中心，数字图书馆是中学数字校园建设在资源体系建设上的有机组成部分。在数字校园建设过程中，校园网络的作用体现在搭建通畅的数字通道，各种应用软件的作用表现为承担运载各种数字资源的“车辆”，而数字资源的高效传输和使用，才是数字校园建设发挥作用的关键。中学数字图书馆从建设要求和服务方式上与高校图书馆或者大型公共馆层面有所不同，但同时也具备了数字图书馆的基本特征，即涵盖资源建设数字化与服务方式网络化的基本含义。

3. 中学数字图书馆建设

中学数字图书馆建设包括数字资源建设和网络服务建设两个方面。其中，数字资源建设应该成为学校图书馆资源建设的重要方面，具体到实际建设层面，可以通过购买成熟数字产品和自建两种途径来实现。在数字期刊方面，以中国知网(cnki)为代表数字期刊服务商已经开始建设面向中小学的数字报刊资源库；在数字图书方面，以超星数字图书、中文在线为代表可以作为外购资源的选择。结合学校实际自建资源库既是数字图书馆建设的重要内容，也是学校特色资源建设的内容，在实际工作过程中应该积极尝试。在网络服务方面，学校应该在加强网络阅览室建设的同时，积极采用现代图书管理软件，实现图书采编和流通的数字化，提高图书馆管理现代化水平，对图书借阅数据进行系统分析，系统了解图书借阅和读者满意度，并努力采用各种措施加强阅读指导和读者信息检索培训，通过数据互通实现在全校层面上数据传输的无缝链接，使数字图书馆建设与数字校园建设同步进行，最大程度上发挥信息中心和资源中心的职能。

第五章　学校管理信息化

第一节　学校管理系统介绍

在学校校园网络硬件建设初具规模的前提下，进一步的工作就是要以数字校园为基础，利用计算机应用软件，将学校的各项管理数字化，减轻工作强度，提高工作效率，更好地为教育教学服务。

学校管理系统是按学校日常管理的需要所形成的一套管理软件，主要是由以下几部分组成：一是教育教学管理软件，二是纸质图书管理软件，三是校园一卡通管理软件，四是校讯通管理软件，五是其他工作实用管理软件。这些管理软件来自的渠道各有不同，有的是与公司合作编制，有的是学校技术人员自行编制，尽管如此，这些软件通过数据互通平台，实现了它们之间的数据共享并保证所使用的基本信息数据的唯一性，从根本上消除了信息孤岛。同时通过统一身份认证系统保证每位用户可用同一账号进入这些不同的管理软件并拥有其相应的管理功能。另外，这些管理系统所需要发布的信息(包括需要通过域用户登录才能看到的个人信息)会在门户中统一发布和呈现。

一、教育教学管理软件

教育教学管理软件是学校日常工作管理的基础，学校所有人的信息(也就是数据互通平台所“通”的主要信息)的管理是由这个软件承担的。教育教学管理软件按学校工作程序进行严格的管理，其基本功能有：

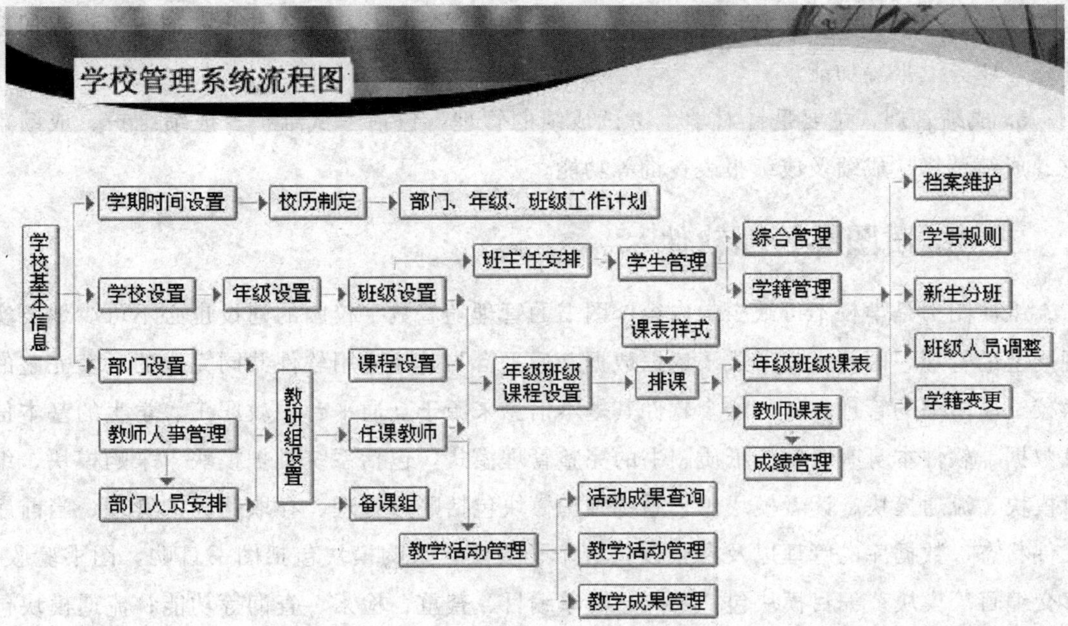

图 5-1

1. 学校基本信息管理，包括学校名称设置；学校部门设置；学年学期的设置(通过这样的设置，形成不同的时间内对不同的学生进行管理，同时可保证存储在学校学习过的所有学生的信息)。

2. 教务管理，包括教学基本信息管理(教育阶段设置、课程设置、年级设置、班级设置、年级班级课程设置)、工作计划、课表管理。

3. 学生管理，包括学籍管理和综合管理。学籍管理中对学生档案的管理承担了数字校园网管理系统中学生的基本信息管理，这些信息不仅用于教育教学管理软件，还要通过数据互通平台，成为数字校园网中所有软件的学生基本信息数据。另外，学籍管理中还有新生分班，班级人员调整，档案导入导出，学籍变更(包括留级、降级、跳级、休学、保留学籍、复学、退学、转入、转出、借读、教育阶段调整、毕结业)等功能。综合管理主要是学生德育方面的管理，包括德育信息、健康状况、文体活动、课外活动、综合信息等。

4. 教师管理，包括教师人事管理和教师考绩卡片管理，教师人事管理中对教师档案的管理承担了数字校园网学校管理系统中教职工的基本信息管理，这些信息不仅用于教育教学管理软件，还要通过数据互通平台，成为数字校园网中所有软件的教职工基本信息数据。另外教师人事管理还有人事变动、部门人员安排、奖罚管理、考勤信息、档案导入导出等功能。教师考绩卡片管理包括教师考绩卡的填写、审核、导入导出、职务申报、职务审核、职务上报等功能。

5. 成绩管理，主要是针对学生考试成绩的管理，包括考试维护、成绩维护、成绩审核、成绩计算、成绩及成绩报表查询等功能。

二、纸质图书管理软件

纸质图书是学校不可缺少的内容。图书的管理随着数字校园的建设也必不可少地要实现网上的管理，因此也就形成了依据数据互通平台与其他应用软件共同完成的一套完整的学校纸质图书的管理软件。这套软件其基本信息来源于互通平台中教职工、学生的基本信息数据，软件本身有对学校纸质图书的完整管理模式，包括系统维护模块、采购模块、编目模块、流通模块、读者模块等。系统维护模块包括账户管理、存取路径的管理、当前库文件状态、数据库的管理以及参数设置五个子模块；采购模块包括图书订购，图书验收，移交编目等模块；编目模块包括录入、简单编目、查重、检索、查询等功能；流通模块包括出纳(外借，还回，续借，预约，罚金，丢书，损书)、阅览、流通管理、统计等功能；读者模块包括对借阅证的综合管理(查询、改密码、修改、注销、打印等)。在流通中使用校园一卡通采集借阅(还回)者的个人信息，实现学校一卡通在纸质图书中的使用。

三、校园一卡通管理软件

随着数字校园网的建设，校园内的各种信息资源整合已经进入全面规划和实施阶段。校园一卡通系统最根本的需求是“信息共享、集中控制”。它的建立是从统一网络平台、统一数据库、统一的身份认证体系、数据传输安全、各类管理系统接口、异常处理等软件总体设计思路的技术实现考虑，使各管理系统，各读卡终端设备综合性能的智能化达到最佳系统设计。其职能是人员信息的数字化，它是数字校园的基本单元。用校园一卡通代替传统校园中使用的学生证、借书证、上机卡和食堂现金、证件、通道出入证件等，实现学校教职工和学生只要带一张卡即可在校内实现消费、借阅书籍、去机房上机、员工考勤、学生进出校短信发送等。从根本上实现“一卡在手，走遍校园”，规范了金融管理，实现了校内无现金消费，同时保证了学校内各类数据的统一和规范，提高了学校的现代化管理水平。

教职工和学生的基本数据来自互通平台中教职工、学生的基本信息数据，同时与图书管理软件结合，实现上述功能，同时它管理的个性消费数据还通过数据互通系统形成在门户上的呈现，方便教职工和学生的查询。

校园一卡通管理软件的主要功能有：互通基本信息(通过数据互通平台)、注销/制作新卡、挂失(解挂)、充值、查询、对账、考勤、门禁、消费。

校园一卡通消费系统主要由服务器、考勤控制器、消费通讯服务控制器、射频卡(校园卡)、消费终端(收费机)、网络通信卡、收费管理软件、通信软件等组成。当持卡人在收费机消费后，收费机中的存储器将个人及消费信息传输到通讯服务控制器，再定时通过网络传到服务器上；当持卡人在考勤读卡器上打卡后，打卡机将个人信息及打卡时间传输到考勤控制器，再定时通过网络传到服务器上。由此可见，不论是消费信息还是考勤信息最终数据都是在服务上进行统一处理，形成每天的消费明细，然后进行汇总，最终生成各类统计报表。

四、校讯通管理软件

“校讯通”系统是利用 GSM 网络和短信息技术，实现学校与家长之间顺畅传递学生信息、校务信息为一体的综合校园通信系统。“校讯通”利用网络平台，使用互通平台中教职工、学生的基本信息数据，实现手机短信群发相同信息、个性发个性信息、群发个性信息等功能，轻松实现家长与老师间的双向交流的系统平台。同时学生可使用学校校园一卡通在校门口安装的通讯装置上打卡即时把学生进、出校门的时间以短信的方式发到学生家长的手机上，保证学生的进、离校及出行安全。

校讯通的作用主要有以下几个方面：

1. 促进校园信息化建设，构建移动办公平台

校讯通管理系统囊括了档案管理、教务管理、信息管理、数据统计以及系统管理等校务管理的工作。为各处室、教研组发送学校的各项通知、公开课信息、作息安排等，方便快捷，是学校办公的一种重要手段；加强和家长的联系，提高服务质量。可以及时和家长联系，形成学校和家庭教育的有效沟通，促进学校教育和家庭教育的结合，构建和谐的教育环境。

2. 校园文化建设的移动窗口

及时以短信的方式告知学生成绩和进步。给有进步的学生家长发送贺信，促进学校的精度管理，发扬以人为本的教育理念。宣传先进的教育方法和理念，营造积极和谐的家校教育氛围，是学校、家长和学生交流的一种有效平台。

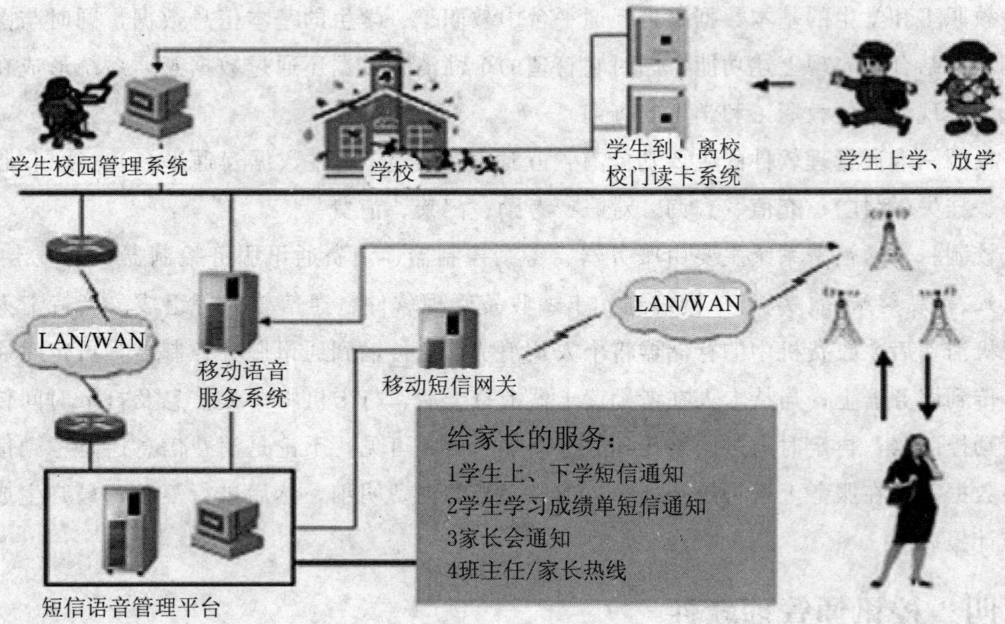

图 5-2

五、其他工作实用管理软件

学校的日常工作繁多，像校产管理、人事管理以及财会管理软件，都统一使用天津市教委开发的办公软件。为提高工作效率，学校委托技术人员根据各部门工作的需要，自行编制了一些小的应用软件。

1. 校讯通电话号码录入软件

学校每年都有许多新生，新生校讯通电话号码的统计录入工作烦琐，为解决这个问题我们编制了“校讯通电话号码录入软件”，使用互通平台中学生的基本信息数据，让学生在网络教室按班级录入学生家长的电话号码，统计后放到校讯通系统中，保证校讯通系统的正常使用。

2. 社团报名软件

学生社团作为校园文化生活的重要载体，是学校德育工作一大特色，对广大青年学生知识、技能、能力的塑造和思想道德素质的培养起着重要的作用。它是中学生品德思想教育的新阵地，是中学校园文化建设的新载体，是师生完善自我培养能力的有效途径，是落实素质教育的重要途径和方法。学生社团作为多元智力的自主平台，可以为在学习成绩上落后的学生提供展示才能的机会，使其重拾自信、健康发展；学生社团作为学生喜爱的组织形式，成为学生自主自治的有效途径；使学生的综合能力得到锻炼、提升。

“社团报名软件”就是配合这一工作，使用互通平台中学生的基本信息数据，完成学生网上报名，报名后进行统计、调整并形成最终结果，从而组成社团。

3. 拓展性课程选课软件

配合新课改，学校拓展课的开设可能拓宽学生的视野，增长学生的知识面，学校每年都要开设。为此学校技术人员编制“拓展性课程选课软件”，使用互通平台中教职工、学生的基本信息数据，统计学生的上课要求，并根据学生的报名排课、调整、安排时间和地点。

4. 评优投票及统计软件

评优是学校每学年末的一项重要工作，为减轻工作难度，编制“评优投票及统计软件”对学校每位教职工进行评优选举，使用互通平台中教职工的基本信息数据，分组内划票评（评后登统）和骨干网上评（评后自动统计），然后进行合并计算，形成最终结果。

5. 学校运动会管理软件

配合学校每年一度的田径运动会使用互通平台中学生的基本信息数据，完成运动会的各项工作，包括：网上报名；预、决赛编排；秩序册；成绩实时登统与奖状打印；团体总分计算。

6. 招生考试管理软件

其功能有：报名、准考证、成绩录入计算、成绩发放等，并将最终结果中的学生基本信息导入到“教育教学管理软件”中的学生的基本信息库中，通过互通平台形成学生的基本信息数据，在今后学校管理软件中的所有应用软件中使用。

第二节　多元课程选择的实施与管理

耀华中学倡导“给学生的发展更多的空间”，希望每一名学生通过在校学习，既能打下扎实的基础，同时又能兼顾自身兴趣，发展特长。普通高中课程标准提出，为使学生在普遍达到基本要求的前提下实现有个性的发展，在开设必修课的同时，设置丰富多样的选修课程，以利于学生获得更多的选择和发展的机会，为培养学生的生存能力、实践能力和创造能力打下良好的基础。

一、选修课程和社团课程的管理

自2006年开始，学校在高一年级开设选修课程和社团课程。选修课和社团课的课题是由任课教师根据自己的特长爱好来制定的，选课建立在学生自愿的基础上，实行跑班教学。这样的教学形式给课程的管理带来了很大难度。

一是课题和教师管理。每学年任课教师都会变动，课题也会随着变化。二是学生，每学期学生的选课都是不同的。因此每学期都要进行重新组班，并根据班级人数、教学需求安排教室。编排工作比较复杂，信息量大，需要耗费大量的人力和时间。

为了提高工作效率，我们开始探索利用数字校园网络进行选课的数字化管理，希望借助数字校园网络的学生信息平台及自动化软件，完成教师报课题、学生选课、自动分班等工作。选修课和社团课的选课系统是相似的，这里仅以选修课为例。

每学期在开课前，各任课教师通过各自的网络终端进行网上报课。报课时除了申报课题外，还必须对课程进行简要介绍，说明课程内容、课程计划、人数要求、考核方法等，帮助学生进行选课。教师上报课题后，教务处将对课题进行汇总统计，了解课题数量、任课教师以及可容纳学生数，在确保可以正常开课后，向学生公布，学生通过网络进行选课。

2010 年第一学期高一选修课课题统计

课程代号	课题名称	任课教师	报课人数
1	科学探索与发现	王宏利、周燕、许艳梅	32
3	Humour in the *Shrek* series	李楠、赵家玥	30
4	看电影学英语之《歌舞青春》三部曲	梅艳、单娜	33
5	茶艺课堂	钱学明	26
6	影视文学欣赏	王莉	47
7	生活中的化学	王晓晨	17
8	中国古典诗歌鉴赏	郑绍莲、王欣	16
10	物质结构与性质	吴跃华	13
11	Authorware 多媒体设计与制作	孙颖	23
12	篮球技战术	于洪希、邓蕴哲	34
13	国画花鸟(15 人以内)	翟福泽	9
14	文学经典名篇选读	张磊、王昊	30
15	数学高考对接站	张丽、张鹏	16
16	数学练兵场	张平、王媛	19
17	Photoshop 平面设计	张茹桂	43
18	创意 DIY	匡丽赟(天津工大教师)	16

续表

课程代号	课题名称	任课教师	报课人数
19	European Culture	English Assistant Teacher	48
20	逻辑学	李永柱	46
21	羽毛球(男女各 20 人)	田凤娟、戚文祥	37
22	圣经故事	乔量	39
23	德语	外教	38

学生选课可以通过校内终端在学校内登录选课系统进行选课，也可以通过校园外网在校外进行登录选课。根据学生的基本信息平台，学校为每位学生设定登录账户，登录后学生的各种信息会自动和选课系统进行链接，导入选课系统，为学生选课后的分班工作提供方便。这些学生数据包括学生的姓名、性别、班级、身份证号、学籍号等。学生在网上进行选课时，可以根据自己的爱好进行自由选课，同时，如果遇到选课集中时，系统将会自动提示学生，“本课题选课人数已满，请同学们选择其他课题”。学生在规定时间内选课完毕后，由教务处进行核查，一方面检查学生是否都参加了选课，保证每位学生都参加选修课程；另一方面检查是否有课题学生人数过少，如果学生人数过少，不能达到开课要求，则及时通知学生更改课程。

在学生报课最终完成后，由教务处对选课情况统计汇总，并利用软件导出分班信息，由教务处分配教室后生成信息表。这里教室的分配因为需要考虑的因素较多，如班级人数、教师授课对设备的需求，以及与其他年级教室的使用问题等，因此无法单纯由软件来完成。生成的信息表包括：学生选修课分班表(按日常教学班汇总，用于通知学生上课的课题、时间、地点及授课教师)；学生选修课考勤表(按选修课课题汇总，供任课教师进行课堂记录考勤使用)；学生选修课课程表(包括各个课题的上课时间、地点、授课教师及授课人数，提供给任课教师和教务处考勤员)。

待学生完成选修课的课程后，任课教师会根据每个学生上课的情况、完成作业情况、参与活动情况等，综合评价学生，进行打分。学生的分数会自动链接到学生成绩库中。

2010～2011 学年第二学期选修课分班表

班级	序号	姓　名	性别	课题名称	任课教师	上课地点
1	1	蔡申晟	男	数学练兵场	张平、王媛	惟忠楼高一(7)班
1	2	常泽伟	男	羽毛球(男女各 20 人)	田凤娟、戚文祥	体育馆 2 楼

续表

班级	序号	姓 名	性别	课题名称	任课教师	上课地点
1	3	房悦达	男	Authorware 多媒体设计与制作	孙颖	图书馆四楼机房
1	4	郭松源	男	文学经典名篇选读	张磊、王昊	惟忠楼高一(8)班
1	5	何尧	男	文学经典名篇选读	张磊、王昊	惟忠楼高一(8)班
1	6	刘宸	男	科学探索与发现	王宏利、周燕、许艳梅	尚勤楼4楼物理室
1	7	刘力树	男	Authorware 多媒体设计与制作	孙颖	图书馆四楼机房
1	8	时俣琛	男	European Culture	English Assistant Teacher	惟忠楼高一(13)班
1	9	宋笑宇	男	影视文学欣赏	王莉	惟忠楼高一(3)班
1	10	王鹏	男	物质结构与性质	吴跃华	惟忠楼高一(6)班
1	11	王雨知	男	德语	Vinginia	惟忠楼高一(10)班
1	12	谢宗哲	男	数学练兵场	张平、王媛	惟忠楼高一(7)班
1	13	张靖阳	男	逻辑学	李永柱	惟忠楼高一(11)班
1	14	陈东暄	女	生活中的化学	王晓晨	惟忠楼高一(4)班
1	15	陈汀	女	圣经故事	乔量	惟忠楼高一(12)班
1	16	崔睿	女	圣经故事	乔量	惟忠楼高一(12)班
1	17	杜宏宇	女	德语	Vinginia	惟忠楼高一(10)班
1	18	高劭妍	女	数学练兵场	张平、王媛	惟忠楼高一(7)班
1	19	李曦然	女	德语	Vinginia	惟忠楼高一(10)班
1	20	刘洁	女	文学经典名篇选读	张磊、王昊	惟忠楼高一(8)班
1	21	刘天婵	女	圣经故事	乔量	惟忠楼高一(12)班
1	22	马畅	女	圣经故事	乔量	惟忠楼高一(12)班
1	23	牛晓辛	女	科学探索与发现	王宏利、周燕、许艳梅	尚勤楼4楼物理室
1	24	陶涵	女	文学经典名篇选读	张磊、王昊	惟忠楼高一(8)班
1	25	王博侖	女	德语	Vinginia	惟忠楼高一(10)班
1	26	王欣然	女	文学经典名篇选读	张磊、王昊	惟忠楼高一(8)班
1	27	杨虹	女	European Culture	English Assistant Teacher	惟忠楼高一(13)班
1	28	叶洋琽	女	影视文学欣赏	王莉	惟忠楼高一(3)班
1	29	张卉明	女	生活中的化学	王晓晨	惟忠楼高一(4)班

续表

班级	序号	姓　名	性别	课题名称	任课教师	上课地点
1	30	张雨杉	女	圣经故事	乔量	惟忠楼高一(12)班
1	31	赵曼婷	女	德语	Vinginia	惟忠楼高一(10)班
1	32	贾钰钊	男	数学练兵场	张平、王媛	惟忠楼高一(7)班
1	33	田汉青	男	科学探索与发现	王宏利、周燕、许艳梅	尚勤楼4楼物理室
1	34	吴宜阳	男	Humour in the *Shrek* series	李楠、赵家玥	惟忠楼高一(1)班
1	35z	武一鸣	男	逻辑学	李永柱	惟忠楼高一(11)班
1	36z	杨文熙	男	Authorware多媒体设计与制作	孙颖	图书馆四楼机房
1	37z	尹世伟	男	圣经故事	乔量	惟忠楼高一(12)班
1	38z	袁启恒	男	篮球技战术	于洪希、邓蕴哲	体育馆一层
1	39z	周仲人	男	European Culture	English Assistant Teacher	惟忠楼高一(13)班
1	40z	李端端	女	生活中的化学	王晓晨	惟忠楼高一(4)班
1	41z	李帅琦	女	科学探索与发现	王宏利、周燕、许艳梅	尚勤楼4楼物理室
1	42z	鲁婧怡	女	德语	Vinginia	惟忠楼高一10班
1	43z	任明珺	女	茶艺课堂	钱学明	三校舍茶艺教室
1	44z	商炜之	女	文学经典名篇选读	张磊、王昊	惟忠楼高一(8)班
1	45z	苏丽媛	女	圣经故事	乔量	惟忠楼高一(12)班
1	46z	孙畅	女	逻辑学	李永柱	惟忠楼高一(11)班
1	47z	谢爽	女	德语	Vinginia	惟忠楼高一(10)班
1	48z	朱函蝶	女	文学经典名篇选读	张磊、王昊	惟忠楼高一(8)班
1	49j	庞渤	男	篮球技战术	于洪希、邓蕴哲	体育馆一层
1	50j	宋宗垚	男	篮球技战术	于洪希、邓蕴哲	体育馆一层
1	51j	张佳成	男	圣经故事	乔量	惟忠楼高一(12)班
1	52j	申瞳	女	Photoshop平面设计	张茹桂	图书馆楼三楼机房
1	53j	邵翰骁	男	生活中的化学	王晓晨	惟忠楼高一(4)班

2010～2011 学年第二学期选修课考勤表

授课教师		乔　量		课题名称		圣经故事									
				上课地点		惟忠楼高一(12)班									
序号	班级	姓名	性别	1	2	3	4	5	6	7	8	9	10	11	12
1	1	陈　汀	女												
2	1	崔　睿	女												
3	1	刘天婵	女												
4	1	马　畅	女												
5	1	张雨杉	女												
6	1	尹世伟	男												
7	1	苏丽媛	女												
8	1	张佳成	男												
9	2	胡晓彤	女												
10	2	马心仪	女												
11	2	孙启溦	男												
12	2	刘美韬	女												
13	2	杨君仪	女												
14	4	石清漩	女												
15	4	杨立维	女												
16	5	柴　莹	女												
17	5	徐　放	女												
18	7	陈孟娇	女												
19	7	郭梦妍	女												
20	7	张聪蕊	女												
21	8	李昭融	女												
22	8	潘默荻	女												
23	8	沈靖怡	女												
24	8	陈俊航	男												
25	8	梅竹松	男												
26	8	杨天放	男												
27	12	边达民	男												

续表

序号	班级	姓名	性别	1	2	3	4	5	6	7	8	9	10	11	12
28	12	程靖旸	男												
29	12	鄂希萌	男												
30	12	后云章	男												
31	12	潘　博	男												
32	12	司睿豪	男												
33	12	于恒森	男												
34	12	张逸轩	男												
35	12	周睿健	男												
36	12	曹佳慧	女												
37	12	高婧雅	女												
38	12	张天星	女												
39	13	鄂舒昕	女												

2010～2011 学年第二学期选修课课程表

代号	课题名称	任课教师	人数	上课地点
1	科学探索与发现	王宏利、周燕、许艳梅	32	尚勤楼 4 楼物理室
2	Humour in the *Shrek* series	李楠、赵家玥	30	惟忠楼高一(1)班
3	看电影、学英语	梅艳、单娜	33	惟忠楼高一(2)班
4	茶艺课堂	钱学明	26	三校舍茶艺教室
5	影视文学欣赏	王莉	47	惟忠楼高一(3)班
6	生活中的化学	王晓晨	17	惟忠楼高一(4)班
7	中国古典诗歌鉴赏	郑绍莲、王欣	16	惟忠楼高一(5)班
8	物质结构与性质	吴跃华	13	惟忠楼高一(6)班
9	Authorware 设计与制作	孙颖	23	图书馆四楼机房
10	篮球技战术	于洪希、邓蕴哲	34	体育馆一层
11	国画花鸟	翟福泽	9	美术教室
12	文学经典名篇选读	张磊、王昊	30	惟忠楼高一(8)班
13	数学高考对接站	张丽、张鹏	16	惟忠楼高一(9)班
14	数学练兵场	张平、王媛	19	惟忠楼高一(7)班

续表

代号	课题名称	任课教师	人数	上课地点
15	Photoshop 平面设计	张茹桂	43	图书馆楼三楼机房
16	创意 DIY	匡丽赟	16	三校舍缝纫教室
17	European Culture	外教	48	惟忠楼高一(13)班
18	逻辑学	李永柱	46	惟忠楼高一(11)班
19	羽毛球	田凤娟、戚文祥	37	体育馆 2 楼
20	圣经故事	乔量	39	惟忠楼高一(12)班
21	德语	Vinginia	38	惟忠楼高一(10)班
22	耀华讲堂	特聘专家	130	图书馆 5 楼演播厅

二、信息技术课程自主选课

对于耀华中学学生而言，不但可以在选修课、社团进行自主选择，同时在一些高中新课程规定的选修课上也给学生一些自主选择的机会。例如体育课的专向选修、信息技术课程选修。

普通高中信息技术课程包括必修与选修两部分，其中必修为信息技术基础，选修包括算法与程序设计、多媒体技术应用、网络技术应用、数据管理技术与人工智能初步等五个模块。五个选修模块并行设计，相对独立。课程标准要求学生修满 4～6 学分，其中必修部分为 2 个学分，选修至少修满 2 个学分。

根据国家普通高中信息技术课程标准考查高中信息技术选修课的安排。所以，一般学校任课教师选择某一模块，全年级统一选择这种模块。耀华中学遵循以人为本的理念，从 2004～2005 学年下学期开始，开齐所有五个模块，由学生选择自己喜欢的模块学习。这不仅需要教师的专业知识积淀，也需要数字选课系统的支持。

从 2005 年年初，学校开始高一年级下学期各模块的选修。前两年开设了四门选修课，没有开设人工智能初步。从 2006～2007 学年下学期起，所有模块全部开齐并坚持至今。为了使得学生选课工作有效进行，我们的做法是在第一学期期末进行宣传，介绍各模块的学习内容以及特点，同时由教师开发了“学生选课系统”软件，为合理均衡选课人数，高效管理提供保障。

在具体操作时，我们先将所有的班级分成若干组。以 2009～2010 学年度为例，本校高一年级有 14 个教学班，将其分成 3 组，第 1 组为 1～5 班，第二组为 6～10 班，第三组为另外四个班，以组为单位安排选修课。之所以这样安排，是因为中学的选修与大学的选

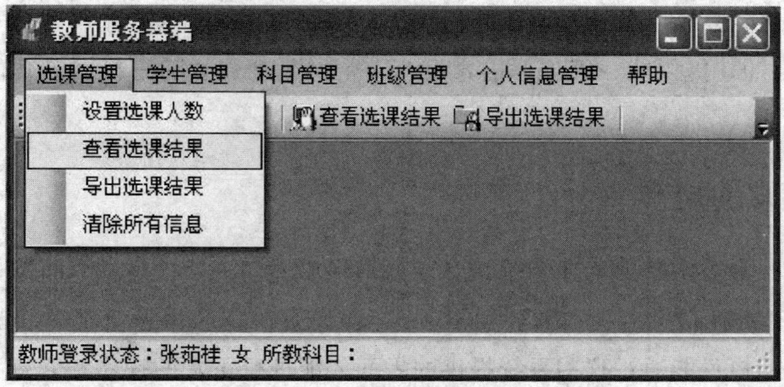

图 5-3　软件“学生选课系统”截图

修存在差异。在大学，学校只需设定选修课的时间，不考虑学生轮空问题，而在中学必须考虑在选修时间段，所有相关班级学生必须被包括进来，即在同一时间段内，该组每个班每一个学生都要进入一个机房进行选修课的学习，这点在中学的教学实践中是有普遍意义的。然后，根据学生选课情况，将原自然班打散，再组合成 5 个班(如网络技术应用、数据管理技术等)，这样，原自然班学生会在相同时间进入到不同机房上课(我校现有机房共 7 间)。受机房(每间机房 56 台机器)等条件的制约，为了平衡各选修课的人数，目前我校还不能完全满足学生的第一志愿。下表为我校 2009～2010 学年度第二学期各班选修课人数安排：

2009～2010 学年度第二学期选修课人数统计

人数	多媒体	程序设计	人工智能	数据管理	网络技术	总计
1 组	54	51	52	55	54	266
2 组	55	53	49	49	55	261
3 组	45	36	40	40	44	205
总计	154	140	141	144	153	732

第三节　学校门户系统的建设与管理

Portal(门户)技术是当今比较成熟的技术框架，它为用户提供了通过单点登录访问多个应用系统的信息和服务的通道，是当前应用集成的主流解决方案。对 Portal 功能部件进行扩展，使得数字校园信息门户在能够通过统一的用户界面集中展现信息和服务的同时，还能够处理多个应用系统以及用户之间的各种信息与流程关联，支持内容整合与流程整合，从而实现真正意义上的信息集成。Portal 是基于 Web 的，以“应用整合”和“消除信息孤岛”为最终目的，提供统一管理、内容聚合、个性化功能、随需扩展等功能的中间件平台软件。

一、建设的必要性

学校在没有部署门户前，在系统整合、数据集成方面主要存在以下问题：

1. 无统一的访问界面，不能进行协同工作。现有的各应用系统都各自提供自己独立的操作界面，用户只能通过这些系统提供的界面才能进行正常的操作和管理。在这种状况下，无法实现各系统之间的协同工作，各部门的信息服务局限于部门内部，无法从整个学校服务的角度进行服务扩展。

2. 各系统数据无法集成显示，不能提供一站式服务。各系统数据没有进行集成，校园的用户无法使用单一的入口访问多个系统数据信息。

3. 用户管理、权限控制不统一，无法有效地整合各种应用系统，构成统一的用户管理、资源管理和权限控制，影响校园网用户的使用和日常管理。

二、门户系统的功能设计

门户系统基于统一身份认证系统的用户认证与管理，既具备学校内、外网站的功能，作为学校对外宣传的窗口和校内用户获取公告、通知等信息服务的平台，又对校内各应用系统进行集成整合。其系统基本功能如下：

1. 多渠道接入：支持用户通过不同的终端(除浏览器外，还可支持手持或其他移动设备)访问内部门户系统。

2. 界面展现：门户系统要作为外展示的窗口，在界面展现上要求较高。门户系统统一界面，对系统的页面和应用布局进行统一规划，确保整体风格的统一，统一界面风格、统一操作按钮、统一色调搭配、统一功能布局；同时，界面的规划力求实用性，使门户应用充分满足用户对学校内部资源的访问需求。在保证使用方便、操作简单的同时，追求界面美观、大方；门户系统支持不同的信息展现描述格式，如 HTML、WML、cHTML 等。

3. 单点登录功能：基于统一身份认证系统，实现校内所有应用系统的单点登录。

4. 网络投票和调查问卷功能：用于管理者方便组织一些投票与调查活动，系统提供分析功能，可以得到相关的分析结果。

5. 内容管理功能：在门户中建立 Web 信息发布功能，实现各种类型信息的录入、审批和发布，提供适合不同内容的多种信息发布引擎。例如，支持各种新闻栏目，包括文字、图片新闻等。另外，对于各种信息栏目，要求尽量不采用门户系统自带的栏目、列表等。用户可根据不同的权限，访问不同的信息栏目，甚至单条信息。例如，可以让有些信息阻止校外用户匿名访问。

6. 目录管理：基于目录服务系统，对用户进行管理、授权等。

7. 个性化定制功能：门户系统可根据用户的不同需要提供不同的个性化定制服务，包括：页面当前效果的个性化定制、页面布局的个性化定制、页面风格的个性化定制、页面内容的个性化定制、多页面个性化定制等。

8. 提供论坛、小组讨论及博客功能。

9. 与其他应用集成功能：支持各应用系统(主要指共享数据中心平台)的数据、服务在门户系统上的个性化集成显示。用户可根据不同的权限，查看不同的信息服务。

10. 匿名访问：门户系统分为内、外网站两部分，对于校外匿名用户要求能根据权限，匿名访问外部网站；校内匿名用户，要求能匿名访问校内、外网站。

另外还有支持全文检索功能和涉及邮件、短信以及即时通信工具。例如，对个人门户中重要的公告或信息，如有新的信息，可通过发邮件或短信的方式进行提醒。

三、系统设计

系统架构

信息门户提供统一的 Portal 系统入口，在统一身份认证系统的基础上，集成单点登录、协同办公、业务流程开发引擎、角色管理与访问控制、Portal 用户个性化定制服务，应用系统集成功能的支持，为数字校园提供通用的 SOA 基础平台。

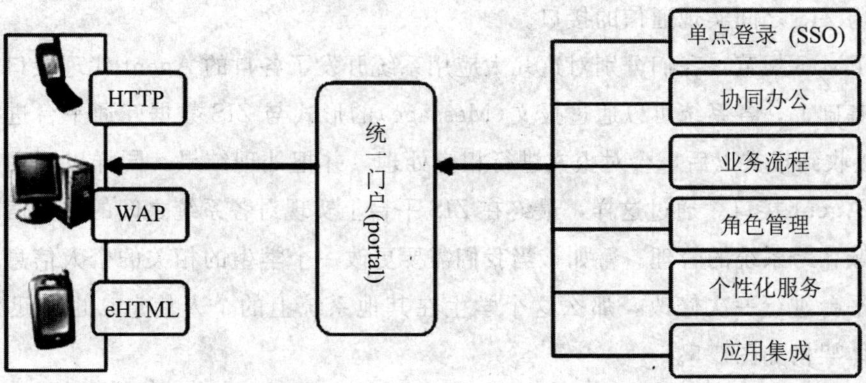

图 5-4　门户系统架构图

四、技术要求

门户系统建设要采用成熟的门户产品。例如，微软的 Share Point Portal Server 或

IBM 的 Web Sphere Portal 等；要加强统一访问控制。作为用户访问校内所有应用系统的统一访问入口；要使用内存缓存技术，加快页面的响应等。

第四节　数字校园应用软件建设中应注意的问题

一、企业应用系统集成(EAI)

很多学校在进行数字校园软件建设的过程中，为解决校内的信息孤岛问题，一般引用企业应用系统集成(EAI)的方案，通过建设数据互通平台实现各应用系统的数据互通共享，一般采用以下两种方案：

1. 采用基于教育部最新发布的教育管理信息系统互操作规范（EMIF）框架，建设 EMIF 数据互通平台

所谓教育管理信息系统互操作规范(EMIS)是为了使各类教育管理软件(教育管理信息系统)之间能够彼此交换和使用教育管理信息而制定的一套技术规范。此规范提出一个核心概念——教育管理信息系统互操作框架(education management information system interoperability framework，EMIF)。所谓教育管理信息系统互操作框架是由各类教育管理软件的代理(agent)和一个区域集成服务器(zone integration server，ZIS)构成的开放型网络系统。ZIS 作为各教育管理软件之间通信的中介，处于所有信息通道的中间，任何信息交换过程都通过 ZIS 间接实现。代理是附属于教育管理软件的的一个应用程序，它是教育管理软件与 ZIS 之间实现通信的接口。

根据 EMIS 规范，我们分别对这几大应用系统开发了各自的 Agent 代理接口，在此代理接口的基础上，各系统可以通过报文(Message)的形式与 ZIS 数据互通平台进行数据通信。ZIS 接收到报文以后，会对报文进行相应处理，并把处理结果，同样以报文的形式传送给各个 Agent 接口。通过这样，最终在 ZIS 平台上实现对各系统之间的数据信息进行统一的跨区域、跨系统的管理。譬如，当我们需要更改一个学生的相关的个人信息时，只需要在这个平台进行一次修改，那么这个学生在其他系统上的个人信息，也会迅速得到修改。其整体架构如图 5-5。

2. 采用基于微软成熟中间件技术的平台，建设 Biztalk 数据互通平台

Biz 为 business 的简称，talk 为对话之意，Biztalk 作为各企业级商务应用程序间的消息交流之用，通过创建业务流程，将各种分散的应用程序融为一体。借助于 Microsoft&reg、Biztalk&reg、Server ，可以连接不同的应用程序，然后利用图形用户界面来创建和修改业务流程，以便使用这些应用程序提供的服务。

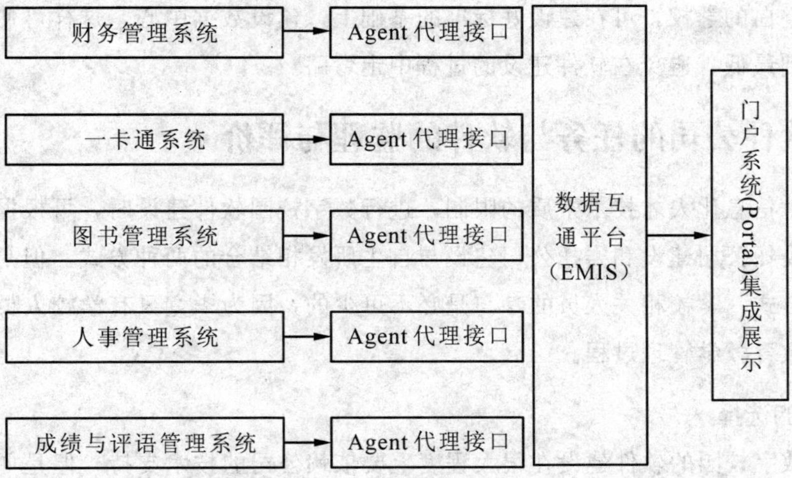

图 5-5

基于微软的 Biztalk 技术构建互通平台时，对于不同的应用系统通过采用不同的适配器接口将源数据库接入平台中，然后按照事先建立的统一信息标准规范，利用其强大的消息机制，使用. XML 技术对消息进行封装，并发送至平台中，再通过在平台中建立相应的业务流程，将消息发送至各应用系统，从而实现数据的互通共享。其整体架构如图 5-6：

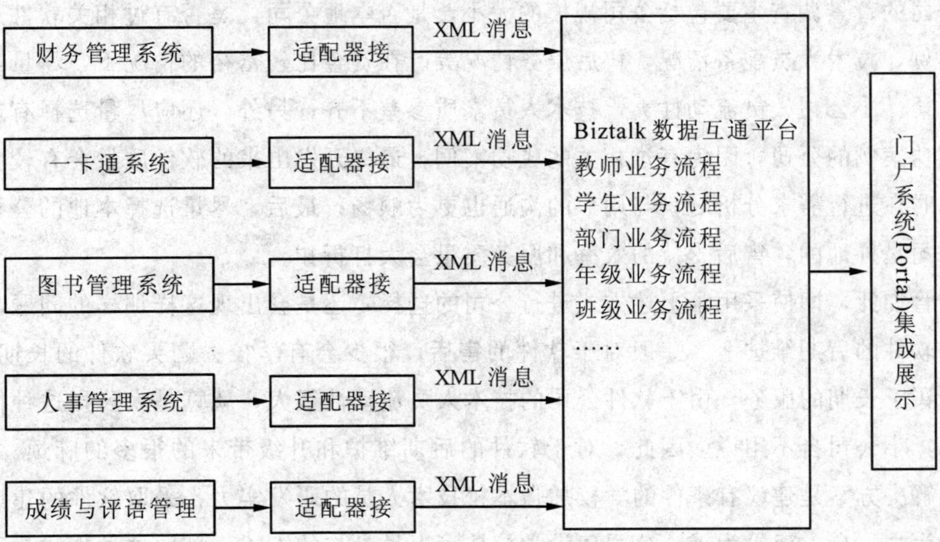

图 5-6

利用上述方案，虽然能解决一部分系统的数据互通问题，但随着应用系统的增加，系统集成的工作量越来越大。这种实现方式需要各个系统对与之交互的系统都要提供相应的数据接口，开发工作量较大，并且各个应用开发厂商需要各自协调接口规范的讨论工作，接口依赖性较高，实现周期不可控。所以，对于还没有进行数据互通的学校或者数字校园建设完全是空白的学校，可在建设好标准的基础上，建设数据中心，这样可使原有系统的改动可以降到最低，避免在软件建设的过程中走弯路。

二、软件公司的任务与软件的监理与评价

基于中学信息化人才技术素质的限制，进行数字校园软件建设时，可根据学校自身的情况，采取委托公司建设和委托公司建设与自主研发相结合的两种方式。但是，不管采用哪种建设的方式，学校相关人员的参与是必不可少的，因为毕竟只有学校人员才真正熟悉学校的整个教育教学管理过程。

1. 公司的选择

中学的数字校园的软件建设在很大程度上要依赖公司的技术支持，但是如何选择合适的公司；项目开发的过程中如何同公司沟通协调；项目完成后，又如何同公司进行售后支持等这些问题，都是在进行数字校园软件建设过程中必须面对的问题。

在项目建设前选择公司的时候，首先应该对公司的背景做适当的调查，可以通过约请公司就开发的软件进行方案介绍的方式，也可以通过侧面了解的方式。在约请公司宣讲方案的时候，尽量多约请几家。

公司的背景调查主要包括公司规模的大小，是否本地公司，是否有过相关软件开发的成功案例，技术人员配备情况，售后服务情况等。在资金比较富裕的情况下，尽量选择中大型公司，小公司人员流动性大，技术人员素质参差不齐；另外，还应尽量选择有过相关软件成功案例的公司，因为有过相关的成功案例，最终开发出来的软件质量会有较大的保障，同时在进行需求分析时，与用户的沟通也更为顺畅；最后，尽量选择本地的公司。如果是公司是外地的，售后支持的效率和服务质量会大打折扣。

尽管如此，即使采用了上述方式进行公司的选择，还是会出现这样那样的问题，主要体现在软件的后期维护上。一般对于软件的售后，很少会有学校去购买软件的长期服务，即使购买了长期的服务，由于软件公司的技术人员流动性很大，就算是大公司这种情况也很常见，小公司自不用说。因此，对于软件的后期维护和升级带来的很多的麻烦。目前，较好的解决方案是建议有条件的学校加强本校技术人员的研发实力，采取软件的建设以公司建设为主，自主建设为辅，公司建设学校技术人员参与的方式。采取这种方式，不但可以提高本校技术人员的业务能力，即使公司技术人员不再提供技术支持，只要取得软件的源码，对于一般的软件故障和升级改造，应该都是没有问题的。譬如，天津市耀华中学为解决信息孤岛问题与公司合作开发了数据互通平台，由于没有购买长期的服务，加上该公司倒闭，在经过长时间使用后，频发故障，严重影响了正常使用。为此，学校领导组织学校技术人员在已有的基础上，进行重新开发。重新开发后的平台，虽然也时有故障，但由

于是自主开发，每次故障都能顺利排除。

2. 软件公司的任务

软件公司的任务应该严格按照双方共同认定的合同书和需求分析报告来进行，主要包括以下几个内容：

(1)与学校人员协作负责软件需求分析报告以及相关技术文档的制定。

(2)负责软件项目的开发、修改、调试，并定期向项目小组汇报实施进度，对小组成员提出的问题进行修改。

(3)软件开发完成后，负责软件在学校的安装、部署、人员培训以及试运行，并对试运行期间，学校提出的问题进行修改。

(4)根据合同要求，提供软件的售后服务及其他的内容。

3. 软件监理

软件的监理主要包括学校的监理和公司自身内部的监督。这里主要介绍学校对软件项目的监理。软件项目的监理主要由学校项目建设小组完成。

(1)对软件需求范围进行管理

首先要确定双方都能认可的《需求分析说明书》。如要求公司对《需求分析说明书》做出进一步、更详细的解释，编制业务模型，以便学校准确地理解《需求分析说明书》的内容，能及早地发现需求与实际的偏差。这也是对需求分析工作的总结与确认。

在软件需求分析阶段，双方必须全面地、尽可能细致地讨论软件的应用背景、功能要求、性能要求、操作界面要求、与其他软件的接口要求，以及对软件进行评估的各种评价标准。

《需求分析说明书》完成后，应组织项目组与公司共同讨论，听取公司的意见和建议，并进行相应的修改完善。各方确认《需求分析说明书》内容后，需在说明书上签字确认。

在软件开发过程中，双方应严格按照签字确认的《需求分析说明书》中规定的业务范围进行开发。有些需求可能在软件开发初期很难确定，在开发过程中需要不断地加以修正，软件监督要及时与用户充分沟通，建立可以直接联系的渠道，共同进行需求确认，保证软件开发范围可控。

(2)进度管理

为确保软件按时、按量、保质完成，必须控制任务进度。按照软件的开发规律，将软件开发过程分为几个重要阶段，对这几个阶段的关键事件进行跟踪管理。软件进度管理可以通过以下方式完成：

- 制定软件开发阶段运行表。
- 定期举行项目状态会议，由公司报告进度和问题，学校提出意见。

● 比较各项任务的实际开始结束日期与计划开始结束日期是否吻合。

● 确定正式的阶段任务是否在预期完成。

从软件项目实施的过程来看，很少有一个项目是完全按照预订计划来进行的，因为再好的计划也不能完全预见所有的问题。计划可以调整，但是调整必须合理。当有问题发生时，其直接的表现就是实施结果偏离了原来的计划和目标，在这种情况下，就要及时发现这种偏离，并分析其原因，如果是因为原来的计划和目标制订的不合理，或者发生了预料之外的情况而又无法克服，就必须调整计划和目标。

4. 软件评价验收

目前，国内软件的验收没有可参照的强制性标准。就软件测试和评价来说，参照的标准是 GB/T 17544 和 GB/T 16260，它们都是推荐性标准，且都是定性而非定量的标准，因此，对于软件的验收来说，存在很大的分歧和不确定性。为此，在参考了大量的实践案例和文献的基础上，可以采用以下验收方法。

软件系统的验收一般由项目建设小组会同相关部门或通过第三方验收两种办法。

(1)验收原则

验收参与部门：项目组、相关部门或第三方验收人员、开发单位。

在软件开发合同的签订阶段就提出软件验收项目和验收通过标准的意见；在软件的需求评审阶段，仔细审阅软件的需求规格说明书，指出不利于测试和可能存在歧义的描述；在开发方开发完软件并经过开发方内部仔细的测试后，对完成的软件进行评审或第三方的验收测试，提供完整的错误报告提交给用户方，由用户方根据之前签订的开发合同中相应的验收标准判断是否进行验收。

(2)验收项目和验收标准

① 验收项目

● 功能项测试

对软件需求规格说明书中的所有功能项进行测试。

● 业务流程测试

对软件项目的典型业务流程进行测试。

● 容错测试

容错测试的检查内容包括：

○ 软件对用户常见的误操作是否能进行提示；

○ 软件对用户的的操作错误和软件错误，是否有准确、清晰的提示；

○ 软件对重要数据的删除是否有警告和确认提示；

○ 软件是否能判断数据的有效性，屏蔽用户的错误输入，识别非法值，并有相应的错误提示。

● 安全性测试

安全性测试的检查内容包括：

○ 软件中的密钥是否以密文方式存储；

○ 软件是否有留痕功能，即是否保存有用户的操作日志；

○ 软件中各种用户的权限分配是否合理。

● 性能测试

对软件需求规格说明书中明确的软件性能进行测试，测试的准则是要满足规格说明书中的各项性能指标。

● 易用性测试

易用性测试的内容包括：

○ 软件的用户界面是否友好，是否出现中英文混杂的界面；

○ 软件中的提示信息是否清楚、易理解，是否存在原始的英文提示；

○ 软件中各个模块的界面风格是否一致；

○ 软件中的查询结果的输出方式是否比较直观、合理。

● 适应性测试

参照用户的软、硬件使用环境和需求规格说明书中的规定，列出开发的软件需要满足的软、硬件环境。对每个环境进行测试。

● 文档测试

用户文档包括：安装手册、操作手册和维护手册。对用户文档测试的内容包括：

○ 操作、维护文档是否齐全、是否包含产品使用所需的信息和所有的功能模块；

○ 用户文档描述的信息是否正确，是否没有歧义和错误的表达；

○ 用户文档是否容易理解，是否通过使用适当的术语、图形表示、详细的解释来表达；

○ 用户文档对主要功能和关键操作是否提供应用实例；

○ 用户文档是否有详细的目录表和索引表；

○ 用户有特别要求的测试。

② 验收标准

● 软件错误的严重性等级

○ 不能执行正常功能或重要功能，或者危及人身安全；

○ 严重地影响系统要求或基本功能的实现，且没有办法解决；

○ 严重地影响系统要求或基本功能的实现，但存在合理的解决办法；

○ 使操作者不方便或遇到麻烦，但不影响执行正常功能或重要功能；

○其他错误。

●错误与严重性等级对应表

○1 级错误的描述

这一级别的错误一般包括以下内容：没有实现或错误地实现重要的功能；业务流程存在重大隐患；软件在操作过程中由于软件自身的原因自动退出系统或出现死机的情况；软件在操作过程中由于软件自身的原因对系统或数据造成破坏；在现有的软、硬建设环境下不能实现应有的功能；特殊软件在操作过程中可能危及系统和人身安全等。

○2 级错误的描述

这一级别的错误一般包括：没有实现基本功能，并且不存在替代办法；没有实现重要功能中的部分功能，并且不存在替代办法；业务流程衔接错误；密钥以明文方式存储；没有留痕功能；用户的权限分配不合理；在现有的环境下，不能实现部分功能且没有替代方案；没有满足系统的性能要求。

○3 级错误的描述

这一级的错误是与第 2 级别的错误相对应的，而第 3 级错误则存在替代方法；对误操作或错误操作没有提示，导致非法数据进入数据库。

○4 级错误的描述

这一级别的错误通常为易用性方面的错误。比如界面不友好、前后风格不一；中英文混杂；查询结果输出不直观等。

○5 级错误的描述

通常为文档方面的错误，首先，如安装手册、操作手册、维护手册中的描述错误。

其次，对发现的每一个错误都要确定相应的严重性等级，如表 2 中的说明。

全部改正方可；如错误的级别和数量在合同可接受的范围外，用户方认为软件不可验收，要求开发方在规定的时间内全面整改软件，提交给软件评测中心再次进行完整的验收测试。

●验收标准

○测试用例不通过数的比例<1.5%；

○不存在错误等级为 1 的错误；

○不存在错误等级为 2 的错误；

○错误等级为 3 的错误数量≤5；

○所有提交的错误都已得到更正。

③验收标准的详细说明

验收项目的划分参照 GB/T 16260 标准。在该标准中，将软件的质量特性分为 6 大特性、21 个子特性，而对于具体的软件，并非都要进行这 21 个特性的测试和评价。针对各种不同的软件，可以对验收项目进行剪裁或扩充。

需要制定验收标准，即每一级别的错误量的可接受范围。一般来说，不允许存在 1 级和 2 级错误，而 3 级错误的数量则可按本标准确定或由用户方和开发方根据软件的规模和复杂程度进行商定，并在软件开发合同中明确地列出。

在软件验收测试中，测试的依据包括软件的投标文件、开发合同、需求规格说明书，同时还包括特定软件的相关行业标准(这些行业标准应在开发合同中明示出来)。

在进行第三方的验收测试后，软件评测中心将发现的所有错误进行总结和归纳，并提交完整的错误报告，在错误报告中包括每一级别的错误数量和错误清单(所有的错误都需经过用户方和开发方的确认)。

用户方根据错误报告中每一级别的错误数量和错误清单与软件开发合同中的验收标准进行对照，如错误的级别和数量在合同中没有约定，可按本办法的规定进行。用户方认为软件可以验收，但要求开发方对错误报告中的所有错误进行整改，并提交给软件评测中心进行回归测试，确认错误报告中的所有错误全部改正方可；如错误的级别和数量在合同可接受的范围外，用户方认为软件不可验收，要求开发方在规定的时间内全面整改软件，提交给软件评测中心再次进行完整的验收测试。

(3)验收资料

- 项目立项批准文件
- 项目验收申请报告
- 项目招标书
- 项目投标书
- 项目建设中标通知书
- 项目建设合同(含预算表)
- 软件需求说明书
- 概要设计说明书
- 数据及数据库设计要求说明书
- 详细设计说明书
- 操作手册
- 用户手册
- 项目用户评价过程意见
- 软件接口规范
- 原代码或安装盘

● 专家组要求的其他材料

(4)其他

在有条件的情况下，还应该进行安装测试、压力测试和数据恢复测试。若进行子系统验收或部分验收，可参照以上方法和资料，双方共同协商确定。

第六章　数字校园环境下教师信息素养建设

数字校园建设对教师素质提出了更高的要求，同时也为教师的专业化发展提供了优良的环境和广阔的空间。教师是数字校园的建设者，只有教师拥有全面而较高水准的信息素养，知道如何应用和丰富数字校园，以及如何发挥数字校园在教育中的全部的潜在优势，才能使数字校园“推动学校育人目标的实现、提升教师专业发展和个人生活”的目标变为现实。教师同时也是数字校园的受益者，在建设和丰富数字校园的过程中，首先得到提升的是教师的信息素养。而教师信息素养的提高，有助于教师在教学实践中转变教育思想，改进教育方法，革新教育手段，促进教育过程的优化，从而提高教育教学质量。因此，良好的信息素养对教师成长意义深远。

第一节　教师信息素养

一、信息素养的概念与内涵

信息素养的概念是从图书检索技能演变发展而来。随着社会生活水平的不断提高，计算机技术、网络技术、多媒体技术、现代通信技术的快速发展和在社会生活中的广泛应用，图书检索技能已经逐步发生了根本性的改变，已经从过去在有围墙的图书馆内对确定的出版物的一种检索能力，逐步拓展成为不再囿于固有的图书馆和出版物，而是与当代强大的、具有更为广阔时空领域的信息技术相结合的综合信息素养，成为在信息时代的每个公民必须具备的基本素养。

信息素养这个术语最早是由美国信息产业协会主席保罗·车可斯基(Paul Zurkowski)于1974年提出来的，他把信息素养定义为“人们在解决问题时利用信息的技术和技能”；1983年，美国信息学家霍顿(Horton)认为教育部门应开设信息素养课程，以提高人们对电子邮件、数据分析以及图书馆网络的使用能力；1987年，信息学专家Patrieia Breivik将信息素养概括为“一种了解提供信息的系统，并能鉴别信息的价值，选择获取信息的最佳渠道，掌握获取和存储信息的基本技能，如数据库、电子表格软件、文字处理等技能”。1989年美国图书馆协会(ALA)提出，一个具有信息素养的人能够明白自己需要的信息，有能力获取、评价、有效地应用自己所需的信息。

由此可见，信息素养是一个动态的发展的概念，在不同的时期，有着不同的内涵与外延。从其最初的简单的获取、处理、发布信息的简单能力，逐渐上升为一个综合性的概念，包含丰富的内在意义，如图6-1所示。从更宽泛的角度上说，信息素养应该被看做是一种信息文化，是指向大众的实际生活和学习的基本文化。从知道如何使用计算机，到如何访问信息，如何接收信息，到如何理性的思考信息本身，以及关于信息的技术构造，信息本身在社会的、文化的乃至在哲学意义上的情境和影响力，这些对于处在全球信息共享时代中的大众是无时无刻不在的，对于教育环境中的校园更是必需的。

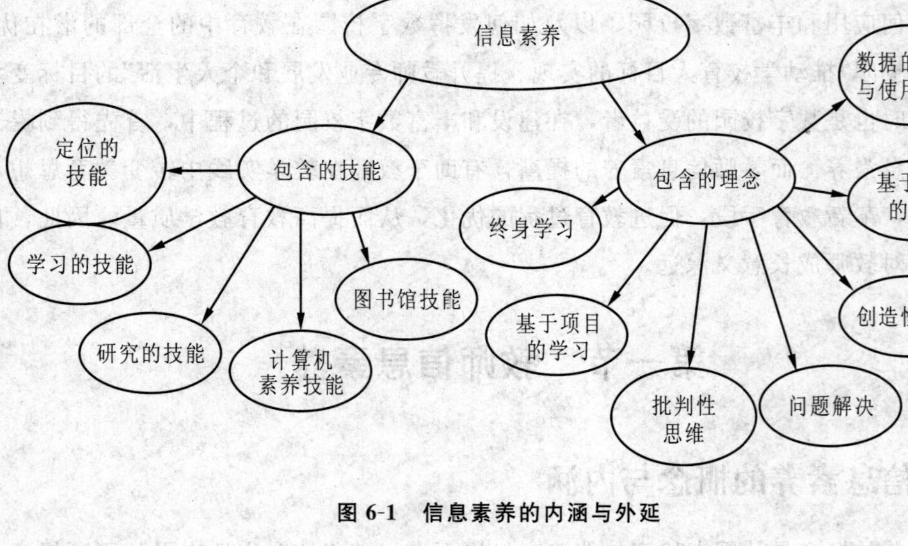

图6-1　信息素养的内涵与外延

目前，对于信息素养比较一致的看法是：信息素养是一种比较有效地发现自己的信息需求，并据此从不同的信息源中寻找、检索、获取、判断和组织信息以及利用、交流和传播信息的能力和素质。其内涵一般应包括：信息意识、信息知识、信息能力和信息道德。

1. 信息意识

即人的信息敏感程度，是人们对自然界和社会的各种现象、行为、理论观点等的感受程度，即从信息角度上的理解、感受和评价。通俗地讲，当看到一条新闻的时候，有的人一带而过，有的人则从中发现了价值。面对一个新的东西，能积极主动地去探究，并知道到哪里、用什么方法去获得自己所要的答案，这就是信息意识。在今天这个时代，每天每时都涌现着各种信息，能否迅捷地捕捉到信息，敏捷地查找到信息，很好地利用信息，是人们信息意识强不强的重要体现。

2. 信息知识

既是信息科学技术的理论基础，又是学习信息技术的基本要求。要掌握现代信息社会中有关信息的知识，掌握上传、浏览、下载信息的方法，具有现代通信知识，熟悉互联网资源检索的知识，掌握教育信息的特点及具体表现形式，掌握信息技术与课程整合的理论知识。通俗地讲，当面对一个新问题的时候，要知道从哪里获得这个信息，包括信息相关的基本知识，与信息相关的文化及其背景；与信息获取和使用有关的法律、规范。对信息知识掌握越多的人，也就能更好地理解与应用它。信息知识不仅体现着人们所具有知识的丰富程度，而且也制约着他们对信息知识的进一步掌握。

3. 信息能力

就是人们对信息的采集、传输、加工处理和应用的能力，以及对信息系统与信息进行评价的能力等。信息能力是信息素质诸要素中的核心，是信息时代重要的生存能力。使用信息技术解决工作和生活问题的意识，这是信息技术教育中最重要的一点。身处信息时代，如果只是具有强烈的信息意识和丰富的信息常识，而不具备较高的信息能力，还是无法有效地利用各种信息工具去搜集、获取、传递、加工、处理有价值的信息，也不能提高学习的效率和质量。

4. 信息道德

具有正确的信息伦理道德修养，能够对媒体信息进行判断和选择，自觉地选择对学习、生活有用的内容，自觉抵制不健康的内容，不组织和参与非法活动，不利用计算机网络从事危害他人信息系统和网络安全、侵犯他人合法权益的活动，注重知识产权保护，遵循信息法律法规，按照一定的信息规律办事。

信息素养内在结构的诸要素是相互联系、不可分割的有机整体。信息意识是先导，信息知识是基础，信息能力是核心，信息道德是保证。总而言之，信息素养不仅包括熟练运用当代信息技术的基本技能，还包括获取识别信息、加工处理信息、传递创造信息的能力，更重要的是独立自主学习的态度和方法、批判精神以及强烈的社会责任感和参与意识，并将这些能力用于信息问题的解决和进行创新性思维的综合能力。

二、教师信息素养的构成与能力要求

信息社会的到来，对每一个社会成员都提出了较高的信息素养要求。教师作为信息社会的成员同样应该具备信息素养方面的要求。同时，教师职业的特殊性——既是信息技术教育的接受者又是信息技术教育的实施者，决定了教师信息素养除了要满足一般要求外，还应具备其职业的特点，符合其教育者、学习者、研究者的角色定位，教师的专业特征决定了其信息素养的特点和要求。而且基础教育改革和新一轮的课程改革对教师工作提出了很高的要求，要求中学教师必须具备高水平的信息素养。

中学教师的信息素养是中小学教师专业素养的重要组成部分，是指中学教师作为承担基础教育任务的专业人员所应具备的信息意识、信息知识、信息能力和信息道德，主要体现为中学教师在现代教育理论指导下，获取、加工、整合、传递、管理教学信息，实现信息技术与课程的有效整合，改进学生学习方法并培养学生良好信息素养的意识和能力，具体能力要求见表 6-1。

表 6-1　中小学教师信息素养构成与能力要求

信息素养	具体指标	相关能力描述
信息意识	信息重要性	能够认识到教育信息化对基础教育改革的重要作用和信息技术教育在教育教学中的重要作用 对教育信息和本学科前沿信息有敏锐的感受力和持久的注意力，不断挖掘信息在教学中应用的潜力
	信息应用意识	具有及时学习、利用信息和信息工具为教学服务的意识 具有积极利用信息及信息工具进行教学改革研究的意识 具有利用信息进行终身学习、实现持续性专业发展与个人发展的意识

续表

信息素养	具体指标	相关能力描述
信息知识	信息工具知识	了解传统电教媒体的原理，掌握正确使用传统电教媒体辅助教学的知识 具有计算机软、硬件知识，了解多媒体课件设计与开发的知识，掌握几种课件制作软件 具有网络基本知识，掌握上传、浏览、下载网络信息的方法。具有网上通信知识，掌握指导学生在线讨论、协作学习的方法
	信息检索知识	熟悉图书馆资源的分类，有图书资料检索的知识 熟悉互联网资源检索的知识，知道几个主要的搜索引擎 作为信息检索必备的知识，掌握英语这门语言
	教育信息理论	了解教学传播理论，掌握教育信息的特点及具体表现形式 掌握信息技术与课程整合的理论知识
信息能力	信息获取能力	通过信息需求分析，明确所需信息的种类和程度，并及时制定获取信息的策略，快速有效地获取所需信息 及时发现、捕获教学过程中出现的各种信息
	信息处理能力	分析并正确理解信息的含义，将其整合进个人知识体系 对信息分类存储管理，能在需要时快速提取利用 根据现代教学理论，重新组织、加工、整合新旧信息，生成新的教育信息 合理恰当地处理教学过程中出现的信息
	信息应用能力	善于提出教学问题，并利用信息创造性地解决问题 精心进行教学设计，清晰有效地传递、表达教学信息 追踪新型教育思想与模式，积极开展教学改革研究和实践，特别是积极实现信息技术与学科课程的有效整合 利用各种信息和资源，自觉主动地培养学生的信息素养
	信息评价能力	对获取的信息进行分析、批判性思考，具有客观评价信息的能力 及时对信息在教学中应用效果与效率进行评价与反思
	信息交流能力	跨越各种资源、观点查询并分享不同文化和学科的内涵 有效利用网络工具与学生、家长进行信息交流 有效地与同事及学科专家在教学与科研方面进行信息交流与合作

续表

信息素养	具体指标	相关能力描述
信息道德	信息道德认知	树立正确的人生观、价值观，学习并遵守有关信息使用和法律和道德内容，自觉抵制不良信息的负面影响 清楚平等存储信息的重要性，尊重他人知识产权、版权 促进不同背景、性格和能力的学生在利用信息资源上享有均等的机会
	信息道德行为	了解信息安全常识，积极维护信息安全 选择、过滤信息，生成并传递有益于社会、有益于学生的信息 注重对学生进行信息道德教育，规范学生信息行为，指导学生正确判断、评价信息，促进学生健康地使用各种信息

第二节　耀华中学教师信息素养培养机制

《国家中长期教育改革和发展规划纲要》明确指出："要提高教师应用信息技术水平，更新教学观念，改进教学方法，提高教学效果。鼓励学生利用信息手段主动学习、自主学习，增强运用信息技术分析解决问题能力。加快全民信息技术普及和应用。"教育的发展离不开教师，教育改革的成败关键也在于教师。影响教师成长的因素有很多，随着信息时代的到来，信息素养对教师的成长起到了不可忽视的作用，数字校园建设的水平与效益，关键也要靠一支具备良好信息素养的教师队伍。在推进数字校园建设的实践中，我们体会到，教师整体信息素养的提高从学校角度来讲一要靠培训，二要有制度约束和适当的激励机制。天津市耀华中学的培训模式，已由初期的单纯技术技能培训转变为教育观念的更新与技能提高相结合的培训；由孤立的专题性培训转变为有计划地分级提高的培训；由自愿参加的培训转变为与聘任挂钩的制约性培训；由短期的集中培训转变为长期的渗透到教师专业发展各领域的培训。

一、实施校园"绿色通行证"，为提升教师信息能力铺平道路

自 20 世纪 90 年代起，学校在投入大量资金用于现代化教育技术设施的同时，更着力于这些设备的充分利用。从年轻的或乐于改革、创新的教师入手，帮助他们以一个"要我改"的被动角色成为一个积极参与的"我自已要改"的主动角色，使这些教师将现代信息技术引入教学过程。耀华中学对全体员工分年龄组、不同工作需求开展了多轮次的诸如扫盲、专项、骨干提高等培训。大部分的培训任务由本校专业教师承担，同时也聘请了一些

大学老师等。如针对一部分教师进行电脑辅助教学软件编写的培训，包括辅助教学脚本的编写、软件 Animation、Authorware 应用培训等，这些都从客观上给老师们提供了发展的平台和机会，通过各种培训，引领他们参与到教学软件的开发制作队伍中，与学校专业人员合作，针对教学中的重点难点自行开发符合教学规律的 CAI 软件并投入使用。截至 2002 年，我校有多名教师多次获得由中央电教馆举办的全国教育教学软件大赛 一、二等奖。教师们的信息素养得到较好的提升，为学校的信息化发展奠定了坚实的人力基础。

在 2002～2003 年耀华中学根据当时情况制定了教师信息技术水平的四级考核制度，实行校园“绿色通行证”制度(详见附件：耀华中学教职工信息技术绿色证书实施办法)。培训中贯彻观念转变和能力培养并重的原则，加强对当前教育教学改革中教育信息化、教师专业化发展重要意义的宣传力度，使广大教师深刻认识到提高自身信息素养的重要性、紧迫性，自觉主动地加强学习，以提高自身的信息素养。培训采取集中培训、分散练习的方法来进行，按不同的年龄对教师提出不同的要求。初等信息素养培训以传授静态知识为主，主要包含信息技术基础(字处理技术、表处理技术、数据库应用、网络应用基础、网络信息浏览、E-mail 收发、简单网页制作、图形及多媒体制作等)；信息文化常识(信息技术史及其人物故事、计算机与通信常识、信息时代道德修养和法律常识)；程序设计应用开发(例如网页设计、动画设计、数据库设计)。专业培训主要针对网络中心专职人员、信息技术教师和部分骨干教师进行，有的是在工作中边干边学，有的则利用假期到其他培训机构或大学相关专业集中学习，主要涉及软件开发技术和网络硬件、组网等。培训思路主要采取自我反思、同伴互助、专业引领、任务驱动的方式进行。

2003 年秋季，随着新教学楼的启用，学校的每间教室均安装了投影、音响等设备，网络实现了全覆盖。如果说之前受制于教室设备之不足，教师将信息技术应用到课堂中大多带有尝试、示范、试验意味(例如各种公开课)，那么从这个节点开始，信息技术就真正进入到课堂、成为普遍意义上的应用了!

随着信息技术的发展和广泛应用，人们越来越认识到，信息技术为教学所带来的不仅仅是手段的变化，而且是教学理念、模式、学习理论的变化，在此过程中，教师的信息意识和信息技术水平也得到不断的提升，即“工作中学习、学习中工作”，从而教师自身的信息素养得到提高。而信息素养提高了的教师感受到信息对课堂的积极影响，因此他们会迅速从各种渠道收集有用的信息，懂得有效利用信息，创设合适的信息情境，最终的结果是使他们的学生更快更好地接受、理解信息，从而获益。

二、加大软硬件建设，为提高教师信息素养奠定坚实的物质基础

自 2003 年起，耀华中学为每一位一线教师配备了笔记本电脑，二线干部职工配备了

台式机，并根据机器的使用寿命对电脑等设备进行相应的升级替换，截至2011年，前两批电脑已更新完毕；每位员工的办公桌上均设有百兆的网络端口，在教师阅览室、会议室、教室等地方设有网络端口和无线网络设备，为教师信息素养的提升创建了良好的环境和坚实的物质基础。

三、了解教师需求，建立完善的培训机制

近些年来，根据教师现实需求和现有信息技术水平，充分利用学校现有资源，采取分层、分组、分类的以任务驱动参与实践的专题式培训，建立完善的培训机制。首先，我们设计调查问卷，对学校教师信息技术水平和需求进行培训前的调查。其次，根据调查结果，结合教师教育教学实际，更好地开展有计划、有针对性的“信息技术校本培训”。

利用耀华中学教师培训学校(君达学校)，对新教师进行规范入门培训，掌握相关信息知识，提升信息能力，这些新加入教师队伍的大学生(包括硕士、博士等)，均有一定的信息能力，但是水平参差不齐。培训的结果之一是要求他们能够以教学主页的形式呈现个人对教育教学的理解。同时，面向不同年龄、不同需求的教师群体，学校会安排相关主题的培训，如网络安全、计算机维护使用、图像处理等课程。此外，还开展一些鼓励性培训，对于在职教师，尤其是骨干中青年教师，鼓励他们外出参加相关技术培训、参加全国各种学科整合示范课展示等学术活动。

“学”“用”结合，在实际运用中提高教师信息素养。教师在具体的学科教学设计时，结合培训形成的技能与意识，充分运用网络资源，结合自身实际，优化教学设计。在课堂教学中，能根据教学需求，运用光盘资源、网络资源等自制课件等，提高教学效率，解决教育教学中的实际问题。

四、在信息技术与学科整合的教学实践中教师必备的基本能力

随着信息时代的到来，对未来人才的要求发生了变化，教育必须顺应时代发展变化的需求。信息技术与学科整合就是针对这种发展变化提出来的，整合的目的不是单纯地辅助教学，提高知识传授的效率，而是要改变学生的学习方式，使之能适应未来信息社会的要求。因此信息技术与学科整合是要通过改变教师的教育思想、教学方法和教学模式，以达到最终改变学生的学习方式。所以将信息技术作为媒体的整合只是手段的整合，真正的整合应该发生在人的头脑中，整合是学习者头脑中的整合。

信息技术与学科课程整合是指把信息技术以工具的形式与学科学习融合，以促进对某一知识领域或多学科领域的学习。信息技术与学科整合的目的是使学生能够选择工具帮助自己及时地获取信息、分析与综合信息，并娴熟地表达出来时。从整合的角度看，信息技

术像其他所有可能获得的课堂教具一样，是课堂的内在组成部分。将其作为效能工具，学生能够使用技术工具增进学习，提高效能，激发创造力，学生能够用效能工具合作构建技术增强型模板，编制发行作品，以及开发其他具有创造性的产品；将其作为交流工具，学生通过通信技术与同伴、专家及其他读者合作，发布作品并进行交流，学生通过采用各种媒体和方式把信息和观念有效地传播给广大受众；将其作为研究工具，学生能够使用技术从不同资源中查找、评价、收集信息，学生能够使用技术工具处理数据、汇报成果，学生能够根据特定任务的要求，评价与选择新的信息资源，进行技术革新；将其作为问题解决与决策工具，学生能够使用技术资源解决问题并做出明智的决策，学生能够把技术应用在策略开发中，以解决现实生活中的问题。

在学科教学中教师运用信息技术(而不仅仅是过去的 CAI)，是目前教育信息化的薄弱环节，也是提高教师、学生信息素养的关键，同时也是最困难的。运用信息技术要求改变教师的教育思想、教学方法和教学模式，最终改变和影响学生的学习方式。为此，教师必须具备以下基本能力：

- 不断更新的信息技术知识和技能
- 辩证的信息技术教育价值观和良好的信息技术使用习惯
- 信息技术与学科教学整合的教学设计能力：这是信息技术整合能力的核心
- 信息技术与学科教学整合的教学实施能力：如能够利用信息技术管理学生在信息技术环境中的学习活动，实现学生学习的最优化的能力
- 信息技术与学科教学整合的教学评价能力
- 信息技术与学科教学整合的自我发展能力：教师应该能结合校本的“整合”实践，通过对教学活动的自我评价、反思和系统科学的研究，不断提高自己的“整合”能力，并且利用信息技术及有关资源促进持续的专业能力发展和终生学习

第七章　数字校园中的教与学

在知识经济时代、信息社会当中，知识在以人们无法想象的速度增加和更新，我们如果不想被世界淘汰，就必须不断学习、终身学习。基础教育要让学生具备学习的愿望、兴趣和方法，这比记住一些知识更为重要。真正对学生负责的教育，应当能够促进他们全面、自主、有个性地发展。20 世纪末，新一轮基础教育课程改革在全国轰轰烈烈地开展起来，中共中央、国务院提出要“深化教育改革，全面推进素质教育”，目的是要在 21 世纪构建起符合素质教育要求的基础教育课程体系。

按照教育部文件精神，教育改革的目标也是使我国教育适应现代科学技术和社会发展的要求。适应信息时代要求的教育改革应该在两个层面上进行，即操作层面和观念层面。前者要求营造信息化的教学环境，并且探索在新环境中进行教学活动的规律；后者则要求形成信息时代教育观。

第一节 信息技术与课程的整合

一、“信息技术与课程整合”的理念

理论总是建立在先行实践的基础上。随着“信息技术与课程整合”理念融入21世纪基础教育教学改革，学校教与学的环境发生了深刻的变化。

信息技术与课程整合是指在课程教学过程中把信息技术、信息资源、信息方法、人力资源和课程内容有机结合，共同完成课程教学任务的一种新型的教学方式。它是与传统的学科教学有着密切联系和继承性，又具有一定相对独立性特点的新型教学类型。它不仅促进师生形成信息意识，还充分发挥信息技术的开放性、交互性、共享性、协作性和反馈及时性等特点，可以改变现有课程结构的许多不合理性。

在教师教学方式上，数字信息媒体由教师展示教学内容的工具、变为学生的认知工具；并把教师的主导地位和作用由课堂上的显形行为，逐渐转变为课堂内外教学设计中的隐性行为。在学生的学习方式上，它帮助学生由依赖书本的学习转向学会利用资源的学习；由记忆学习转向意义构建式学习；使学生由依靠老师的学习转向自主学习；由按部就班的学习转向具有个性特征的跨越式学习；由局限于校内的学习转向超越校园围墙的学习。“信息技术与课程整合”将对发展学生主体性、创造性和培养学生创新精神和实践能力，改善校园中的教与学产生重要影响。

二、信息技术与课程整合的基本思想和目标

信息技术与课程整合的基本思想包括三个基本点：要在以多媒体和网络为基础的信息化环境中实施教与学的活动；把课程教学内容进行信息化处理后，成为学习者的学习资源；利用信息加工工具让学生知识重构。

在这种思想引领下，信息技术与课程整合要达到以下目标：

1. 培养学生具有终身学习的态度和能力

终身学习就是要求学习者能根据社会和工作的需求，确定继续学习的目标，并有意识地自我计划、自我管理、自主努力，通过多种途径实现学习目标的过程。要实现终身教育和终身学习，教育必须进行深刻的变革，要使教学个性化、学习自主化、作业协同化；要把培养学生学会学习，培养学生具有终身学习的态度和能力作为学习的培养目标。

2. 培养学生具有良好的信息素养

教育信息化为终身学习带来了机遇，但只有学生具备良好的信息素养，才能把终身学

习看成自己的责任，才能够理解信息所带来的知识并形成自己的知识结构。信息技术与课程整合正是培养学生形成所有这些必备技能和素养的有效途径。

3. 培养学生掌握信息时代的学习方式

在信息化学习环境中，人们的学习方式发生重要的变化。学习者的学习主要不是依赖于教师的讲授与课本的学习，而是利用信息化平台和数字化资源，教师、学生之间开展协商讨论、合作学习，并通过对资源的收集利用、探究知识、发现知识、创造知识、展示知识的方式进行学习。因此，通过信息技术与课程的整合，要使学生掌握信息时代的学习方式：会利用资源学习；会在数字化情境中进行自主发现的学习；会利用网络通讯工具进行协商交流，合作讨论式学习；会利用信息加工工具和创作平台，进行实践创造的学习。

三、信息技术与课程整合的基本要求和策略

信息技术与课程整合是一种信息化的学习方式，其根本宗旨是要培养学习者能够在信息化的环境中，利用信息技术完成课程学习的目标，学会进行终身学习的本领。因此，学校信息技术与课程整合的组织教学模式和策略的研究十分重要。信息技术与课程整合，应符合如下基本要求：学习是以学生为中心的，学习是个性化，能满足个体需要；学习是以问题或主题为中心的；学习过程是进行通讯交流的，学习者之间是协商的、合作的；学习是具有创造性和生产性的。

为了达到这些基本要求，信息技术与课程整合的基本策略包括：

1. 利用信息化学习环境和资源创设情境，（包括自然、社会、文化、各种问题情境以及虚拟实验环境）培养学生思维能力。

2. 利用信息化学习环境和资源，借助其内容丰富，多媒体呈现，具有联想结构的特点，培养学生自主发现、探索学习能力。

3. 利用信息化学习环境和资源，借助人机交互技术和参数处理技术，建立虚拟学习环境，培养学生积极参与、不断探索的精神和科学的研究的方法。

4. 利用信息化学习环境和资源，组织协商活动，培养合作学习精神。

5. 利用信息化学习环境和资源，创造机会让学生运用语言、文字表述观点思想，形成个性化的知识结构。

6. 利用信息化学习环境和资源，借助信息工具平台，尝试创造性实践。培养学生信息加工处理和表达交流能力。

7. 利用信息化学习环境和资源，提供学习者自我评价反馈的机会。通过形成性练习、作品评价方式获得学习反馈，调整学习的起点和路径。

四、信息技术与学科整合的基本课程模式

1. 信息技术课程，以信息技术作为学习的对象

信息技术课程并不仅仅是简单地为了学习信息技术本身，还要培养学生利用信息技术解决问题的习惯和能力。因此，同样要按照课程整合的理念，把信息技术作为一种管理和教学的工具，整合到实际任务中去。教师在任务设计时要灵活创新，对于相同的知识点，在完成所要求的学科目标的前提下，要根据不同的学校环境、教师特长和社会背景等，创设不同的情景任务进行教学。

以耀华中学高中信息技术课程为例。从 2003 年至 2004 年，耀华中学信息技术教研组先后有三位教师参加由地图出版社出版的高中信息技术教材的编写工作，其中主抓信息技术教育的陈晓明副校长担任《信息技术基础》教材的副主编工作，后来又有多位教师参与教参的编写工作。利用这次机会，信息技术教育学科组认真学习和领悟高中信息技术课程标准，努力吸收先进的教育理论来指导本校信息技术教学，把学科教学与新课程改革相结合，促进自身工作实现跨越式发展。

学科组多次就教育改革指导思想、信息技术课程设计理念、高中信息技术课程基本结构、高中信息技术课程内容进行研究。在教学过程中努力培养学生的信息素养，通过信息的获取、加工、管理与思想的表达，实现交流，展开合作；通过信息技术的学习促进学生的学习方式的转变，帮助学生更好地学习，使学生逐步体会到信息技术学科的确“有用”；关照全体学生与关注个性发展相结合，使全体学生在原有水平得到有效发展，同时使学有特长的学生在各级各类比赛中脱颖而出。目前，耀华中学已有多人在全国中小学电脑作品大赛中获得一、二等奖；多人在全国信息学奥赛中获得省级联赛一等奖，决赛银牌、铜牌等。

在教学过程中，学科组坚持集体备课，在专家引领下，努力探讨每一个教学模块培养学生目标、重点，即特定的模块思维模式；同时注意教学思路的统一，例如具体每个模块是否都设计有贯穿的任务，即围绕一个主题，在不同的学习阶段完成其中的一部分，从而在学习过程中体验完成项目的规范过程。在教学设计上，教师们认真学习感悟新的教学理念并应用于教学中、精心地设计教学任务，有的从学生的兴趣出发，有的结合学生的日常学习，如卡通人物的设计、音乐贺卡、电子报刊、各种数据表格的统计、图像的设计、环保招贴画的制作等。

在教学评价方面，学科组重点考虑教学过程中学生参与的程度、作品整体状态等。依托网络技术主要采取多种方式，来提高学生的参与程度。如学生作业通过电子档案袋或 FTP 服务上交，实施上机操作考试、通过学生作品自评互评相结合、无纸化考试等多种检

测手段来对学生进行评价等。普通高中信息技术课程的总目标是提升学生的信息素养。学生的信息素养表现在：对信息的获取、加工、管理、表达与交流的能力；对信息及信息活动的过程、方法、结果进行评价的能力；发表观点、交流思想、开展合作与解决学习和生活中实际问题的能力；遵守相关的伦理道德与法律法规，形成与信息社会相适应的价值观和责任感。

2. 与其他学科的整合，以信息技术作为教学工具

学生在教师的组织下利用信息技术进行学习，信息技术完全为其他学科的教学服务。在这种整合模式下，教师和学生在信息技术的帮助下，分别进行教学和学习。多年来，耀华中学积极探索，勇于实践，在信息技术与学科能力整合方面，取得了一些成绩。例如，语文组的网上作文批改；英语组的网上听力训练等。语文教师沙莉、高婉荣，数学教师马丽娜，化学教师郝元庆，美术教师翟福泽等多名教师在信息技术和学科整合上，努力钻研，勤于思考，分别获得国家级和市级教学课件、信息技术整合奖项。

以美术课传统设计方法与 CarelDRAW、Photoshop 的应用实例比较为例(天津市耀华中学翟福泽)。传统的美术设计制作过程，从构思到完成设计作品是一个漫长而又复杂的过程，要通过构思→草图→正稿→修改正稿→绘制正稿(其中从图形、色彩、文字等方面设计存在着较高预视性和可变性)→调整设计方案→完成设计制作的全过程。这个过程是劳心劳力的过程，对于一个初中学生来说，无疑是很难做到的事，特别是制作过程，由于学生操作绘制能力较差，要达到相对较高的技术水平才能充分表现学生的设计意图，体现学生设计理念。探索解决这个难点一直是美术教学中的课题。

初中美术七年级下册第八课《精美的藏书票》，在讲解时，用传统设计、制作藏书票。学生设计、制作作品，从构思→制作→完成，所用的时间除课堂一课时，课外大约用三课时完成作品。而学生用 CorelDRAW 设计、制作的作品。从构思、制作、完成作品，只用了 20 分钟就完成作品。而且学生的学习兴趣都很高，有的学生在一节课中设计、制作完成两件作品。如：

用 CorelDRAW 设计娃哈哈奶品包装设计方案。

美术设计与信息技术相结合，培养了学生的创新精神和实践能力；顺应了时代的潮流；提高了学习的兴趣。从工作效率来看，美术与信息技术的结合不仅大大地缩短了传统美术依靠手工作业冗长的周期，还可以使学生在丰富的选择项中毫不费力地选择理想的创作与修改方案。

物理课《游标卡尺》(天津市耀华中学 姜学工)是基于网络形式的整合课程，目的是充分利用计算机的多媒体优势，采取多媒体录像、虚拟现实、三维技术等技术手段，模拟现实，着重解决现实环境中，实验环境不理想、实验现象不明显等问题给教学带来的困难。提出实际问题，并以此为核心，引发学生发现新旧知识的矛盾，激发学生的学习动机，主动参与课堂活动解决所提出的问题。同时，在这一过程中注意了体现教师在教学活动过程中的引导作用，使学生的心理状态尽快进入最佳的认知准备状态。例如，学生在教师的引导下，复习初中长度测量精度问题。然后，通过学生了解的实例——钢尺经常在端部或中部刻有 0.5mm 的刻度，目的是使测量结果更精确，引出“要使测量结果更精确应该怎么办”的问题，充分激发学生尝试解决问题的兴趣，学生纷纷想办法，如“将刻线分得更细……”但马上有同学表示：“将 1mm 分成 10 份或更多，人眼还能分辨出来吗?”教师在肯定学生质疑的同时指出：使用游标卡尺可以使测量结果精确到 0.1mm、0.05mm 甚至可以达到 0.02mm。经这样引导学生产生了马上要了解游标卡尺的愿望。这样，学生顺利进入求知、探索和解决问题的心理状态，利于学生接下来的学习认知。

在网络教学软件的设计中应该注重交互性，设计软件时，完全从学生学习的角度出发，为学生搜索信息、探讨交流、信息反馈创造方便和谐的环境。同时，还应该为学生发挥自身的想象力、创造力提供理想的条件。例如，可以要求学生就某一问题进行探讨，提交自己解决问题的设计方案，并且按照学生提交的方案进行模拟操作，使网络教学软件成为学生探索、学习的认知工具。这一目的可以通过 Flash，Java 等网络交互性较强的开发工具得以实现。另外，学生在读数练习中可以根据自己的学习情况逐步升级，从 0.1mm 到 0.05mm、0.02mm 各精度的游标卡尺都备有相应的读数练习系统，学生可以根据自身的情况，自由选择适合自己的级别进行练习。这样既照顾了学生的差异性，又真正体现了学生的主体性，使每个学生在主动学习的过程中都完善了自己的知识，锻炼了动手和独立思考解决问题的能力。

在《游标卡尺》的教学中，教师在课堂演示游标卡尺读数时，由于游标卡尺较小，可视性差，会影响到教学效果，即使采用大的游标卡尺模型，教学效果仍不理想。若采用网络虚拟现实技术，恰当地设计网络教学，无论采用投影演示还是学生的网络学习，都可以彻底的改变教学活动中教与学的效果，可以根据学习者的需要将“虚拟的游标卡尺模型”进行多次放大，使得游标卡尺的刻线清晰明了，解决了可视性差的问题，使学生在进行读数练习时更为方便。

在《游标卡尺》一课的教学中，笔者完全采取虚拟现实的方法，在学生掌握 0.1mm 游标卡尺原理的前提下，向学生提出需要解决的问题或任务：设计 0.05mm 游标卡尺，并为学生提供充分想象、创新的环境和条件，使学生在虚拟环境中实现自己的的设计方案，这样学生在同样的学习过程中，不但更深刻地掌握了游标卡尺读数方法，而且培养了自身创新能力。

学生在网络环境下的学习，与单机学习的最主要区别就是计算机网络特性有利于实现培养合作精神。在学习中，每一位学生不仅要了解自己的状况，也要了解他人的信息，并及时地把自己的想法和他人进行沟通、比较。学生不仅可以通过设计自己的作品中获得知识，还能通过交流从其他人那里得到提高。这也是有利于21世纪新型人才培养的一种教学策略。同时，采取协作式学习，会使学生在分析、解决疑难问题时，效率更高。网络环境下的教学可以采取“网上讨论”、“电子邮件”、“BBS”等方式为学生提供交流的渠道，探讨问题、相互帮助、提交学习成果。在学习中，学习成员以小组的形式进行学习。小组学习成员通过合作、帮助进行练习、实验。尤其在实验中，要求两名学生合作进行数据测量、数据结果输入、提交计算机判断系统，培养学生的协作能力。教师在网络环境下的教学活动中，作好自身角色的转变——要由传统的说教者变为学习者学习和认知的引导者、管理者和参与讨论研究的协助者。

3. 研究型课程，以信息技术作为学习工具

学生作为积极主动的学习者，以类似科学研究的方式，在信息技术的帮助下，获取信息、交流信息，并最终以电脑作品的形式完成研究任务。

研究型课程中的整合任务，一般不是教材中的内容，而是课后延伸，甚至是社会现实性课题，如环境保护、旅游类问题等。课题的设置要考虑学生的认知能力和年龄特点，采用循序渐进的原则。

研究型课程超越了传统的单一学科学习的框架，它按照学生认知水平的不同，将社会生活中学生感兴趣的问题，以主题活动的形式来完成课程目标。学生通过主体性、探索性、创造性的解决问题过程，将多个学科的知识，学问性知识和体验性知识、课内与课外、学校与社会有机地结合在一起，最大限度地促进学生身心和谐统一地发展。

从研究型课程的特点看，更加突出了学生的主体性和参与的过程性。学生在课程教学中，通过对信息的查找、收集、整理、创造等过程，分析问题和解决问题的能力得到提高。同时，运用信息技术进行课程的学习激发了学生的学习兴趣、求知欲望；学生学习自主性的提高，在一定意义上实现了多年来教育界一直寻求的由“要我学”转变成“我要学”的目标。信息技术的运用，在学习方法上给予学生指导，授予了他们“点金之术”。

第二节 信息时代教育观指导下的网络教学

近年，随着网络技术的发展，计算机的智能性以及联网带来的数据交换和共享性的高度结合，学生在网络机房内一人一机进行学习，为实现班级授课制条件下的因需学习、因材施教提供了可能。教育专家随之提出了信息时代教育观的概念，主要有三层含义，即要重视培养具有创新思维的人才，要重视发挥个人潜能，要重视信息化语言的运用和普及。这一理念让我们对网络教学的目标定位，教学活动中的师生关系，乃至网络教学的教育思想、教学观念，都有了新的认识和理解。

一、网络教学的定位与模式

网络教学不仅仅是研究网络作为一种工具或手段如何辅助教学或辅助学习，作为一种全新的教育形式，网络教学要研究利用网络进行教学的理论及实践方法，研究网络教学过程中教学资源的收集、开发、组织与管理，研究网络技术与学科教学的整合以及在网络环境下培养学生进行研究性学习的方法。

网络教学实际开展呈现出多种教学形式，从综合技术应用和教学方式等方面综合分析，主要有三种模式：

1. 以单机(教师机)为中心模式

以单机为中心的模式是网络教学的初级形态，它是指在一个网络教室的局域网范围内，将教学资源存放于机房服务器或教师机，学生操作各自的计算机通过网络获取学习资源，教师通过相应的教育软件来实现对学生学习活动的管理。

这种规模网络教学的软件形式主要包括：

(1)经过编译的可执行文件。这种形式软件一般是利用计算机语言为特定的网络教学研究课特别编制，它针对性强，编写困难，不易修改和推广。

(2)管理平台与教学软件相结合。利用公司提供的多媒体网络管理平台实现某些网络管理控制功能，结合自己编辑的教学课件和学习软件进行网络教学，这种方式编程简单，教师对学生计算机的控制性强，但受管理平台的制约很大，稳定性不强。

(3)支持网页浏览的 Web 文件。这种形式采用超文本连接语言编制，需要浏览器的支持，并且编制难度较大，但它符合因特网传输标准，能直接用于广域网的因特网浏览。

就实际应用情况和技术发展趋势来看，网络教学应积极采用网页浏览的技术标准，大力开发采用 TCP/IP 协议的、能在因特网上应用的教学软件，使开发的教学资源能通过因特网在更多的学校、更广泛的领域内使用。

2. 以校园网为中心模式

该模式是指在校园网范围内，将教学资源存放于网络中心服务器或学校网站的主页上，通过支持 TCP/IP 协议的网页形式实现教学活动的开展。

教师在课前要准备充分的学习资料，将其系统化存放于校园网服务器上，学生在计算机教室通过校园网进行下载和学习。此类形式的网络教学除了学生可以通过 Web 网页进行浏览学习外，一般都采用聊天室技术或留言板技术进行网上讨论，让每一位学生都得到发言或发表自己的观点机会；有的网络教学软件还增加了反馈功能和对学生学习进行评估的功能。

以校园网为中心的网络教学的开展对教学软件的要求更高，对学生计算机利用能力也有一定的要求。此类形式的软件开发应成为今后网络教学研究工作的重要内容，不仅是因为这种软件符合当今因特网的主流技术标准，易于实现资源的交流和共享，而且经过长期和广泛的开发和积累，有利于生成统一技术标准。

3. 以因特网为中心模式

随着数字校园研究和实践的不断深入，网络教学形式也不断得到发展。特别是互联网技术在学校教育中应用程度的加深，使网络教学突破了原有范围的限制，在范围和深度上突飞猛进。目前，在教室进行的网络教学，已有部分或全部通过校园网的外接出口进入的更广阔的因特网，标志着网络教学进入新的阶段。

二、网络教学的理念

1. 网络教学要求新的教学设计理念

教学设计是为了进行有效教学而对教学过程和教学资源所作的系统安排，即教学环境的设计。当前，教学设计分为以教为中心的教学设计和以学为中心的教学设计。前者主要是以行为主义学习理论为理论基础，后者主要是以认知学习理论为基础；前者是通过教学分析进行教学事件的设计及呈现教学事件的教学策略的设计，后者主要是在一定的社会背景中，选用学习资源或外界帮助主动建构知识意义的过程，它的主要内容是通过学习分析，设计学习资源，认知工具以及学习者的自主学习、主动学习和支持自主学习、主动学习的教学策略、模式。这种以学为中心的教学设计符合了人本主义及素质教育的对教育的要求。信息技术作为现代教育模式的一种辅助手段，它的质量及其在教学中的效果如何成为改革成败的重要因素之一，它应该是有利于学生主动参与自主学习，有利于揭示教学内容的实质，有利于教师与学生、学生与学生之间的相互交流协作学习，有利于学生思维和技能的训练，有利于创新能力的培养。技术的工具性和发展性，需要有新的教学设计来实现其功能最大化，网络教学的开展需要有新的教学设计理念来支撑。

2. 网络教学要求新的教学模式

现代教育与传统教育的根本区别就是把以“教师教为中心”的教学模式转变为以“学生学为中心”的教学模式。即教师通过适当的教学设计，使学习者可以按照自己的认知水平任意选择学习内容、学习方式以及学习工具，学习是学生主动参与完成的，真正实现了个别化的教学。如果学习中遇到了问题，可以通过协作学习，通过学生与教师或学生与学生，甚至与认知工具之间的交互得到解决。

网络教学是一种基于资源的教学方式，需要学生学习的自主性和参与的积极性，是一种“以学生为中心”的教学模式。网络教学的进一步发展要求教育工作者进一步转变教育观念，利用现代信息技术推动学生的自主学习和个性化发展。

三、网络教学的特点

由于多媒体技术可以实现文字、图片、音频、视频等多种媒体的展示功能，在教学方面，完全可以提供一个便于学生学习的理想教学环境，它必然会对教育、教学过程产生深刻的影响。而网络通信技术的日益成熟，已能够满足远程教学所要求的图片、音频、视频传输质量和传输速度，加上各种通信手段，如远程会议系统、音频、文字会议系统、E-Mail、WWW等，使远程教学的实施更加成熟。特别是WWW的出现使人们认识到在线学习是一个更为系统化、更有组织的学习过程。通过利用新技术，我们能够以电子的方式将文本、图片、音频、视频和计算机程序等各种形式的学习资源结构化，教师可以快速容易地组织教学资源，学生能够随时利用网络进行学习。在学习过程中，学生不仅可以共享非常广泛丰富的各种资源，而且能够彼此协作、进行适应个别化的学习，同时网上远程教学还可以满足教师与学生之间的交流。通过电子邮件或视频、音频、文字会议系统，教师可快捷地与学生通信、交流，获得他们的学习进度和其他情况。这就意味着，网络为我们提供了一种前所未有的、更为丰富、更为自由的学习环境。网络教学主要具有以下特点。

1. 教学资源和学习过程的开放性

基于网络环境下的教学资源具有信息资源开放、跨越时空限制、多媒体传递系统、传播媒介可多向交流等特点。这就决定了网络环境下的学习过程的开放性、全球性、可交流性、学习者对学习内容选择的自主性和个性化、内容形式的多媒体化等。网络环境下的教学正达到了因材施教、发展个性的目的，学生是按照自己的认知水平来学习和提高的，学习是学生主动参与完成的，这种学习使学生获得的不仅仅是知识，还有自己主动建构知识及意义的能力，这正是传统教学所不能比拟的。基于Web的教学设计具有超链接功能，可以使学生用多种方式探索同一专题，有利于实现认知的灵活性。同时给予了学生较大的自由度，学习者可以完全控制自己的学习，可以任意选择学习内容、学习方式以及各种工具，最大程度地支持了学生的主动学习，实现了真正的个别化学习。

2. 学习过程的交互性

网络环境下的教学能够综合各个学科内在知识体系，必须要有跨学科的知识与能力，这就调动了学生纵向与横向学科学习的兴趣，使学生开阔了眼界，扩大了知识面，这对于开发人力资源很有益处，这也是传统教学所不能比拟的。多媒体和网络技术增添了动态演示性的内容，增强了交互性，使得学生不仅通过接收信息而学习，还可以通过资料的展示过程以及交互加深理解。运用交互功能的指导思想是，从教学过程的需求出发，充分发掘交互功能的应用领域，将其用到恰到好处，用出水平，从而使多媒体教学资料的优势充分发挥出来。在学习过程中，学生与学生、学生与教师之间适当的交流以达到事半功倍的学习效果。基于 Web 的教学设计中，可以充分利用在线讨论、在线答疑等实时交互，照顾个别学生的需要，增强学生学习兴趣，同时使学习者可以协作学习。

四、网络教学的形式

在多媒体网络学习的模式中，教学形式是在班级的环境中小组协作学习或个别化学习，学生在多媒体网络环境下进行自主学习，教师起组织、指导、咨询作用。这种教学形式可以实现班级集体学习环境下的个别化学习，学生是学习的主人，可根据自己的学习计划、个人能力自主调节学习的进度。这对提高学生自学能力和收集、整理、处理信息的能力大有裨益。对教师而言，其主要作用已经从台前转到了幕后，课前必须花大精力，了解广泛的信息来源，准备充足的教学资源，并提出学习的向导途径。在课堂上，作为指导者、组织者和咨询者，随时解决学生在学习中遇到的问题，指导学生沿着正确的学习途径进行学习。这种学习方式更注重的是学习过程，从准备、学习、巩固等学习的整个环节，来锻炼学生获取信息的能力。这种模式的教学有以下几种形式：

1. 自主学习

根据特定的学习目标，教师课前按分类的形式准备充足的学习资料，学生在学习时根据学习向导，按照自己对问题的理解分别阅读这些资料，经过收集、重组、消化、整合，形成自己对问题的理解，如美术课件"文艺复兴时期的绘画欣赏"，教师准备了大量的意大利文艺复兴时期的油画供学生欣赏。

2. 讨论学习

讨论学习是利用网络上的讨论室、留言板，在教师的监控下，学生围绕着特定的课题自由参加讨论和发言，进行学习和交流。这种讨论使每个学生都有发言的机会，并可从全班同学对问题的不同看法中，加强对问题的全面理解，如历史课件"日本明治维新"，在教学中全班同学在讨论室都参加了讨论借鉴或批评其他同学的观点，在网络留言板发表了对问题的观点。

3. 探索学习模式

探索学习模式是由教师设立一些适合特定学生来解决的问题，通过网络向学生发布，要求学生解答，同时提供大量的与问题相关的信息资源，供学生在解决问题过程中查阅，并且设有教师给予的适当的启发和提示，促进学生探索学习。如历史课件"意大利的文艺复兴"，教师在开始教学前提出了问题，并准备了大量的与意大利文艺复兴有关的文字、图片，学生在阅读了这些资料后，逐渐对问题有了自己的观点。

4. 实时运用网上信息

在课堂上，打破教室的界限，从广阔的互联网上实时收集、整理信息。对这些信息的分析处理可以极大地提高学生的信息处理能力。

五、网络教学的环境建设和资源建设

随着学校教育信息化的迅速发展，不少学校都建立了网络教室。为了保证多媒体网络教学的顺利开展，一般要求其设备应该具备的标准是：网络通信应采用基于交换技术的快速以太网结构，使每个学生终端机能达到独享 10M 以上带宽的水平；网络教学应有教学资源服务器、教师机；网络环境要安装 TCP/IP 协议和 NetBEUI 协议，至于一些对网络进行各种管理的软件应视教学要求和情况而定。

网络教学的基础是要有丰富严谨的教学资源库，有效地进行网络教学资源的组织与开发是完成网络教学特定目标的基本保证。

1. 教学资源建设的指导思想

教学资源的组织与开发是为教学目标(知识与技能、过程与方法、情感态度价值观)服务的。这就要求所提供的信息资源思想内容要健康、丰富，体系严谨、科学，使学生在已有的知识体系基础上从不同的信息源中归纳、评价和综合各种信息，构建起新的知识体系。通过对各种不同的观点的洞察、理解而获取解决问题的能力，逐步培养学生的创新精神和实践能力。

2. 教学资源建设的组织策略

充分发挥计算机网络的强大功能和 Web 技术组织资源的优势，要让教学资源具备以下特征：

(1)提供一种多媒体教学环境，学生可根据自己的不同需求能随时调用。

(2)整合各种信息，构建信息库。以非线性结构(网状结构)呈现给学生，使其能根据自己的特点以各种途径进行查询、分类、归纳、整理、利用，突出个别化教学。

(3)充分发挥网络的交互性功能，使师生之间、学生之间方便自如的进行交流，以利于合作学习。在教师的引导下，由学生自主控制学习过程。

3. 教学资源建设的基本要求

适用于网络教学的信息资源(即网络教学的课件)应是在基于浏览器下能在网上快速运行的文件。以素材型、单元系列型为主，辅以单纯演示性的课件。要求其便于修改和补充，并有利于资源的不断丰富和完善。

耀华中学从20世纪90年代中期开始鼓励全体教师制作多媒体课件，学校收集所有课件统一后期制作，并按学科章节顺序存放在校内网上供教师使用。学校还把课件制作成光盘，免费与全国兄弟校交流。2000年后，学校所有教室都装备了投影仪，教师制作课件常态化，课堂课件使用率达到70%。学校组织关于课件制作的研讨，有关专家提出了制作课件时应遵循的三条规则：

(1)突出主题(或主体)：教学设计实际是为实现教学目标，利用教学资源，制定教学策略。突出教学目标和教学需求，以此作为设计多媒体教材的出发点和评价教学效果的依据。

(2)匹配适用：课件画面应该是与教学策略适配的。教学策略就是处理课堂教学环境中各类因素之间关系的策略，设计与教学策略适配的画面，实际表明画面语言的运用是和语境适配的。

(3)适度运用：要具有选择性、适时性、准确性、科学性；或者要适时、适课、适量；或者要注意目的性、必要性、实效性；或者要有理、有度、有效。

在后来的课件制作中，全体教师遵循这三条规则，突出主题、匹配适用、适度运用，以达到物尽其用、因材施教的效果，更好地培养学生的发散思维。此外，在教学资源组织和软件开发上还加入导航技术，以防止学生在网上学习的迷航。伴随着学生处理信息能力的提高，课件也向着完全由学生自己组织学习中所需的资源信息发展。

4. 教学资源组织的途径及方法

(1)通过网上下载，或提供相关信息网站供学生浏览、查询、下载，为教学所用。

(2)购买课件素材，经过编辑、整理、加工后供学生使用。

(3)自己制作或合作开发平台型课件，作为网络教学的资源。

(4)学校间的相互合作，资源共享。具体做法可采用合作开发、互相交换、有偿使用等。避免重复性开发，造成人力和资源的浪费。

(5)由教师给出(或学生自己制定)课题，由学生课下自行搜集信息，提交给教师供课上使用。此方法可以极大的激发学生的学习兴趣和调动学生的学习积极性。

六、网络教学对教育主体的要求

1. 网络教学的开展对教师提出了新的要求

教师素质是信息化教育环境构建的关键。网络教学是教师有目的、有计划地向学生传授理论知识，引导学生运用所学知识去分析问题、解决问题，培养学生的认识能力，帮助学生逐步树立正确的世界观，人生观和价值观的过程，这是一个师生互动的过程。网络课具备强大的师生互动性能，恰好能解决这一问题。网络氛围下的教学，从其特点来看，学生的主体地位是毋庸置疑的。然而，教师的主导地位如何体现呢？应该体现在如下四个方面：

(1)基础知识的传授者

教师的这种作用体现在对课本基本概念、原理、观点的讲解分析。网络课的形式类型是多种多样的，如以框节为单位的新课学习、专题学习、复习课或对某个问题的探讨等。然而不论是什么形式，网络教学始终是一种手段。遵循教学大纲，课程标准，掌握基本内容，始终是开展网上教学的必备前提。例如，《依法保护青少年健康成长》一课的网络学习就属于专题网络课，重点是让学生运用课本知识，主动参与学习，大胆探索问题，努力解决问题，提高依法保护自己，维护自身合法权益的意识和能力。为了充分发挥网络学习的优势，就要有必备的基础知识。因此，在网络学习前，学科教师就用了两节课帮助学生完成《依法保护青少年健康发展》整课的学习，并布置学生思考与未成年人有关的法律问题。事实证明，课前准备是十分重要的一个环节，提高了课堂效率。

(2)网络课件的设计者

一般来说网络课件的设计有两种情况：一是建立专门课题的小型网站，二是搜集与学习有关的因特网网站。教师是教学活动的设计者和组织者，课件的设计当然由教师来控制，课件创作使用的创作平台，原始资料的收集，创作思路与控制等等，取决于教师的教学思想以及个人的风格。此外，教学方法和教学理论也可以在课件中表现出来。网络课件应该体现出如下的优点：一是完善的双向交流模式，学生可以通过 BBS 将学习和操作中遇到的问题向教师及时提出，教师也可以及时地作出解答，学生之间可以互相帮助和了解同学的学习情况，例如在参与 BBS 或聊天室讨论时可以浏览其他同学的看法，以启发自己的思路。二是容易操作和学习，防止学生在网上迷路或者不明白学习目标，在网上漫无边际的浏览。三是生动的教学模式，吸引学生的学习兴趣。四是良好的交互性能(如网上联系或作业，及时批改并信息反馈)。所有这些，都取决于教师的教学思想及个人的风格，是教师主导作用隐性表现。将来随着互联网的进一步完善，教师只要提供相关网站，设立目标，也可以达到网络教学应有的效果。

(3)网络教学的组织者

教师地位还体现在教学过程的组织和控制上。教师在网络课过程中首先要提出明确的任务、要求，引导学生按照自己的教学设计思路，向预定的目标迈进，并及时进行信息的反馈，包括学生学习情况的反馈(可以把学生的学习情况向学生和家长反馈)，进行学习效果的检测等。例如对自动反馈结果的内容中的小调查或练习，通过教师机进行自动或手动监控，了解全班或某些学生学习情况，对结果中有较大偏差的情况进行分析，并给予引导。其次，教师参与学生的网上讨论，引导学生的讨论方向。例如，到聊天室参与有关主题讨论，对一些偏离主题的观点、看法要有针对地给予正确引导，避免进一步偏离方向；或者对某些正确的、新颖的想法进行及时评价，以激发更多的“新想法”。

总而言之，教师是整个群体学习过程中的设计师、主持人和积极的参与者，必须在以学为中心的教学过程中充分发挥教师的作用，通过师生交互和交流，加强学生学习和讨论的针对性，让网络的支持发挥事半功倍的效果。

(4)学习结果的评价者

课后对学习效果的评价以及对咨询的答复，是教师在网络教学中发挥主导作用不可或缺的一个重要组成部分。网络教学本身就要求任务明确，而学生的学习积极性的调动就是要依赖这种明确的任务和事后的评价。如何做好评价工作呢？可以从两方面做：一是课堂上对全班同学整体评价与个别表扬相结合；二是课后依照原定标准给每个参与者评分(百分制)或等级制。除了做一个及时公正的评价者外，教师还应做好两件事：一是解答学生课堂提出的疑难问题；二是以灵活多样的形式引导学生进行深入的学习交流，例如请同学们继续访问本网站，参与有关问题的讨论，或者举办网络学习成果展等。

2. 学生要主动适应网络时代的学习方式

中学时代是学生打好知识基础和学会学习方法的重要阶段。虽然过去的知识、现在的知识都很重要，但是不能完全适应未来的发展和需求。因此，在中学阶段掌握知识的获取能力，对未来社会的人是至关重要的。同时，网络社会虽然是虚拟社会，但网上人员也必须遵守现实社会的行为规范和法规法则，学生在中学阶段除了学习知识、技能以外，还必须养成遵守网络规范的习惯，并要不断提高对网络不良信息的免疫力。

3. 管理人员应掌握现代教育管理的方法

建立数字网络化基础上的现代管理，必须有基于网络数据库管理系统上的学校管理应用系统。这些应用系统的使用、维护离不开操作者。因此，对管理人员进行计算机应用能力和现代管理思想的培训是必要的，同时还要建立起一套符合现代管理规范的制度，学校领导、教师、学生和管理人员要遵守相关管理规定。

七、网络教学的评价

网络教学评价应该脱离应试教育的观念和传统的评价体系，要用现代教育理论的思想和素质教育的要求，以及由此带来的新的教育理念、教学方法、教学目标重新认识，将贯彻素质教育指导方针落到实处。所以，不能再延用传统的评价体系评价网络教学研究课，应该建立新的、符合现代教育理论和教育思想、适应网络教学特点的评价体系，以使今后开展网络教学研究工作向着有利于培养学生创新能力和全面素质提高的方向发展。

1. 要有正确的教学目标定位

对网络教学的教学目标要有一个正确的定位，如果仅将其定位在提高学习成绩，或辅助教师完成教学过程，忽视网络对学习方式的影响，那样研究网络教学将失去意义。网络教学研究课应定位在培养和提高学生获取信息、传输信息、处理信息和应用信息的能力；定位在培养学生的创新精神和实践能力上；培养学生开展研究性学习上。

2. 要体现出学生的主体地位

过去有些研究课，虽然是在网络教室进行教学，但整节课是教师在活动，学生大部分时间仍是听；或者教师使用多媒体网络管理软件对学生进行严格的控制，使学生很难通过网络进行自主学习。计算机网络的特点是每个终端设备都是可以具有智能、可独立工作的计算机；联网使得网上计算机可以交换信息，获取知识，并且网上信息可以高度共享。如果网络教室的计算机能够进入因特网，则可以将更多更丰富的信息引入课堂，使学生学习的空间更大。网络教学研究课要体现以学生为主体，要使学生通过网络积极参与自主学习、协作学习，使不同层次的学生都能生动、活泼、主动地得到发展。

3. 要发挥出教师的主导作用

网络教学对教师提出新的要求和挑战，教师首先要转变教育观念，研究理解网络时代带来的教学观念的变化，要重新认识教师、学生在网络教学中的地位；评价教师在网络教学中的表现时，也不能仅用传统的对教师的评价来衡量的教学效果。教师的主导作用应主要体现在课前对学习过程的设计、学习资源的准备、指导学生搜集学习资源和数据上，以及研制开发基于网络环境的学习软件上，在课上主要体现对学生的学习指导、咨询以及参与学生讨论等方面。在课后主要体现在布置继续研究的课题以及为下一个周期网络教学进行教学准备。

4. 要充分合理地利用网络技术

目前，各学校的网络情况不尽相同，网络教学研究活动要充分合理地利用已有的网络环境，采用先进的软件制作技术和符合因特网的协议与标准，开发适合于浏览器的软件，资源准备要考虑全校、全区和全市资源建设。

5. 要注重知识体系整体的教学和学习过程的研究

研究网络教学的特点，网络教学的教学过程在必要时可以打破传统的 45 分钟限制和传统的教材体系。网络教学研究课应该注重知识体系整体的教学，注重整个学习过程的研究，要研究一个教学单元整体的教学，注意研究课前对信息的收集、整理，课上要指导学生对资源的处理、构建，课后对知识的应用和为学习新知识打基础。

6. 要保证网络运行的稳定性和可靠性

网络教学涉及较复杂的计算机网络软件和硬件环境，学生在上网学习中对信息的获取并发率较高，多媒体学习内容通常占用很大的空间和传输带宽，因此 对网络有更高的要求，特别在网络的稳定性方面要求非常高。

八、网络教学实例

1. 教学过程

以《研究有机化合物的一般步骤和方法》(天津市耀华中学 郝元庆)为例，本节内容是人教版化学教材选修 5 的第一章第四节，依据课程标准，学生应该初步了解研究有机化合物的一般步骤和方法，自主体验严谨科学的研究过程。

根据学生特点，教师对教材进行二次加工，借助网络创建学习平台。

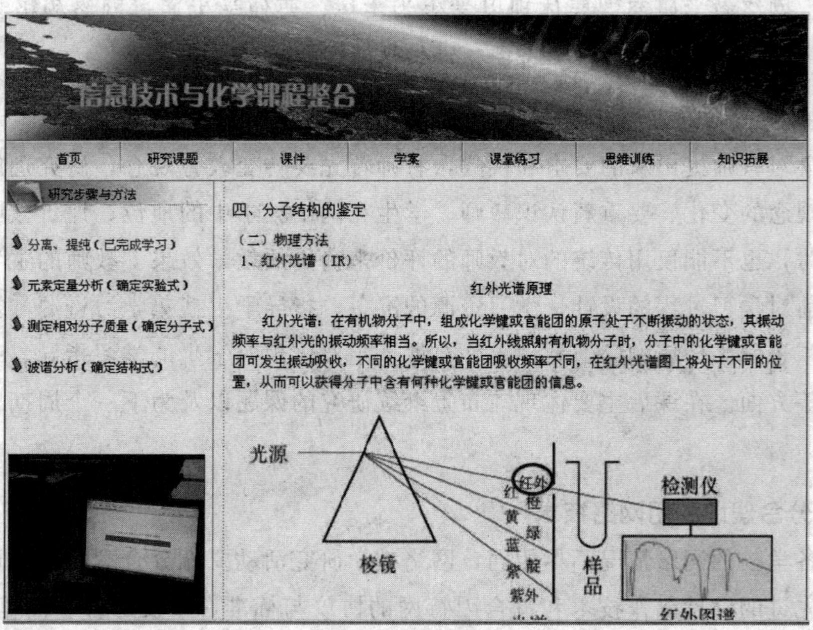

登录界面：每位学生都有一个以自己学籍号登录的用户名。

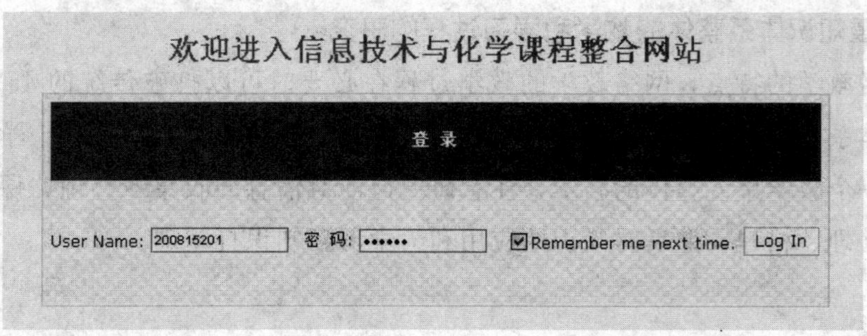

学生在教师的指导下进行自主探究学习和合作学习。

学生比正常高二年级学生小1～2岁，思维活跃，接受能力强，部分同学思维方式独特，学生对理科有浓厚的学习兴趣，对新鲜事物充满好奇与挑战，自学能力强，具有良好的计算机应用基础。

依据教学进度选择本节内容，而内容更适合学生进行自主探究学习，网络可以帮助学生创建学习平台，网页较完备的导航系统，信息量大，条理清晰，在有限的时间内学生对知识学习的选择性强，对谱图的学习更加简洁直观明了。

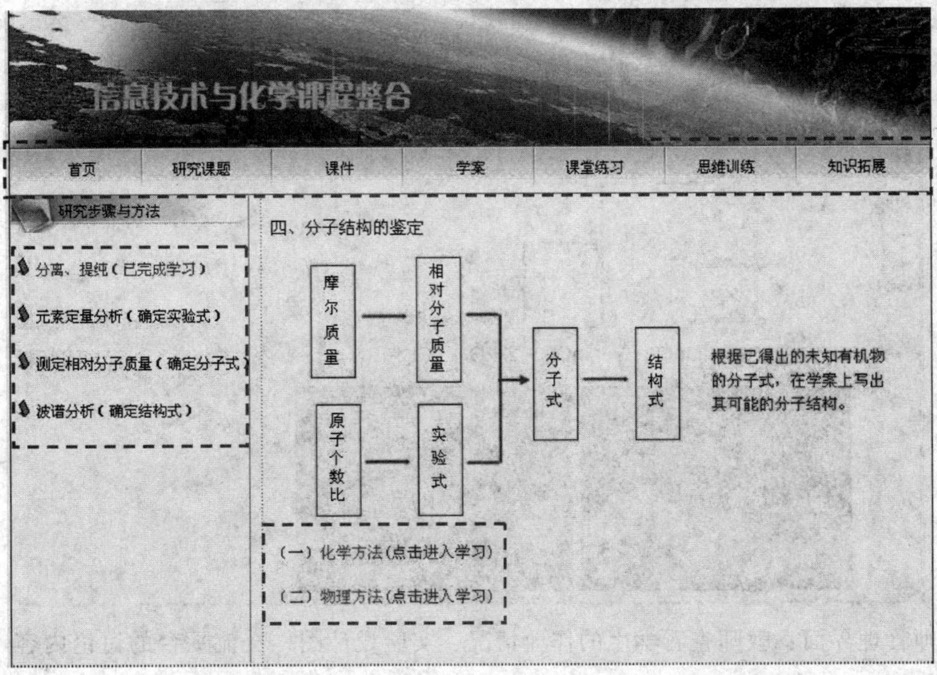

仿真化学实验室(虚拟的化学实验室)：试管、烧杯等真实实验室中的器具，在仿真实验室中都有。学生可以自由地搭建实验装置，添加药品，并能向网络系统上传实验装置图，上传后方可与他人分享实验设计。

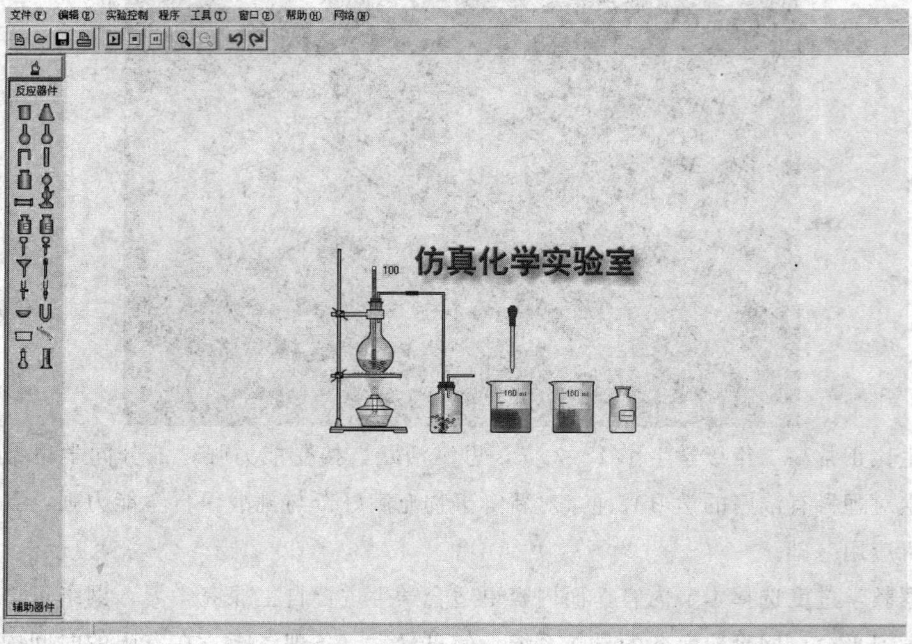

仿真化学实验室的引入可以直观体现学生的设计思想、设计过程和设计效果。

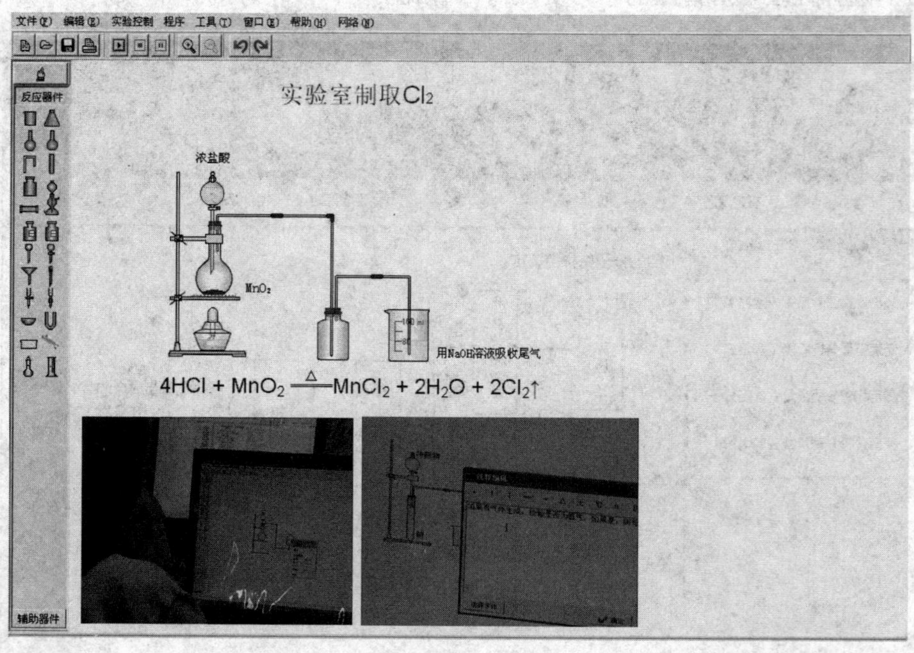

教师管理界面：教师查看学生的作业情况、实验设计图、交流平台的讨论内容，控制

习题训练时间等。

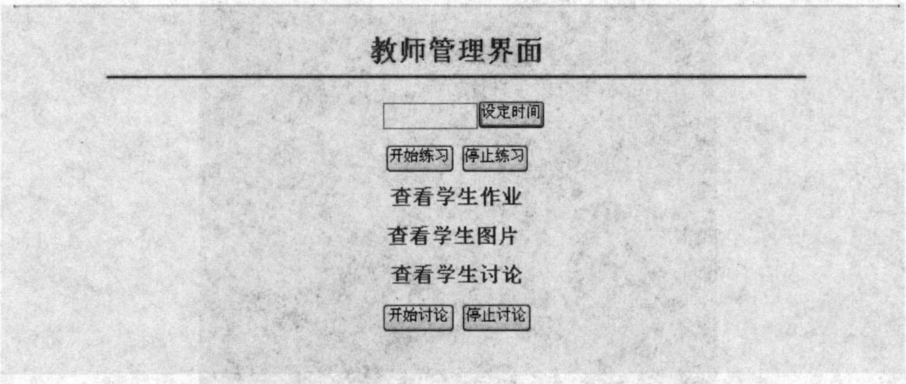

教师可以及时查看学生作业的提交情况，点击单个图片可以放大显示。

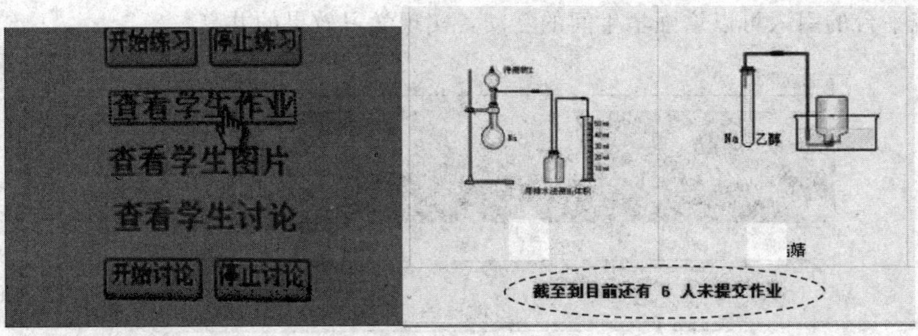

学生提交作业后可以与他人分享成果，效果直观，对比性强。

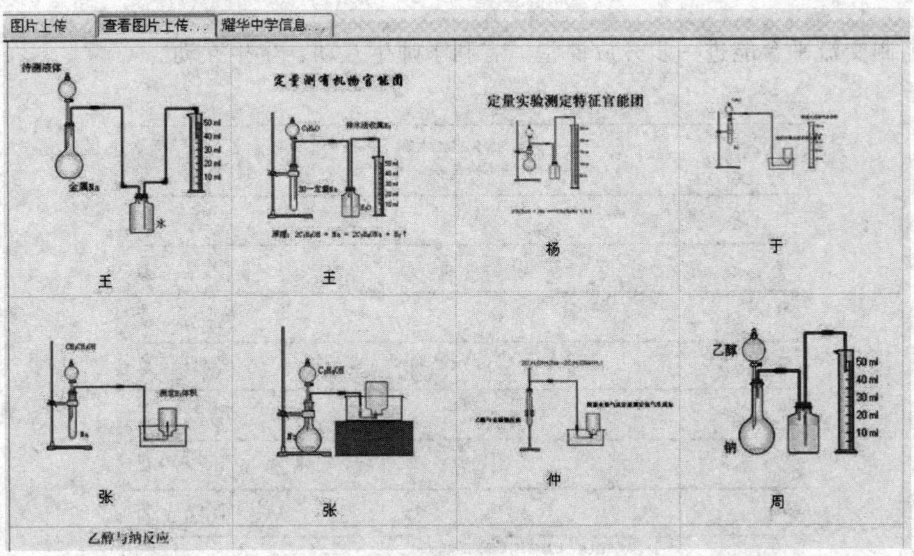

教师选取典型作业进行评价与总结。

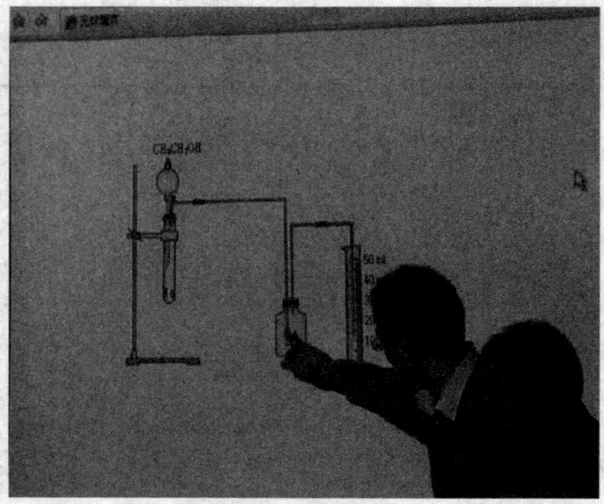

交流平台的引入可以增强学生间的互动，实现学习效果的共享。

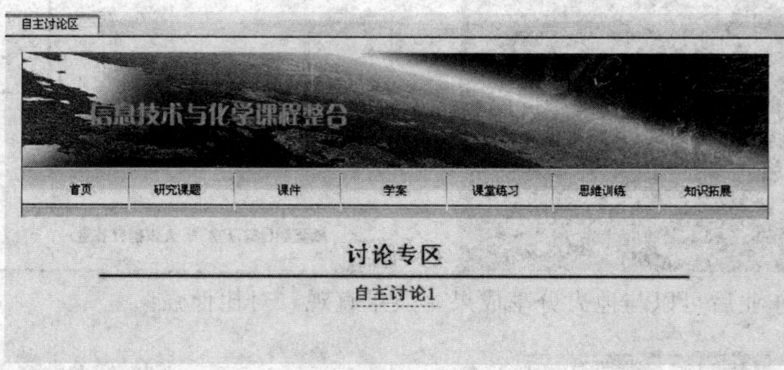

实名制交流平台能进一步开放课堂，有利于师生互动，生生互动。

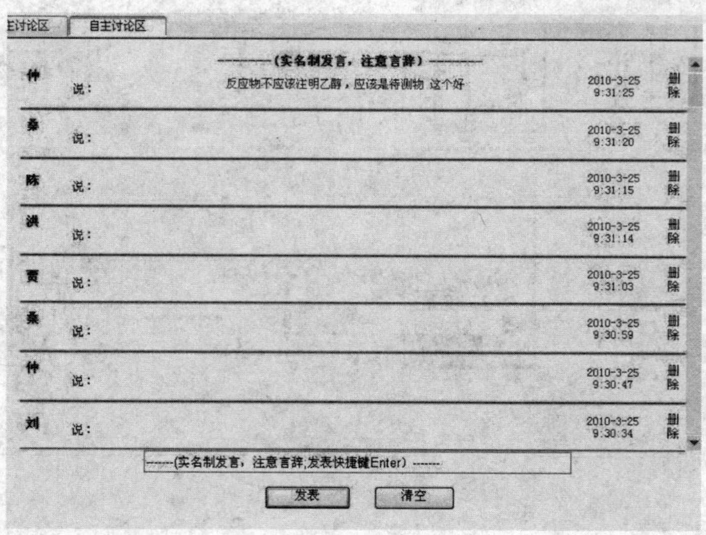

反馈系统的引入帮助学生及时了解自己的学习情况，有利于学后反思。

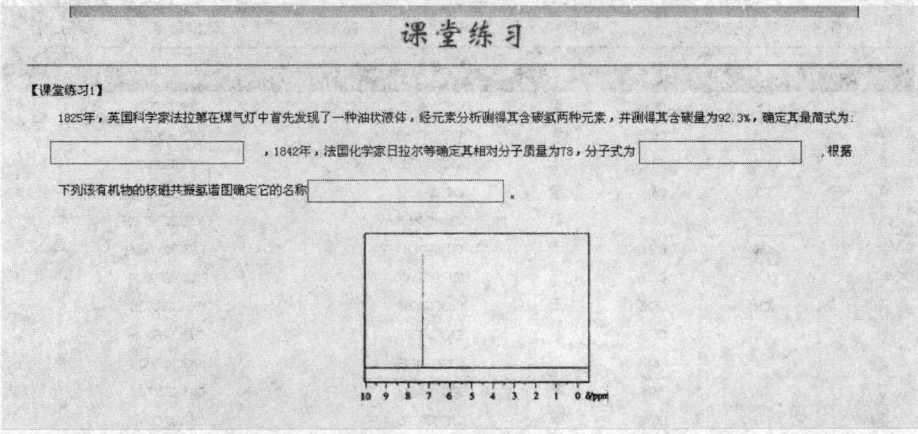

教师设定反馈限定时间，超过时间系统将自动上传反馈结果。

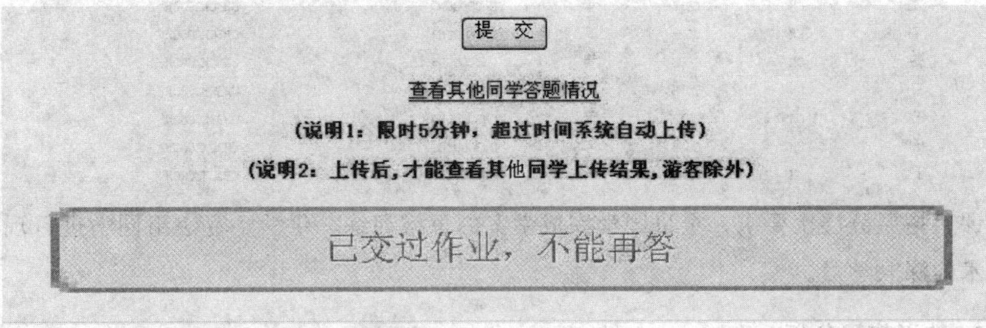

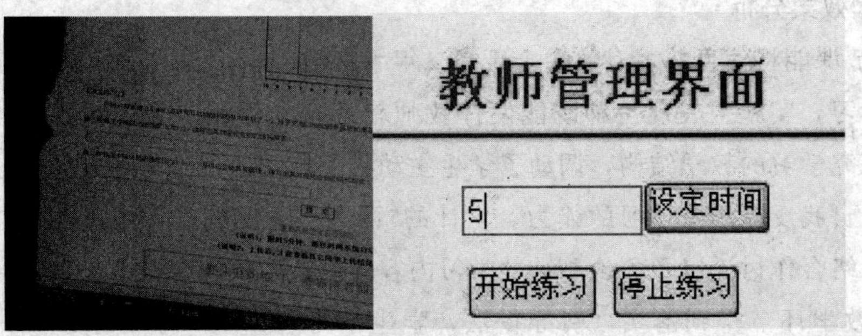

学生上传答案后方可查看其他同学答题情况，进行反思与交流。教师能及时查看学生的答题情况，进行分析与评价。

堂练习提交 | 查看作业上交...

首页 | 研究课题 | 课件 | 学案 | 课堂练习 | 思维训练 | 知识拓展

姓名	最简式	分子式	名称	结构简式1	结构简式2
陈	CH	C6H6	苯	CH	CH3CH2COOH
郭	CH	C6H6	苯	CH3COOCH3	CH3CH2COOH
洪	CH	C6H6	苯	CH3COOCH3	CH3CH2COOH
花	CH	C6H6	苯	CH3COOCH3	CH3CH2COOH
贾	CH	C6H6	苯	CH3-COO-CH3	CH3-CH2-COOH
李	CH	C6H6	苯	CH3COOCH3	CH3CH2COOH
李	CH	C6H6	苯	(CH3)2CO=O	CH3CH2COH=O
刘	CH	C6H6	苯	CH3COOCH3	CH3CH2COOH
刘	CH	C6H6	苯	CH3COOCH3	CH3CH2COOH
刘	CH	C6H6	苯	CH3COOCH3	CH3CH2COOH
刘	CH	C6H6	苯	H3C-O-CH3	CH3-CH2-OH
刘	CH	C6H6	苯	CH3COOCH3	CH3CH2COOH
刘	C6H6	C6H6	苯		CH3CH2COOH
彭	CH	C6H6	苯	CH3COOCH3	CH3CH2COOH
任	CH	C6H6	苯	CH3COOCH3	CH3CH2COOH
孙	CH	C6H6	苯	CH3COOCH3	CH3CH2COOH
王	CH	C6H6	苯	CH3COOCH3	CH3CH2COOH
王	CH	C6H6	苯	CH3COOCH3	CH3CH2COOH
王	CH	C6H6	苯	CH3OCOCH3	CH3CH2COOH
杨	CH	C6H6	苯	CH3COOCH3	CH3CH2COOH
于	CH	C6H6	苯	CH3COOCH3	CH3CH2COOH

课后拓展分层次要求，全班同学完成学案的思维训练，化学竞赛小组同学进行现代分析技术的深入学习。

2. 教学效果分析

(1)本节课能将信息技术有效融合于高二年级化学教学，营造了信息化网络学习环境，结合学案学习，实施、表现一种既能发挥教师教学主导作用，又能体现学生学习主体地位、自主探究学习的教学结构，调动了学生主动、积极学习的钻研精神，培养了学生自主探究学习、自我反馈调节学习的能力。设计的“课题引入明确学习内容与要求”“学生自主探究学习网络合作讨论以及评价总结”“学习内容的回顾与梳理”“课堂限时练习”“课后拓展布置”五大教学环节得到落实，引导得法，学生学习容量大，学习条理明晰，学习效果突出。

(2)运用信息技术与化学课程整合网站创新了学生学习。整合网站信息量适度，学习空间合理，学习程序明确、步骤清晰；所设立的“仿真化学实验室”、“学习交流区”、“方案评比及交流论坛”，适于学生自主学习、仿真操作、交流讨论。信息技术网络环境为学生的科学思维、严谨推理、体验过程、个性设计、解决问题、创新实验、学会共享的自主探究学习提供了基础性条件。在教师的引导下，学生网上学习与学案学习同步；学生在仿真化学实验室里的操作与在学习交流区的讨论同步；学生上传实验装置图、提交的练习答案都及时在同一界面上显示出来，即时反馈，调节学习，实施到位。

(3)信息技术与学科整合效果突出，教学主导得法，教学过程流畅。学生网上自主探究学习期间，教师一直处于学生之中，悉心观察，个别指导，集体提示，发现个案，展示范例；学生所上传、展示的仿真实验图均署名；教学组织的精细化，保持了学生学习动机，助推了学生的有效学习。在分别以化学方法、物理方法进行仿真实验后总结时，师生交流思维活跃，培养了学生综合思维、逆向思维能力。

(4)即时反馈与延时反馈相结合，落实学生学习。除教学过程中重视调节学生学习进度、质量以外，“课堂限时练习”网上答题，及时提交练习结果，关注即时效果；“课后拓展布置”集体提交学案，延时反馈，关注学生学习的长期效果；在“课后拓展布置”中有了化学兴趣小组、竞赛小组的练习题，关注分层教学。两种反馈的结合提高了教学、学习调节的品质，提高了教学实效性。

信息时代教育观的一个重要观点是要实现教育个性化，真正做到“因材施教”、“人尽其才”。本课在设计上，首先是进行任务分析，逐级找到应该提前掌握的知识；而后分析学习者既有的水平，确定合适的起点，设计出向学习者传递知识的方案。基于 Web 阅览方式的超链接，很容易促进学习者的主动学习，提高学习者的学习能力，有利于培养创造性思维。

在设计时，可以采用有指导路径的方法引导学习者，有指导不等于强制，仍然要给学习者留有自由选择的空间，由学习者自己生成学习目标的内容，即允许学习者自己控制学习路径，而不需要设计者预先确定学习路径。系统必须提供适当的学习资源、认知工具和相应策略的支持，在学习者需要帮助的时候可以通过某种策略影响学习者决策，如通过合作学习策略等。

信息时代教育观提出教师和学生的地位与传统教学相比发生了很大改变，因为学习不再是单纯的知识传授与灌输，教师的角色主要是教学信息资源的设计者、学生学习促进者。教师从前台走到了后台。虽然教师的地位受到了挑战，但是教师在教学当中不可能被计算机或计算机网络所取代，相反教师在这种模式下的地位更重要了。计算机只是一种信息加工和呈现的工具，教师惟一选择是需要不断地更新知识和扩大知识面，教学组织者需要跨学科的知识结构，需要教师的群体协作，网络化的教学设计需要解决的重大课题是如何制作教学课件、如何把它们组织成为符合教学要求的教学资源形式。

九、关于网络教学的进一步思考

1. 开展基于网络技术的主题教学模式的研究

主题教学模式是指选定一个核心知识元为主题，在此主题下把原先独立的各个学科重新整合，对同一个问题，不同学科从不同角度进行教学和研究，从而实现创新教育。网络教学有其得天独厚的条件，可以开展主题教学模式的研究。

2. 开展大网络教学的研究

大网络教学是指网络教学的范围不仅限于一个教学班、一间教室。网络的空间是开放的，网络上人与人的联系在不考虑网速的前提下与地域无关。因此，网络教学，特别是在因特网环境下的网络教学，无论是在一间教室，还是在更广阔的网络，参与学习的人的地位是相同的。开展大网络教学的研究，是要研究不同水平、不同地域的人参与一个课题的研究，获得不同收获和不同学习过程的体验。大网络教学的研究成果将对未来教育的发展提供指导意见。

3. 开展网络教学资源建设的开发研究

资源内容的建设，要有利于学生建设知识建构，有利于信息意识和信息能力的培养。资源构架应考虑学校教学资源的总体结构，使每一次做的研究工作能积累。要有意识地设计导航系统，引导学生注意对信息的筛选、整理，提高对信息的鉴别能力和检索能力。

第三节　数字校园环境下的协作式研究性学习

据天津市耀华中学连续两年对新高一学生进行的网上实名问卷调查显示：对信息技术课的学习认识，认为可以提高信息技术能力的占 82.02%，认为能够提高自主学习能力、提高协作学习的能力、提高研究性学习的能力的分别占到 43.69%、36.59%和 43.06%。由此可见，多数学生对开设信息技术教育的目的只停留在技术学习的层面上，对自主学习、协作学习、研究性学习与信息技术教育的关系还没有准确的认识，更不能在信息技术学习中自觉提高信息素养和创新能力。基于以上背景可以看到，改变目前中学信息技术教学的模式，采用研究性学习的方式开展小组协作式学习模式的研究是非常有必要的。

一、数字校园环境下协作式研究性学习的开展

1. 协作式研究性学习的意义

(1)新的时代前景广阔、竞争激烈，机遇与挑战共存，新时代呼唤自主、协作学习能力的培养。面对新世纪的挑战，学生为了能适应社会，不仅必须具有主动、自主学习的强烈愿望和能力，还应该有强烈的协作和竞争意识。为了实现教育现代化，我国各级各类学校必须把自主、协作学习能力作为学生基本能力来培养。

(2)基于网络的自主、协作学习能力结构及其培养的研究是终身教育的重要组成部分。在知识经济和信息化时代，教育的首要任务由传授知识、培养具有一定知识技能的人转向

培养具有多种能力特别是“学会学习”的人。而自主、协作学习能力是学习能力的基础部分。只有学会自主、协作学习，才能成为有终身学习能力的学习者。着眼于人的发展，授人以鱼，不如授人以渔，即教给学习者自主学习、协作学习的能力技巧，这才是适应终身学习的金钥匙。

(3)基于网络的自主、协作学习能力结构及其培养的研究对素质教育有重要的启发和借鉴意义。让学生学会自主、协作学习是素质教育的一项重要任务，自主意识和协作意识是现代人必须具备的基本素质，自主、协作将是未来社会的主流。这是因为：进行自主、协作学习能力的培养有利于建立新型的师生关系；培养学生自主创新的发展能力；培养学生的协作精神和集体观念；培养学生多渠道获取信息的能力。

(4)协作学习能力的培养方案有重大的推广应用价值。分组协作式学习不仅是一种高效率的学习方式，而且通过开展分组协作，可以更有效地提高学生的信息素养，发展学生的信息能力。对于促进由“应试教育”向“素质教育”的转变具有重要的意义。通过对分组协作式学习的研究，不仅可以更好地指导信息技术教学工作，而且这种模式对于其他学科甚至教师培训都有相当的参考价值。

(5)利用评价的激励机制开展作品评价和过程评价，对于激发学生创新意识的提高，在学习中、研究中、协作中不断认识自我，超越自我。研究自我评价、相互评价和指导性评价，对于今后信息技术教育的发展有着指导作用。

2. 协作式研究性学习的组织

(1)教师的组织

信息技术专任教师主要负责组织学生的研究小组，在信息技术学习时对技术学习进行指导，同时负责组织集体讨论、演讲和评价的记录与实验分析等工作，重点研究通过小组协作式研究性学习对培养和提高学生信息素养的关系、方法和途径。由于各小组选择研究的课题可能涉及物理、化学、地理、生物、文学、金融、历史、外国文学等多个学科，因此，各学科教师参与研究活动是必要的，学科教师主要针对各研究小组的课题进行指导，并重点研究涉及各学科的研究性学习课题在信息技术环境下进行小组协作的组织、管理和指导方式。协作式研究性学习实施中涉及许多网站管理与软件开发的工作，诸如相互评价的测评与统计系统、学生作品的提交系统、各研究小组的网页管理等工作，因此需要必要的软件技术人员。

以上三种人员有不同的分工，但有能力的教师可以兼任，例如信息技术教师可以指导研究小组的研究活动，也可以进行网站管理的软件开发。

(2)学生的组织

在天津市耀华中学所进行的协作式研究性学习的研究中，学校投入了三个教学班，共计 159 人，每周四课时用于信息技术教学和研究性学习，在三个信息技术机房用一个下午的时间同时进行，按照学生研究的兴趣和意愿，将三个班的学生混合编组，每组 5～6 人，共计分为 29 个研究组，每个组的成员的研究志趣相同，来自不同的班，共同组建成一个新的集体。在这个集体中，每名同学必须承担三项工作，一是技术学习的分工，二是责任分工，三是研究子课题的分工。研究小组成员必须独立完成自己的必做工作，并要协作，共同完成本小组的研究计划。

3. 协作式研究性学习研究的实施

(1)第一阶段：收集资料，组织人员培训，明确课题研究的目的和意义。

①采用“文献调查法”查阅有关自主学习、协作学习和研究性学习的相关论著、期刊和网上资料，分析目前国内外该研究的进展，确立本课题研究的方向和意义。课题组研究认为，本课题是将信息技术作为工具，以小组协作作为方式，以研究性学习作为手段，综合培养学生的创新精神和实践能力，在完成研究性学习的过程中培养学生的信息素养。其意义在于摒弃了过去旧的信息技术教学模式，探索在完成一个研究课题的任务过程中，使学生的协作能力、科学研究能力和综合信息素养得到全面提高。

②组织参加课题研究的人员学习“国家级骨干教师信息技术培训班”开设的《学习论》课程和有关的教学资料，结合本校学生进行相关研究和分析。课题组认为：不同的学生在完成综合学习任务的过程中培养的综合能力是有差异的。首先是学生的自学能力、协作能力、自制能力和信息技术操作能力都有很大的个体差异，基础不同，学生的发展也会有不同；其次是由于时间的限制，没有足够的集中时间让所有学生进行展示和交流，机会的不同，也会造成学生发展的不同，但学生各方面能力在一定程度上发展是必然的。

③采用问卷调查法，结合第一学期信息技术教学的情况，了解试验对象的基本情况，以便确定分组方案。分组方案的基本做法是将全部三个实验班的学生依其学业水平、能力倾向、个性特征、性别、是否担任学生干部、社会家庭背景情况等方面的差异，特别是对研究课题的兴趣不同，组成若干个组间同质、组内异质的学习小组。协作是建立在每一位小组成员必须努力完成自己的任务基础上的，这就要求各自的子任务在组内必须是互补的。只有每个成员都能为大家提供服务，同时还能得到其他成员的研究学习成果，协作才能长久。为此，要创设一种不论研究的课题如何，只有小组成功，其成员才能达到个人成功的情境，以促成小组成员不仅要努力争取个人目标的实现，更要帮助同组的同伴实现目标。

④根据参加研究的教师的学科分布，结合学生在问卷中反映出来的研究兴趣和意向，确定了 19 个研究课题，涉及物理、化学、地理、生物、文学、金融、历史、汽车、时事、电影、园林、外国文学和计算机等多个学科，每一位参加研究的教师负责指导 1～2 个研

究小组。各小组在教师的指导下在准备开题会时的用于课题介绍的演示文稿。

(2)第二阶段：小组协作式研究性学习方案的实施过程。

本次研究采用行动研究法，研究周期为一年半，拟进行两个研究周期，总体研究计划框图如下：

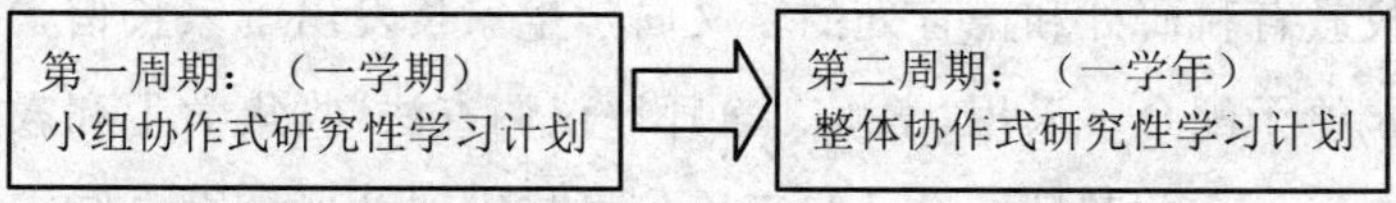

目前完成的第一周期的研究过程如下图：

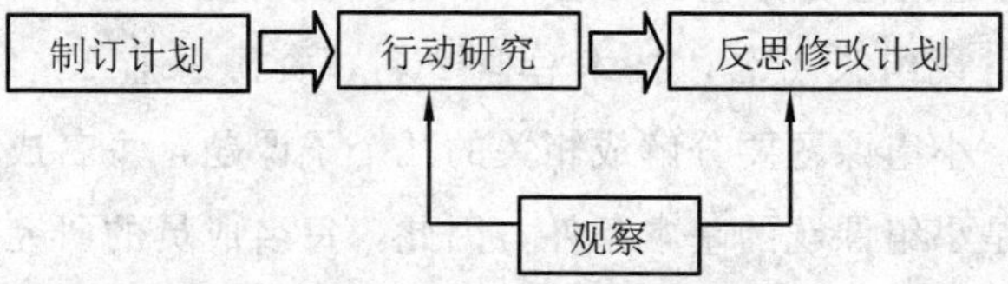

其中，在第一周期的课题研究中，将学生的研究性学习过程分为三个子周期，作为第一研究周期行动研究的三个独立的研究周期，即学生研究的开题准备阶段、主题研究阶段和总结表彰阶段；课题组教师参加每个子周期的研究过程是：

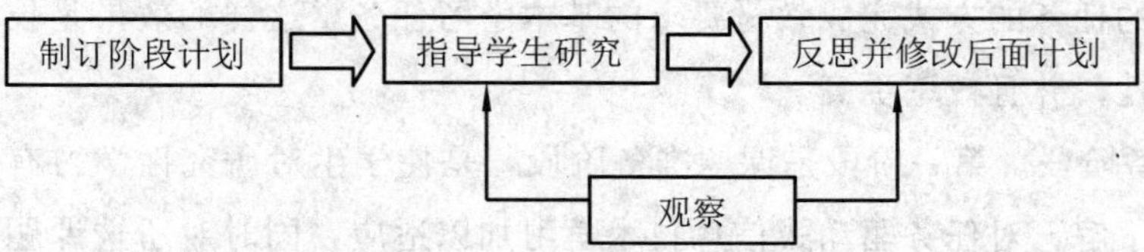

学生参加三个子周期的研究性学习的学习活动基本相同：技术学习、分工协作、小组讨论和展示汇报与协作评价。

①学生课题的准备阶段：(第一研究周期)

● 试验对象进行理论学习，强化学生对分组协作学习的形式和重要性的认识，使参加实验的学生了解实验的意义和学习方法，得到学生的认可，并且自觉地实践研究的过程，努力去与其他同学协作，是本课题成功的关键。为此，实验的第一课安排了一个半天的时间作动员，主题报告的内容包括：信息时代人类的学习正面临历史性的变革；信息素质已成为人才综合素质的一项重要指标；学会学习、协作和研究是信息时代人的基本生存条件；小组协作式研究性学习能够提高信息素质；评价的目的是要更好地了解自己。中心内容是要使学生认识到：学会学习、学会协作、学会研究的重要性，使学生在思想上对参加课题研究有明确的认识，为后面的研究打下思想基础。

● 指导教师向全体学生介绍课题。学生的研究兴趣是研究课题正常开展的保证，为此，教师设置的研究课题的选题必须得到学生的认可和响应。第二次课每一位指导教师向全体学生介绍自己课题的研究意义、方法、要求，同时回答学生的问题，让学生对整个选题有一个全面的了解，便于他们确定选择哪个问题进行研究。同时，学校德育处向全体学生提出参加网络研究的注意事项(德育处也将结合本课题研究网络环境下的德育工作的特点、方法)，并且宣读了学生保证上网只做课题研究，不看无关信息，特别是不健康信息的承诺书，如果学生承诺保证做到，要求学生庄严地签名。为了得到学生家长的理解和支持，课题组以学校教育科研处和德育处的名义向学生家长发出了家长信，介绍课题研究的意义，并请求家长给予配合。采用“学生、教师评议调查法”收集学生和教师对这种学习模式的意见及改进方案，在此基础上进一步完善信息技术课开展分组协作式学习的方案。

● 根据学生填报的志愿进行分组，每组5～6名学生，组内进行三种形式的分工。一是按职责分工：每个小组设组长1名，技术总监2名，资源总监1～2名，艺术总监1名。二是研究子课题分工，小组课题要分解成相关的几个子课题，每名成员独立完成各自的子课题，子课题的完成是小组课题的基本条件，因此，每名成员的研究直接关系到全组的研究进展，这就在机制上要求组内必须做好自己的研究工作，同时又必须协作。三是按技术学习分工：按照教材，还有图形处理、演示幻灯片的制作和网页制作等信息技术操作的学习，小组采用任务驱动的方式学习技术，采取小组内部交流，结合完成课题的阶段性成果的演示或展示的任务的方式完成教材要求的基本学习任务，这样的效果是技术学习更具有针对性和实用性，并且效率更高。

● 课题准备阶段。第一阶段是课题准备阶段，是使学生对研究性学习有一个认识，对小组协作有所了解，对任务驱动式信息技术学习加以适应，同时对所选课题做必要的分解和资料准备。要求学生在第一阶段要写出技术的学习计划，子课题的研究计划，做好小组开题的准备；第一阶段的结束是组织一次开题的汇报和答辩活动，要求开题报告用电子幻灯的形式在全班介绍，虽然是一个成员上台演说，但由于关系全组的成绩，大家都非常积极，帮助发言的同学准备资料，形成了很好的协作氛围。

● 学生参与程度评价。对学生参与研究性学习的评价也是课题研究的内容之一，本次活动采用过程评价、相互评价和自我评价相结合，即从学生确定参加课题的研究开始就开始评价，包括承担的责任、子课题计划情况和技术学习的程度等过程。为了让每一位学生都有在全班面前展示的机会，要求各组参加汇报的人员每次不能重复，每人要有演讲成绩；全班交流本身也是学习的最佳途径，从其他同学的研究中或技术学习交流中可以学到许多东西，这也是协作学习要达到的目标，为避免在演说时其他同学因为事不关己而不认真听讲，课题组自行开发一个相互评价的软件，要求下面听讲的学生要认真听讲，认真打分，这不仅关系被评价的同学的成绩，也关系打分者自己的成绩，因为，对被评价学生来讲，他的成绩是全班同学给分的平均分；而对与参与评价的学生，软件要计算打分者所给的分与全班平均分数的相关性，最后的相关系数要成为打分者自己的一部分成绩，这就遏止了个别学生打分太偏离的情况，因为个别太偏离的分由于全班众多的分数平均而对被评价学生影响不大，但对打分的学生将产生不相关或负相关的系数，这对该学生的成绩影响巨大。

● 开题答辩阶段。第一阶段的最后一个环节是开题答辩，将检查小组对于课题研究的准备情况和小组分工协作的情况，为继续研究打好基础。科学研究的开题准备是一项重要的工作，开好题即完成了研究工作的一半，但开题论证也有不合格的，不能继续研究的情况，因此，在第一阶段，我们也让学生有这样一种危机感，即没有做好开题准备、开题论证没通过的小组将不能继续研究。开题讲演和答辩包括：小组课题研究计划、组内分工、各子课题研究计划、研究进度及其研究预期的成果形式。

②学生课题的研究阶段：（第二研究周期）

● 分子课题进行研究。完成开题工作、并且开题合格的组开始按照研究计划开展技术学习和课题研究，时间安排是将一个下午分为两个时段，前两节以技术学习为主，为进行信息收集、处理和成果最终展示提供技术保障；后两节课主要以课题研究为主，指导教师听取一周以来学生的研究进度，指导课题研究的方法和信息的收集、处理，组织讨论下一周的研究任务。有的课题组需要外出作调查，可以利用整个下午走出校门，走向社会，这也是安排整个一下午的时间进行研究的益处。

● 结合研究的进展继续技术学习。为了使每个小组的全体成员都有展示的机会，本次实验过程安排六次全班性的交流，使每个学生都至少有一次的讲演机会，同时也让大家相互了解各组研究的进展情况，督促、激励各小组更好地研究学习。讲演的评价仍然采用网上评测系统，让全班的同学都参与评价。

● 收集信息，总结观点。各课题组主要网络收集信息，并且进行分析、总结，形成自己的观点，如“IT 业的证券分析”的数据主要通过网上一些证券网站发布的数据进行分析、研究，也有一些课题组是亲自走出去，如“网络，想说爱你不容易”课题组多次深入网吧、大学、中学进行调查，得到了大量的原始数据；“漫谈汽车文化”课题组，利用家长的关系到汽车维修站进行调查等。

● 制作研究专题网页。在研究的基础上，每位学生制作个人的研究专题主页，通过主页反映自己的研究成果，同时根据各自的研究情况，研究、讨论整个小组的课题研究情况，以制作小组主页的形式反映整个组的研究成果，为结题做准备。

● 成果汇报与结题演说。结题汇报和答辩只是一种形式，研究性学习关注的不是研究的结果，而是让学生亲历整个研究过程，学习科学研究的方法，培养和提高创新能力。本次研究所选的课题大多具有发散性，没有统一的结论，这给学生很大的发挥空间，因此，汇报活动也是学生之间相互学习的机会。

③学生课题的结题和总结阶段(第三研究周期)

● 在教师指导下解决遗留问题。根据结题答辩中反映出来的问题，教师指导解决遗留问题、完善研究，同时完善研究小组的主页。

● 撰写研究论文。要求学生针对自己的研究过程，撰写研究论文，这是使研究升华的关键阶段。学生参与研究开始是被动的，是在教师周到的安排下进行研究，包括到哪里去收集信息，如何将信息进行处理。撰写论文可以让学生反思整个研究过程，总结研究中的得与失，从而获得真正意义上的收获。

● 总结汇报研究情况。课题组全体成员总结汇报各研究小组的研究情况，提出各方面表现优秀的学生，包括最佳协作组奖、最佳组织奖、最佳技术奖、最佳美工奖、最佳创意奖、最佳论文奖等，评奖的原则，除了对课题的研究正确外，尽量扩大获奖面，让每个组都有获奖的。经学校批准，为获得最佳协作组的全体学生和各单项获奖学生颁发了奖品。

● 交流研究体会。最后获奖学生展示优秀成果，交流研究的体会，让各专项获奖的学生自己介绍自己突出的研究成果，也让全体参与实验研究的学生看到，只要认真参与、努力研究，就可以获得优秀的研究成果。为了让整个成果展示会的学生参与更广泛，优秀成果交流会也由学生自己主持。

● 总结研究成果。汇集各组的研究成果，并产生整个课题组的分组协作式学习主页；

(3)第三阶段：总结整理，形成论文

学生完成研究性学习后，课题组的成员进行了初步总结，汇集了课题研究以来的资料，制作完善了课题组网页，也为下一步课题的研究进行了准备。今年的信息技术教学计划将按照课题研究的成果进行了调整，大幅度地压缩了教师的主讲内容和学生统一学习的小任务，而将四章的内容用四个任务，分为四个单元来处理，强化了自主学习和协作学习的力度，加快了学习进度，为下学期开展本课题研究成果的实践做好知识储备上、能力上、心理上和时间上的准备。

二、数字校园环境下协作式研究性学习的思考

本次实验在数字环境下研究，采用小组协作式开展研究性学习的方式、方法，根据整个实验过程所反映和解决的问题进行分析，有以下几个方面的体会。

1. 自主学习和独立研究是小组协作研究的基础

本项研究的一个主题是小组协作。过去学生的学习是在教师灌输下的个体学习，并由于激烈的竞争而产生了很强的排他性，加之目前独生子女的特殊生活环境和家庭结构，使得学生很少有机会协作；同时，传统的教育是教师将知识进行系统归纳，以极高的效率灌输给学生，养成了学生习惯于被动地接受，很少进行自主学习和主动的探究。如果不进行

很好的引导和合理的分工，并配合激励性很强的评价制度，协作学习的过程容易形成“一两个人苦干，其他的人闲看”的局面。要教育并约束每一位成员首先要完成自己分工的研究任务和学习任务，因为没有各自独立的工作就没有协作，独立的研究和自主学习是小组协作的基础。因此，小组协作式的研究要首先做好责任分工、课题分解和技术学习的分工，责任分工要结合每一位学生的特长，课题分解成的子课题要注意彼此的联系，技术学习要进行交流，这样进行协作，才能做到你中有我，我中有你，实现真正的协作。在课题研究过程中我们采用的分组依据是：正常学生的能力只有类型的区别，没有强弱、大小的区别，因此在每一个小组中的每一位学生在学习过程中只有分工的不同，只要努力都能够很好地完成研究学习任务；学生参加小组协作式研究性学习，不要求每一位学生都完成到相同的学习和研究任务，只评价学生在协作研究过程中自身提高的幅度；只要小组需要，经过大家的努力，相信每一个小组都能涌现出各方面的能人。因此，分组原则是在尊重学生研究兴趣的前提下采用随机分组方式，使分组达到组间平衡的局势。对于协作的方式，在本课题的研究过程中，我们认识到，协作是一个主题，围绕这个主题可以采用多种协作形式。技术学习协作是指小组的每一位成员详细研究一个软件的使用技术，将学习的成果在小组中交流，同时获得其他人的学习成果，在小组交流的过程中发现问题，完善学习；课题研究协作是指每个成员承担的子课题与其他成员的研究有直接的关系，或是利用别人的数据、结果或观点，或是为其他成员提供信息；在评价中协作是指评价是一种手段，也是一个过程，学生参与评价，既可以让学生认真关注和理解其他同学的学习、研究，也可以通过评价他人，了解自己，完善自己，在评价中学到更多的东西。

2. 研究性学习是培养学生的创新能力的最佳途径

研究性学习是一种以类似科学研究的方式去获取知识和应用知识的学习方式。科学研究的本质是人类对未知世界的探究，在这种探究活动中，人们通过假设、想象、实证、逻辑推理等方式方法来认识世界、追求真理。在研究性学习的过程中，学习者将模拟科学家的研究方法和研究过程，提出问题并解决问题。如通过专题论证、课题研究、方案设计、模拟体验、实验操作、社会调查等各种形式，探究与社会生活密切相关的各种现象和问题。中小学生的“研究”，从研究过程说，大多并不具备严格意义上科学研究的严谨性和规范性，重要的是亲历研究的过程；从研究结果看，一般是已有科学研究成果的“再发现”。因此，研究性学习的实质是学习者对科学研究的思维方式和研究方法的学习运用，通过这样一种基本形式和手段，培养创新意识和实践能力。

3. 引发和保持学生研究性学习的兴趣至关重要

引发和保持对研究课题的兴趣是使学生长久研究的最重要的因素，也是防止在网上的“迷航”现象的出现，培养学生批判地分析、利用网上信息。要想使学生始终认真地投入到研究中，保持研究的兴趣是极其重要的。要使学生始终保持极大的兴趣、高昂的研究热情，选题非常重要。交给学生的研究课题应该是学生和社会关心的热点问题，为此课题组吸收了几个学科教师参与研究，共同协商、论证选题，实践证明这些课题对学生具有较大的吸引力。目前，网上的信息是大量的，甚至有一些泛滥。学生很容易获得大量的信息，困难的是如何将大量的信息分析、整理，整合成自己的信息，就需要学会对信息进行批判性地分析，去除伪信息和重复信息，这也是培养信息素养的一个方面，也是培养学生批判性思维的重要方法。同时，由于学生在家里上网机会较少，每次上网好奇心很强，容易出现"迷航"现象，为此，我们采用四节连课的形式，将每周两节信息技术课和两节研究性学习的课时进行连排，形成每周有一下午的整段时间开展协作、研究，进行上网收集资料或外出进行问卷调查。

4. 采用过程评价是激励学生做好协作和研究的制度保障

在本课题的研究中对学生评价的目的不是出于选拔与分类，而是使学生了解自己的学习，了解自己的研究，了解自己需要做哪些方面的努力，激励学生更好地参与协作和研究，在评价的过程中提高自己的认识水平；同时，通过评价，也可以学到别人的长处，因此，本课题的评价贯穿整个研究过程的始终，大量地采用自我评价、相互评价和教师评价，并利用网络条件和开发相应的软件保证了评价的时效性、客观性和准确性。特别是相互评价本身也是相互学习的极好机会，为了在相互评价中引导学生注意观察别人成果的特点和要点，评价不是打一个简单分数，而是将评价分解为几个方面的数据，包括内容、技术、美观、讲演和综合等五个方面进行评价，这样做起到了很好的相互学习的效果，并且让学生学会了如何评价别人的工作，如何从别人的作品中学习。

5. 课上协作讨论，课余自主学习和独立研究

在一个网络机房进行研究学习，要处理好课上集中交流讨论和课后个人研究的关系，应尽量利用在同一间教室学生面对面的机会充分地协作、交流、讨论等。为了保证课上的研究有内容，只有利用课余时间做信息的收集、个人的研究等，这就需要家长的支持和学生的自我约束，这是本课题的另一项研究，即如何使学生用好网络进行学习，如何防止网上学习的"迷航现象"的发生，如何让家长打消对学生上网的顾虑，认清网上学习的意义，从而支持学生开展研究性学习。一项完整的研究需要比较多的时间，半学期的时间显然不能很好地完成研究课题，本次研究学生虽然完成了整个实验完整的过程，但明显地表现出研究不够深入，信息的来源过分单一于网上搜索，虽然有些组出去过，但整体的实践不足。

6. 参与指导研究性学习的教师要转变角色

在本课题研究中，教师从讲坛上走下来，到学生身边去指导，参与学生的研究；教师也从过去孤独的讲课者变为研究课题的合作者，教师首先要学会合作，学会与其他教师融合，还要学会组织学生进行协作；同时，教师也要改变自己单一的学科知识体系，向着跨学科复合型人才转化，以适应未来培养综合型人才的要求。

7. 应该充分利用信息技术环境，做好研究的管理和评价工作

在数字化环境下开展本课题的研究，有得天独厚的技术条件和环境的优势，将这些条件用于课题研究的管理、评价，学生可以通过校园网信息化平台建立的应用环境进行作品的存储、传递和交流，可以极大地提高管理、应用和评价的效率和公平性。

第四节　远程教学的尝试

远程教学有多种不同的形式，函授教学、电视教学、广播教学都属于远程教学的范畴。在传统的远程教学中，教师和学生、学生和学生的通讯一直是制约其发展的一个瓶颈。因特网的普及推广应用极大地提高了人们的通讯效率，因而为远程教育带来了一个新的发展契机。在数字校园环境下的远程教学是利用通信、网络、多媒体、计算机设备和技术，克服传统远程教学的局限性而形成的新型远程教学模式。现代化远程教学需要完备的教学系统支持，在该系统中，主播室是教师的教学环境，用于采集教学信息；远程教室是学生学习的环境，接收教学信息、反馈学生信息；两者信息受控于计算机网络。教师通过网络将教学信息传递给学生，学生通过连网的计算机接收信息进行学习，在学习的过程中，还可以通过计算机网络让教师和同学进行各种形式的交流。

一、远程教学模式

1. 传授式教学

传授式教学有两种形式：同步讲授和异步讲授。同步讲授是指利用实时交互式远程教学系统进行教学，实时交互式远程教学系统利用计算机网络、多媒体和虚拟现实技术，模拟课堂教学，使处于远程的教师和学生通过实时的音频和视频，双向传递教学信息进行学习。异步讲授是指利用因特网的 WWW 服务进行教学，教师事先将课程的内容存放于 Web 服务器上，学生通过因特网访问这些课程的信息，并通过 E-mail、BBS 等手段，与教师进行交流，从而完成学习任务。

2. 探索式教学

探索式教学是由教师确定一个探索的目标，要求学生解答，同时提供大量目标相关的信息资源供学生参考，教师负责对学生学习过程中的疑难问题提供帮助和指导。这种学习策略彻底改变了传统教学过程中学生被动接受的状态，而使学生处于积极主动的地位，因而能有效地激发学生的学习兴趣和创造性。

3. 协作式教学

协作式教学是指利用计算机网络，让多名学生针对同一学习内容彼此交互合作，以达到对教学内容比较深刻理解与掌握。在基于数字校园和英特网网络的协作学习中，基本的协作式策略有竞争、协同、伙伴与角色扮演等。

二、对远程教学的认识

网络通信技术的日益成熟，已能够满足远程教学所要求的图片、音频、视频传输质量和传输速度，加上各种通信手段，如远程会议系统、音频、文字会议系统、E-Mail、WWW 等，使远程教学的实施更加成熟。特别是 WWW 的出现使人们认识到在线学习是一个更为系统化、更有组织的学习过程。通过利用新技术，我们能够以电子的方式将文本、图片、音频、视频和计算机程序等各种形式的学习资源结构化，教师可以快速容易地组织教学资源，学生能够随时利用网络进行学习。在学习过程中，学生不仅可以共享非常广泛丰富的各种资源，而且能够彼此协作、进行适应个别化的学习，同时网上远程教学还可以满足教师与学生之间的交流。通过电子邮件或视频、音频、文字会议系统，教师可快捷地与学生通信、交流，获得他们的学习进度和其他情况。这就意味着，网络为我们提供了一种前所未有的、更为丰富、更为自由的学习环境。

三、远程教学的新尝试

耀华中学数字校园的建设为远程教学提供了强大的硬件基础和环境，在进行大量网络教学的同时，对远程教学进行了新的尝试。我们利用网络传输，尝试同一城市两所学校的两个班同上一节课。

耀华中学曾和天津市第二南开中学合作进行过远程教学试验，授课内容是经典戏剧《雷雨》。课程的重点设计是对主人公周朴园人物形象的探讨。网络系统主要是由教师端、服务器端、客户端三部分组成。教师端：使用远程多媒体教学转播系统软件，并将视频采集教师机与教师机分开以解决其运行速度问题，使用双显输出卡使教师机屏幕与视频同时显示在不同的大屏幕上，在声音处理方面，我们避开由于话筒与音箱距离近造成的回哨现象，在两个教室分别采用调音台，并使用指向性强的话筒。服务器端：安装相关软件，并以管理员身份登录，启动服务，添加用户权限，如教师权限、交互权限、听课学员权限等。客户端：任何异地的学员都可以安装客户端软件，以听课学员身份登录，即可看到主讲视频、交互视频、主讲教师屏幕等。在主播教室和远端教室利用网络同时进行互动授课，双方授课内容相同、思路相同、结构相同。教师以周朴园、鲁侍萍相认一场为切入点，通过剧本台词，针对周朴园对鲁侍萍情感分析，从而确定周朴园人物形象的特征。

主人公周朴园这个人物的形象是十分复杂和丰富的，所以通过阅读文本，学生们会对这个人物产生不同的评价结果，即阅读差异。教师应利用这种阅读差异，激发心理补偿冲动，成就进一步阅读探索欲望。有认知差异才能激发思维方式的争锋，才会形成心理补偿冲动，形成比学赶帮超的欲求。

教师在课下已经自己制作好的网页中，包含大量与雷雨有关的资源(曹禺介绍、相关剧照、人物评价、相关链接等)。这些资源并不是简单的呈现，而是将有效的资源进行集中，再将有价值的进行筛选编辑，从而有利于学生清晰地从这个课程网页中更快捷地提取有效信息。

网络课堂和传统课堂的结合使教师面对的学生可以成倍增长，学生可以交流的对象也大大增多，学生的异地、异校的交流又使不同文化背景、不同地域差异成为教学资源，使学生能够从多个侧面理解原著的意境。交流使得所显示的资源成倍增加了。

通过论坛，同学们发表了自己的观点，两校师生在网络环境下进行交流和讨论。课堂上虽然是安静的，但学生们的思维是活跃的，网络上的讨论是热情而激烈的。可谓此时无声胜有声。

参与教学的两位教师此时的角色是倾听者和鼓励者，也是两地课堂的组织者。有新颖的观点，老师即刻提出，请主播教室和远端教室的学生们思考，将心得体会留在论坛上。就这样，思维的大海波浪汹涌。在老师的组织下，思维的浪潮一浪高过一浪。所有学生也在讨论中与其他人分享着阅读和自由表达观点的快乐。

远程教育环境下，学生不仅有网上交流的机会，还有面对面交锋的可能。在远程教育的平台上，音频视频的即时交互，使主播教室和远端教室的师生相互之间可看可听。两校师生可以针对同一观点，面对面地表示支持；对于不同观点，同样可以面对面地争论。两个教室里的学生融为一体，没有了地域的距离，没有了学校的差别，只有分析同一问题的不同见解。

在传统教学中，我们也可以激烈地讨论，但远程教学带给我们的是更广阔的空间。学生们不但可以阅读文本，也可体味其他同学的阅读感受。学生们不但可以和本班同学交流，也可以和外校同学进行争论，无形之中课堂的密度和容量加大了。这有利于激发学生思考，开拓思路，提高学生的兴趣和能力。

这次在语文学科应用远程教育的尝试是成功的，尽管还不完美，但发展前景还是十分广阔的。借助网络，我们不仅加大了课堂的密度和容量，而且可以实现课内向课外的延伸。利用远程教育技术，我们实现了实时传送耀华中学与天津市第二南开中学远程教室的声音、图像和数据，实现了双方听课学生可以与授课教师进行双向交流，实时提问与回答，使得两个学校参与师生实时上课、交互。这次探索给我们带来了一些启示。中小学开展远程教育，一方面要解决教育资源不均衡的问题；另一方面，也要探讨中小学学习方式、交流方式的变革，特别是同一城市不同学校的远程教育合作，也为不同城市，乃至不同国家学校间的远程教育合作打下了基础。随着远程教育的发展，学生们的学习积极性不断提高，学习能力逐渐提升，思维将变得越来越活跃，眼界将变得越来越开阔。

第八章　数字化校园环境中对教师及学生的评价

教学评价在教学过程中起着激励导向和质量监控的作用，研究教学评价体系是促进教学改革和发展的需要。因此，建立体现素质教育思想、促进学生全面发展、激励教师不断改进教学方法、提高教学质量和推动新课程不断完善的教学评价体系，是新课改教学活动的重要组成部分，它对于促进教育教学活动的健康发展、实现全面培养和提高学生的全面素质的基本目标具有十分重要的意义。

评价是教与学的有机组成部分，对新课改的方向的具有指引作用。应围绕新的课程标准规定的培养目标评价教与学，保证学科课程目标的达成。在数字化校园的建设过程中，应通过评价的合理实施，不断提高广大教师的教学水平，激发学生学习、应用信息技术的兴趣，帮助学生逐步提高信息素养，以不断适应数字学习环境的现实需要。

第一节 学生的学习质量评价

一、信息技术学科无纸化考试

1. 当前信息技术学科考试模式

(1)书面测试

这种考试主要涉及一些基础知识，如有关计算机的基本知识、电子计算机的诞生、网络的构成、对黑客的看法等，随着以下新型考试模式的不断推广已经逐步被淘汰。

(2)作品测试(包括规定格式和个人创意)

● 规定格式是指通过局域网给出学生一些必要的资料，如图片、文本、一些数据，并按步骤给出要求及最后文稿的模式，由学生完成。由于文件的获取与保存均是在网上完成，所以在整个考试的过程中同时也考查了学生使用局域网的能力，Office 软件中的 Word、Excel 等都可以采用此种方法。它对于考核学生基本操作技能、对信息技术的应用能力，评估学生对所学到的信息技术技能用于解决新问题的能力是行之有效的。

● 个人创意是指给出学生一些素材和一些基本要求，由学生在规定的时间内完成带有某一主题思想的作品，如主页的设计、演示文稿的生成、Photoshop 图像制作等，既考查了学生软件的使用水平，同时也对学生的发散思维和创造力加以培养，这也是信息技术学科的教学目标之一，这种考试模式尽管可以很好地衡量学生的实际应用水平，但却给教师阅卷带来一定难度，因为在阅卷过程中需要逐一地打开学生的文档，按步骤阅卷，而且学生如果存盘发生错误还会对成绩产生影响。同时考试过程中由于学生机器距离比较近，试卷的种类不可能太多，因而不能排除学生作弊的可能，加之局域网的存在，考生之间(或和校外其他人)有可能利用网络来传递相关信息，而这种作弊方式在现场还不易被察觉。所以在考试进行前一定要对网络的权限加以限制，同时考虑 WWW 浏览器是否关掉。由于上述原因，此类考试比较适合于学校的自行考试，特别是非规定考试，对于大批量的考生不太适合，例如市、区级考试。

(3)客观题测试

这种考试有的是使用答题卡，有的是自行设计了软件。软件设计题型包括单选题、多选题、判断题三部分，学生在上机考试过程中面对的试题是随机产生的，包括答案也是随机产生的。这样当题库的题量不断增大时，就可以保证不同考试中试题的低重复率，从而有效地防止考生记录试题和相互偷看等作弊现象，实际上它是无纸化考试的雏形。

(4)在线考试

在线考试通过国际互联网进行，考生的报名、考试及最后成绩的取得都是通过网络进行，电子试卷由动态网页(用诸如 PHP、ASP 等技术)抽取题库中的试题生成，答案由 HTML 表单提交给 Web 服务器的后端处理程序处理，服务器程序对考生提交的答案进行即时评判。但考试的题型大多以选择题为主，由于要求的硬件比较高，所以不是当今的主要模式。同时也要考虑到当大量学生同时访问某一站点时，是否会发生网络堵塞。随着我国互联网的快速发展，在线考试在某些方面会凸显出它的魅力，不只是信息技术，包括英语等都将选择这种模式，因为它省去了报名、考场等环节，考试在一年中分几次进行，考生可以自主地选择时间、地点来参加测试，成绩的评判标准应该说是公正的。

2. 无纸化考试

无纸化考试是一种新型的考试形式。在局域网的条件下，它依赖于一个完整的考试系统来实现，包括题库、学生考试系统管理、联机测试、成绩统计等模块，能够适应大多数考试环境，可以极大地减轻教师监考、管理、阅卷等工作，因此它适合大批量的考生。所以它是当今信息技术应用能力测试中首选的模式。我校在无纸化考试应用中也做了一些探索，信息技术课程基本上采用无纸化考试模式。

(1)无纸化考试软件系统的功能要求

由于信息技术无纸化考试系统需要一定的资金和技术力量的投入，所以它基本属于由固定考试主管单位组织，有特定的考试目标、考生群体的专用考试系统。因此这种考试方式不但要面向大批量的考生，还要面对不同的使用对象，如教育行政部门、考点网络管理人员、监考教师等，所以整个系统要可以划分为四个功能块：考试管理子系统、题库子系统、联机考试子系统、成绩统计子系统。即不同的使用人员面对的软件界面和使用权限是不同的。

(2)考试管理子系统

通过数据库实现对考生基本信息的管理，应该具备录入、统计、查询、打印、数据倒入和倒出功能。考虑到信息技术无纸化考试系统要面对大量的考生，需要一定的报名程序，所以要由相关人员收集考生的报名资料，并负责录入考生的基本信息，全部资料经过核对整理后倒入库中并以磁盘或 E-mail 的形式发给考生所在学校和相关人员。如考生所在的学校、班级、性别、考号、姓名等信息，如果是非常重要的考试，还要考虑是否使用数字相机为考生摄像。最后由该系统打印出考生的准考证(考试场次信息)，考生凭准考证进入考场参加考试，和纸媒介试卷不同的是，考试开始时考生需要输入自己的信息，系统通过网络和数据库进行核对，如果现场有什么问题由监考教师根据相应程序进行处理。

(3)题库子系统

包括考试知识点的组织、试题录入、组卷策略和相关维护，应该由出题教师、试题录入人员以及题库管理员组成。

● 教师命题。教师根据考试目标和要求进行命题。可以直接输入成电子文档，也可以先填写试题卡。命题时按系统要求注明试题参数，如属于哪一知识点、难度系数等。考题应由相应命题小组进行进一步的审定。

● 题库录入人员将试题以系统指定格式录入成电子试题文档。最好该项全部或部分工作由命题教师完成，在提高工作效率的同时能有效地避免错误。但是一定要严格地按照指定格式进行，如果省略该步骤，就会给以后的工作带来更大的麻烦。

● 题库管理员将电子试题文档中的所有试题，经格式检查后，导入到系统数据库。需要注意的是题库建设不是一次建成、一劳永逸的工作，它具有试题需求量大，知识更新快的特点，所以在使用过程中需要经常的更新试题，同时也要做各种纠错工作，题库管理员要根据考试不断进行试题维护工作。由于学生在计算机的实际操作中经常面对各种图标和工具按钮等，所以题库应该能存储各类特殊符号和图片等对象，而不仅仅是文本。对于教师来说，试题格式是透明的，教师不用考虑也不必知道试题的具体格式和存储地点。这样可以充分发挥各自的优势，使试题的输入、查询、修改和添加都变得方便、直观。

● 组卷：由系统随机抽取或按一定策略发放不同试卷，应该能比较全面地反映考生考核科目范围内各个知识点的掌握情况和运用能力。试题所覆盖的考查点和相关内容是否尽可能的全面，要注意防止因随机抽取试题而造成的难度、考查点、相关知识等分布不合理，不同学生面对的试卷难度相差较大等问题，也防止考试时大量学生抽取试题给网络带来性能上的影响。在试题抽取的过程中，系统应该在尽量满足条件的前提下，模糊地抽取试题。同时为了防止某些试题被频繁使用，每道试题都应该记录自身最后一次被使用的时间。这样在试题抽取时系统将有所选择，尽量避免近期使用过的试题被再次使用。那种为了使试卷均衡而采取的人工组成若干套试卷的方法是不足取的，它会阻碍信息技术无纸化系统的进一步完善与发展!

(4)联机考试子系统

联机考试是信息技术无纸化考试系统的最关键的部分，它是将电子试卷呈现给学生，进行联机测试和自动阅卷。因此必须特别注意系统安全性、系统稳定性、同时更重要的是考生计算机操作技能的测试模块是否过关，即是否能准确地跟踪和监测操作过程，从而使产生的分数合理反映考生的水平。

● 系统的安全性

在考试过程中，对考生的登录、退出等情况进行监控，对于同一机器同一考号多次登录，同一机器不同考号多次登录，不同机器同一考号多次登录等情况要加以限制。同时为了防止考生代考等舞弊现象，考生的考号、姓名(电子照片)等都直接显示在桌面上，供监考教师查对。利用局域网将试题、答案等信息保存于服务器，并相应授权并加密码防止考生访问。

系统应注意屏蔽或卸载掉便于学生交流信息的一些网络协议和工具。注意学生机器的共享设置，右击桌面上的“网络邻居”图标，在弹出的菜单中选择“属性”选项在弹出的对话框中访问控制标签中，建议为用户级，而不是共享级。即学生只有访问服务器的一定权限，学生机器之间不能相互访问，对于学生可以登录的服务器也要加以限制，必要的话关闭作为服务器的 WWW 浏览器，避免作弊现象的出现。

● 系统的稳定性

该子系统设计时必须结构严谨、考虑全面、反复测试，防止留下任何漏洞。必要的话，应该可以随时保留考试过程现场，提供故障断点恢复功能，弥补因考生误操作或机器性能问题而造成的死机现象，同时在网络正常情况下，能准确地收集到经过自动阅卷得到的分数，不管成功与否都可以通过屏幕反映给考生本人，如有问题应有补救措施。

当然考试的正常进行还是离不开监考老师的认真工作，包括查对学生身份和登录的身份是否一致，查看学生是否在专心考试，而不是在对系统进行钻研、破坏和与他人交流。

● 客观题部分

包括单选题、多选题、判断题三部分，题库的题量要有一定规模，这样就可以保证不同考试中试题的低重复率，答案也应是随机产生的，从而有效地防止考生记录试题和相互偷看等作弊现象，这里如何较均衡地产生题目是要重点考虑的，包括每个考生面对的相关知识点、题目的难度等，如不能某个考生面对的大多是同一知识点，或另外一个考生的题目偏难，同时应该允许考生将一些没有把握的题目做标记，方便学生的修改。

● 操作试题部分

操作题部分一般涉及文字录入、Word、Excel、Powerpoint、Windows、Intemet 等五类操作试题，考生在考试系统提供的操作环境下，按试题提出的要求完成具体的任务，这一点与规定格式的作品测试是一致的，不同的是系统自动实时判卷，省时、快捷、客观、公正。

信息技术操作题的联机考试和自动判卷，是信息技术无纸化考试中的重点，对于一般用户来说，计算机是学习和工作中的重要工具，如何熟练使用计算机往往是各种基础培训和计算机技能学习的重点目标。目前的操作题考试，系统一般提供真实环境和模拟环境。

真实环境指考生在真正的计算机操作环境下完成试题所提出的操作任务。同他平常所面对的环境是一致的，能真实地反映考生的能力和水平。考试过程中，考生需要打开真实的任务环境，如 Word、Excel、Powerpoint。计算机处于一种多任务的工作模式下。由于考试程序只是这多个并行进程中平等的一员，系统较难控制和监测其他进程，加上考生可能存在的误操作，系统可能出现死机等现象，也较难得到考生的操作信息，不利于系统的自动判卷。

所谓模拟环境即仿真环境，在操作系统类的操作测试中，往往需要考生直接修改系统本身的配置，加上考生不可能都是专家，实际操作可能千差万别，破坏性很大。如果不采取必要措施，一场考试下来机房里的机器设置可能面目全非，需要管理人员用很长时间来整理恢复。如系统时间修改、屏幕的分辨率、网络属性的设置、Modem 的设置有的可能需要系统重新启动，实际就终止了原有考试，再如格式化硬盘操作就更过于危险，所以模拟环境存在其合理性，但需要系统为考生提供一个仿真度较高的环境，这样可以方便学生的操作；反之容易误导考生。

由于真实环境和模拟环境各有千秋，所以在系统设计时可有所侧重，如控制面板的设置最好采用仿真环境；而 Word、Excel、Powerpoint 这样的软件不大容易仿真(在这一点上恐怕没有反对意见)，而且有大量的排版工作，有很多细致的设置和参数需要比较，还是采用真实环境较好。

自动判卷是操作题考试的另一个要点。实现自动判卷不但极大地提高了判卷效率，减轻了教师的负担，还使一些操作过程类考题的判卷成为可能，使判卷更加准确和合理。许多操作任务的完成是需要一定步骤和过程的，传统的人工判卷往往只看到了考生最终的操作结果，而无法检测考生的操作过程。如简单的排序操作，考生可能没有掌握计算机的排序方法，而只是凭自身脑力和手工来完成排序工作。从试题的考查目的来看，考生没有具备需要考查的能力，应该是不得分，但判卷教师从最终结果来看却看不出考生是否按正确要求的步骤操作，只能给学生得分，这就造成了判卷的不科学、不合理。

操作题部分在具体程序设计方面比较困难，如何呈现操作环境，如何监控考生操作过程，如何判断正误，正确评分。这一切实际都需要大段程序来完成。最简单直观的方法是程序员根据教师命题来编制程序，完成各项工作。虽然采用这种方法，出卷效率低，教师不能脱离程序员独立组织考试，并且需要开发人员的长期支持合作。但这毕竟是目前比较普遍的模式。在具体的实施过程中，首先由教师根据《考试大纲》确定操作题考点，教师和系统开发人员经协商讨论确定操作题模板，因为技术限制，操作题的考点并不一定完全能考，然后操作题开发人员根据操作题模板编制出题和判卷程序(可简单做一些改动以产生类似的程序，不能所有的考生都做同一套题)，或者将考点打散，每个操作题三四步即可完成，减低程序设计问题的复杂度，最后将其作为一个独立的模块嵌入试题管理系统和联机考试系统中。这样有利于系统的扩展，以后增加了新的考点和模板，只需要嵌入新的模块即可。

(5)成绩统计子系统

联机考试最显著的特点之一就是考生能够在考试完成后马上得到成绩，而且成绩的取得是公正的，不掺杂教师的个人因素，这也是信息技术无纸化系统的优势所在，但专用考试系统可能还存在上级控制、证书发放等问题，成绩是否允许学生当场查看需要按实际情况确定。

考试完成后，联机考试系统通过局域网自动收集了所有的考生成绩和答题信息，根据考生的答题情况，系统应该能进行常规的各项数理统计分析。包括试题的难度、区分度，考试的平均成绩、成绩分布图表、考生的名次、标准分等种种试题统计参数，可以给教师提示最易得分和最易失分的试题，使教师在下一步教学工作中有所侧重，同时为下一次的考试试题提供一手数据，用于考试参数的自动调整。如果需要的话还要对考试的质量、试卷的质量进行一定的分析。该子系统应该提供良好的综合查询功能，方便教师、行政管理人员找到所需要的数据，如按班级、学校、区县进行统计、按分数段进行统计、提供考试合格率等，为题库建设和考务管理提供可靠的数据依据。

3. 在考试过程中可能遇到的问题与分析

使用无纸化考试系统，在数据自动判卷、存储和统计计算方面有着巨大的优势，但系统需要大量的硬件、软件和管理人员的投入，更要认真地进行可行性分析。包括考试需要的计算机(服务器、客户机)档次如何、数量如何、需要具备哪些软件环境、需要什么样的系统维护工作、使用单位是否具备以上条件等。只有考虑得越周全，实际操作才越可行。

由于系统面对不同的使用对象，而这些人员的信息技术水平参差不一，所以系统的设计需要简化、容错能力强、同时有针对性地做好帮助程序系统；另外在程序设计过程中尽管需要多人参加，但还需要保持风格一致，尽量帮助考生考出自己的实际水平；在系统完成后，能够在软件测试方面多做一些工作，加强和考点校的沟通，这实际上也在降低实际运作过程中的风险；在软件的安装方面尽量与其他软件的风格一致；在做好以上工作的同时对于相关人员的培训、学生对系统的适应性方面都需要做耐心细致的服务，只有这样才能保证不同的人员能够顺利地完成相关的任务，也为局域网环境下的无纸化考试模式的推广起到很好的推动作用。

二、网上阅卷

自20世纪60年代世界上第一台光标阅卷机(OMR)在欧美诞生以来，传统的纸笔手工阅卷方式，从此便发生了巨大的变化。越来越多的考试，尤其是大型考试，不再只是采用简单的纸笔来阅卷，使用专门的阅卷机来帮助人们自动阅卷，很快成为了考试阅卷中一种不可或缺的手段。然而，由于阅卷机只能实现客观题的自动评阅，并不能解决主观题的评阅，也不具备详细地数据统计与分析的功能，因而存在着明显的功能局限。到了 20 世纪 90 年代，随着计算机网络技术以及电子扫描技术的飞速发展，为了很好地解决这一功能局限，阅卷的方式又发生了一次革命性的变革，并由此诞生了一种全新的阅卷方式——网上阅卷。

近十几年来，网上阅卷因其公平公正、安全高效以及强大的成绩统计与分析等功能，在国内各类考试中备受青睐。然而在过去，由于网上阅卷所使用的相关软、硬件设备都得依赖进口，需要耗费较多的人力和财力，一般只运用在国内的一些大型考试上，例如高考。进入新的世纪后，随着经济的发展，国内相关领域研发实力的不断提高，相关设备的国产化程度日益增加，使得实施网上阅卷所需要的成本越来越低，从而也就为国内各中学开展网上阅卷提供了可能。截止到目前，国内已有数百所中学在其各类大小考试中采用了网上阅卷。

1. 网上阅卷的概念及操作流程

所谓网上阅卷，就是以计算机网络技术和电子扫描技术为依托，以控制主观题阅卷误差，实现阅卷公正性为目的的阅卷方式。它的基本过程就是先将考生的答题纸通过专用的高速扫描系统扫描成图像，经过一定的技术处理后，将图像按一定的要求切割、压缩保存，上传至阅卷系统服务器，最后，阅卷终端借助浏览器，通过网络，访问到阅卷系统，对试卷进行评阅。

与传统的阅卷方式相比，网上阅卷的操作流程在环节上有了较大的变化，并且在具体实施时更注重人员的分工。每个流程的人员分工是否明确、合理，直接影响到整个网上阅卷工作的效率。下图为本校实施网上阅卷的操作流程以及人员分工情况。

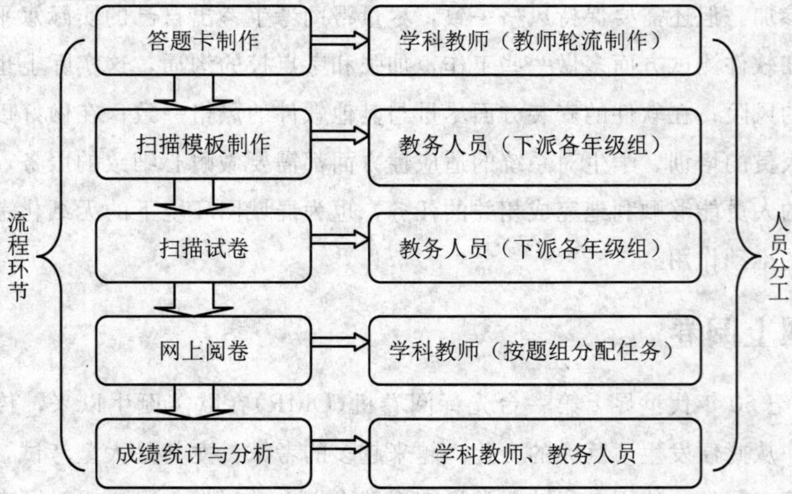

在充分考虑我校人员配置的情况下，以上方案为最佳方案。当然，各校的具体情况不一样，人员的配置与分工也会略有不同。

2. 开展网上阅卷的益处

(1)可以简化工作流程，提高工作效率

在传统的手工阅卷方式下，考试的工作流程较为繁杂，频繁的考试给老师们增加了大量的工作量。如果开展网上阅卷，就可以大大简化这些工作流程，提高工作效率。

在进行网上阅卷的过程中，所有试卷信息都是以电子数据的方式，存储在计算机当中的。这些电子试卷，通过计算机完成自动分发等任务，省去了传统阅卷中的试卷交接、装订、拆装袋、翻阅、搬运、保管等环节，而且还减少了合分、登分、复查、签名等繁琐的程序，极大地简化了工作过程，提高了工作效率。以耀华中学为例，往常进行一次校级规模的考试，从开始考试到阅卷结束，直至进行试卷分析，一般需要两天左右的时间。开展网上阅卷后，时间缩短了30%以上。

(2)完全模拟高考考试环境，增强学生高考适应能力

高考进行的是网上阅卷，网上阅卷要求考生在答题卡上要按规定答题，否则就会造成无谓的失分，影响考试成绩。比如，答题时不准超出规定的范围，不允许折损、污染答题卡，涂卡时要规范，等等。因此，如果通过平时多次练习，对于规范学生的答题习惯，提高答题的速度，避免不必要的丢分大有益处。例如，下表为耀华中学所在学校高一(6)班在采用网上阅卷后某学期历次模拟考试中学生的答题情况。

高一(6)班某学期模拟考答题卡填涂情况

分类 考试次数	测试人数	涂卡出错	答题出界	折损、污染	其他
第一校内模拟考	50	10	5	3	8
第二校内模拟考	48	5	3	1	3
第三校内模拟考	50	1	0	0	2
第四校内模拟考	50	0	0	0	1

(3)避免人工合分时，错加分或漏加分

进行网上阅卷时，教师主要通过敲击键盘或点击鼠标给每道题赋分，最后由系统进行自动合分。这样就避免了人工合分时，可能由于失误造成的错加分或漏加分的情况。

(4)强大的评卷误差控制功能，保证评卷结果的公正公平

在传统的阅卷方式下，教师在进行试卷评阅时，尤其是在进行主观题的评阅时，往往易受到自身和外界因素的影响，使评卷的结果产生误差，造成考试的成绩不能真实地反映

学生的实际水平。而网上评卷可以通过图表和数字的形式对所有教师的评卷误差系数进行实时的监控与反馈，一旦发现某位教师的评卷误差系数超过了正常范围，可及时进行调整，从而最大限度地实现了评卷结果的公平、公正。

(5)学生试卷电子化，利于保存

试卷是学生在校成长过程中的一项重要成长记录。在传统阅卷方式下，每当考试结束后，学校都会将试卷分发给学生，学校不再保存学生的试卷。实施网上阅卷后，阅卷系统能以通用的文件格式导出每个学生的电子试卷，方便学生、学校进行复制、保存。

3. 存在的问题

网上阅卷是一个新兴的事物，进入到中小学开展更是最近几年才有的事情。虽然它具有一些传统阅卷无法比拟的优点，但由于其本身的局限性，还是存在一些问题的，有待我们进一步去改进与解决。

(1)不适合小规模考试

网上阅卷从开始组织实施直至阅卷结束，操作的步骤还是较为烦琐的，要想提高工作效率，就必须要有较好的人员组织分工。而对于小规模的考试来说，尤其像以班级为单位的小规模考试，例如随堂测验，是不可能有过多的人员参与的。如果想采用网上阅卷，那么所有的工作都需要教师自己来做，无形当中给教师增加了工作量。

(2)不易发现雷同卷

手工阅卷能有效地发现同一考场中的雷同卷，而网上阅卷，由于试卷由系统随机分发，发现雷同卷的有效方法还有待研究。

(3)阅卷后，试卷不易留下痕迹

目前市场上流行的网上阅卷系统，都存在一个共同的问题，这也是所有文档性工作实现电脑化后所面临的一个问题：不能方便地对所阅试卷添加批注等，毕竟有些考试，尤其是平时性的测验，还是需要记录教师的一些阅卷痕迹的。虽然网上阅卷系统一般都提供了批注添加等功能，但是老师们普遍反映，使用鼠标、键盘操作还是没有用笔作批注那么易于操作。所以很多老师不愿使用此功能，试卷也就很少留下痕迹。

(4)报表数据不易使用，数据分析不够智能

网上阅卷系统生成的报表数据往往是一些原始的教育测量数据，系统本身并没有自动对这些数据进行进一步的分析，以生成一些更通俗、更易理解的数据。而使用这些数据的主体恰恰是教师，教师并不是教育统计与测量方面的专家，也不可能有过多的时间去研究这方面的知识。因此，教师如果想要很好的利用这些数据，就必须耗费较多的时间去查阅相关的资料，使用起来不太方便。

(5)没能体现新课改理念中以学生为主体的要求

目前各校引入的网上阅卷系统，针对的群体主要还是教师，并没有给学生提供相应的功能。比如，学生如果想要从网上系统中获取某些数据(考试成绩，电子试卷、个人分析报表等)，就必须得先经教师导出，然后再进行拷贝，而不能直接通过登录网上阅卷系统获取。

网上阅卷的诞生，是学校教育信息化不断向前发展的产物。它的推广，不仅是阅卷方式的变革，更是教师教学方式、教学观念的变革。要想最大限度地发挥其功能，更好地为教育教学服务，除了要不断完善其配套软、硬件设施功能、简化其操作流程外，更重要的是要从改变教师传统阅卷习惯，提高教师运用新技术的能力入手，不断地引导教师利用其为自己服务。

三、数字化校园环境中的学生成绩分析系统

及时生成详细的成绩分析报表数据，可以有效指导教师的教、学生的学。在传统的阅卷方式下，我们要对考试的成绩进行统计分析，是件非常麻烦的事情。我们不仅要手工收集、筛选大量的原始数据，还要去学习许多教育统计与测量方面的知识。只有这样，我们才能得出一些有用的数据。而使用阅卷系统以后，所有的这些工作就都交给计算机来完成了。每次阅卷结束后，系统都会根据不同的考试对象，自动生成不同类型的、有针对性的报表数据。

值得一提的是，现在市场上针对中小学校销售的网上阅卷系统，跟高考使用的网上阅卷系统相比，在生成的报表数据上还是有较大区别的。前者所生成的报表数据，表现形式多样，内容详细具体，贴近学校的教学实际，对于教师的教，学生的学更有指导意义。以耀华中学购买的阅卷系统为例，阅卷系统会自动生成四种类型的报表数据：总体分析报表、学科分析报表、班级分析报表和个人分析报表。经过多次使用，我们发现这些报表具有如下一些指导作用。

如图 8-1，教务主任、年级组长等教学管理层，可利用总体分析报表提供的数据，对各学科成绩进行横向比较，进而掌握全年级各科的学习情况。

如图 8-2，学科教师可利用学科分析报表提供的数据，分析学生每道题的答题情况，获取学生对每个知识点的掌握程度，进而改进教学方法，提高教学质量。除此之外，学科教师还可以利用学科分析报告中提供的一些教育测量参数，如难度、区分度、信度等，提高试卷编制的命题质量。

数学 全卷　满分值：120　平均分：77.3

参加人数	总人数	平均分	最高分	最低分	标准差	得分率	综合水平	达标均分	达标贡献	难度	区分度	信度
91	93	77.3	120.0	32.0	18.56	64.42	228.4	48.20	29.10	0.64	0.29	0.61

分数段	人数	比例	累计人	累计率
>=145	0	0.00%	0	0.00%
140-145	0	0.00%	0	0.00%

分数段	人数	比例	累计人	累计率
100-105	5	5.49%	14	15.38%
95-100	5	5.49%	19	20.88%

分数段	人数	比例	累计人	累计率
55-60	7	7.69%	83	91.21%
50-55	3	3.30%	86	94.51%

薄弱点：20(1),20(2),20(3),20(4),20,
闪光点：单选2,单选3,单选4,单选5,单选6,单选8,单选9,单选10,18(1),18(2),18,

等级	比率
优秀率	20.88%
良好率	36.26%
及格率	58.24%
低分率	3.30%

科目	平均分	试卷难度	达标平均分	贡献值
语文	76.4	0.76	57.2	19.2
数学	77.3	0.64	48.2	29.1
英语	83.1	0.76	57.2	25.9
物理	80.9	0.67	50.5	30.4
化学	91.2	0.76	57.2	34.0
政治	71.5	0.72	54.2	17.3
历史	71.4	0.71	53.5	17.9
地理	74.1	0.74	55.7	18.4
生物	87.8	0.88	66.3	21.5

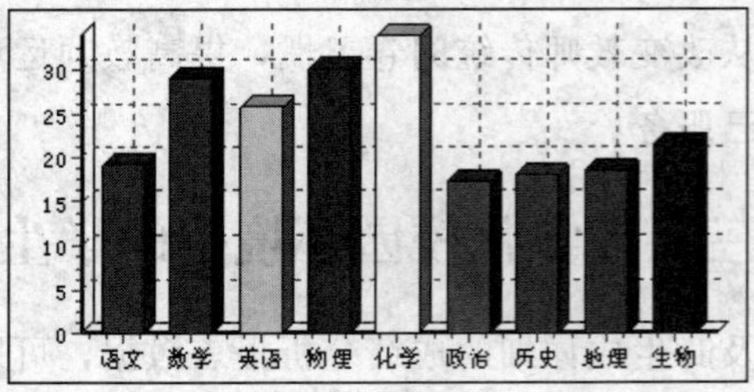

图 8-1　某年级总体分析报表部分数据

学科分析报告

学科	人数	满分值	平均分	最高分	最低分	标准差	得分率%	难度	区分度	信度
数学	91	120.0	77.3	120.0	32.0	18.56	64.42	0.64	0.29	0.61

数学 客观题　满分：40 分　平均分：36.5

题号	满分值	答案	最高分	最低分	平均分	作答人数	得分率%	满分率%	零分率%	标准差	难度	区分度
单选1	4.0	B	4.0	0.0	2.9	91	73.63	73.63	26.37	1.77	0.74	0.44

选项	人数	比例%
A	22	24.18
D	1	1.10

选项	人数	比例%
B	67	73.63
多选	1	1.10

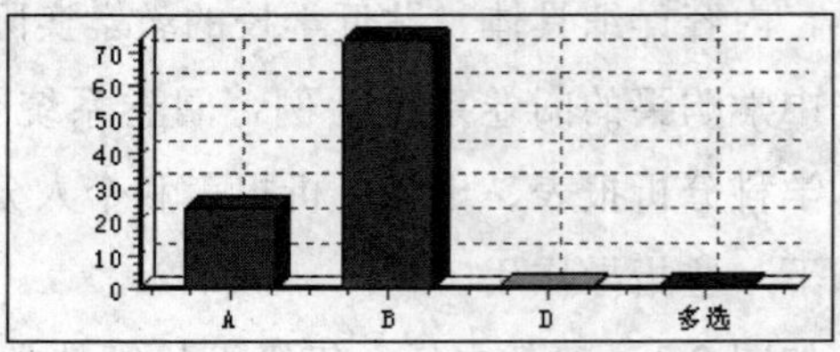

图 8-2　数学学科分析报表部分数据

如图 8-3，班主任可利用班级分析报表掌握本班近期各科的学习情况，及时发现问题，调整对策。

如图 8-4，学生利用个人分析报表可及时了解自己近期各科的学习状况，比如说：有哪些知识点没有掌握，有没有偏科等，然后调整学习方法，提高成绩。

班级：2班　　　　学校：未命名

学科：英语　　　　人数：48

英语 客观题　　满分值：65　　平均分：49.5

题号	最高分	最低分	平均分	得分率	标准差
danxuan1	1.0	0.0	0.8	83.33	0.38
danxuan2	1.0	0.0	0.8	83.33	0.38

题号	最高分	最低分	平均分	得分率	标准差
danxuan34	1.0	0.0	0.9	87.50	0.33
danxuan35	1.0	0.0	0.9	91.67	0.28

英语 全卷　　满分值：100　　平均分：70.2

参加人数	总人数	平均分	最高分	最低分	校排名	考试排名	标准差	得分率	超均率%	比均率%	综合水平
48	48	70.2	87.0	40.0	2	2	11.38	70.20	-2.23	97.77	280.6

分数段	人数	比例	累计人	累计率
>=145	0	0.00%	0	0.00%

分数段	人数	比例	累计人	累计率
100-105	0	0.00%	0	0.00%

分数段	人数	比例	累计人	累计率
55-60	3	6.25%	43	89.58%

薄弱点：danxuan64,v(4),

闪光点：

danxuan1, danxuan2, danxuan6, danxuan8, danxuan9, danxuan11, danxuan12, danxuan13, danxuan14, danxuan15, danxuan19, danxuan20, danxuan21, danxuan22, danxuan28, danxuan29, danxuan33, danxuan34, danxuan35, danxuan37, danxuan38, danxuan39, danxuan40, danxuan41, danxuan44, danxuan45, danxuan46, danxuan47, danxuan48, danxuan

等级	比率
优秀率	20.83%
良好率	58.33%
及格率	83.33%
低分率	2.08%

图 8-3　某班班级分析报表部分数据

班级：2班　　　　学校：未命名

学号：200915201　　　　姓名：戴维

学科：语文　　　　属性：不分文理

语文 客观题　满分：27 分

题号	答案	选择	分数	掌握
danxuan1	B	C	0.0	未掌握
danxuan2	D	D	2.0	较好

题号	答案	选择	分数	掌握
danxuan5	B	B	2.0	较好
danxuan6	B	B	2.0	较好

题号	答案	选择	分数	掌握
danxuan9	D	D	2.0	较好
danxuan1[illegible]	A	C	0.0	未掌握

语文 全卷　满分：100 分

原始分	标准分	百分等级	Z分数	成绩等级	超均率%	比均率%	班级排名	学校排名	考试排名
69.0	447	0.2947000	-0.49	D	-5.22	94.78	30	61	61

总分 全卷　满分：770 分

原始分	标准分	百分等级	Z分数	成绩等级	超均率%	比均率%	班级排名	学校排名	考试排名
526.0	468	0.3711000	0.02		0.31	100.31	29	57	57

科目	原始分	试卷难度	达标平均分	贡献值
语文	69.0	0.73	75.1	-6.1
数学	79.0	0.68	70.0	9.0
英语	67.0	0.72	74.1	-7.1
物理	100.0	0.69	71.0	29.0
化学	88.0	0.70	72.0	16.0
政治	69.0	0.71	73.0	-4.0
地理	54.0	0.63	64.8	-10.8

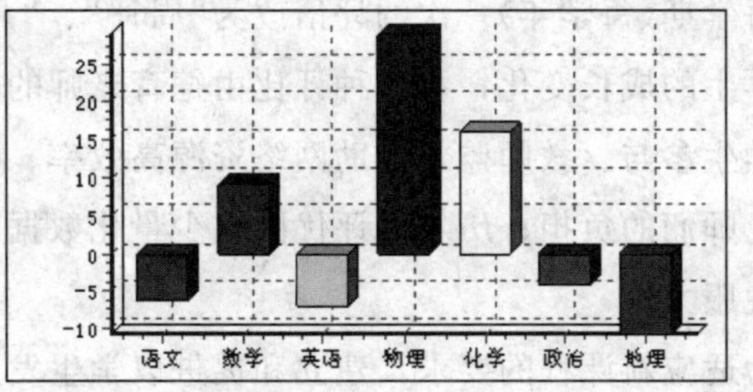

图 8-4　个人分析报表部分数据

第二节 学生综合素质评价

随着“素质教育”在学校各项工作中的逐步落实，也触发了我们对一些问题的深层思考。素质教育是一种着眼于全体学生，以完善和提高学生全面素质为根本目标的教育。在现实的教育方法和评价体系中，如何能让每一位教师关注每一位学生的每一个时期的发展和变化，跟踪学生发展过程，及时地给与学生客观、公正地反馈却是一个难以解决的问题。及时、客观的评价，有利于学生形成积极向上、客观公正的意志品质，如果我们能够达成以上目标，对于我们实现真正意义上的“素质教育”有现实意义。

一、电子档案袋评价

在信息技术迅速发展的今天，互联网为管理者提供了丰富的技术资源和便利的应用空间。在体现个性化学习的过程中，个性化的评价方式也应运而生。电子档案袋评价(E-Portfolio)作为一种新兴的、实践性很强的评价方法越来越受到关注。它是依托于现代网络信息技术而对教育教学过程进行真实性评价、关注评价发展性、反思性功能的一种有效的质性评价方式。其出现的实质是全球化知识经济网络社会背景下教与学变革的一种体现，是一种极具潜力的教师评价方式和学习技术。电子档案袋评价给每个学生表现的机会，注重学生的多元智能，重视评价的情境性，记录学生学习成长的过程，注重学生在学习过程中的反思并强化反思，从而达成真正对学生素质实施综合评价。

1. 电子档案袋评价的功能

电子档案袋评价的实行能弥补传统管理中的某些缺陷，如将班主任的一人评价方式改变为由个人自评、小组互评、班主任点评、家长评价的方式，这样将更为科学、客观；将学生每学期(每学年)一次的评语改为“周评”、“月评”和“期评”，评价的经常性更能跟踪、反映学生的成长变化；将各种评比由德育老师的几个人、低效率、重复性的纸上作业改变为由学生参与、教师监督借助网络资源高效率、电子化地完成，增加了评比的透明度，减轻了老师们的负担；历年的评优因缺少量化数据只能笼统地、定性分析不能定量分析从而缺少说服力。

为适应新课程的要求，建立和促进以学生发展为目标的评价体系，促进学生综合素质的提高和身心健康发展；全面、真实地反映中学生在校期间的表现，为高中生的毕业提供依据，为高校招生提供参考信息。这从客观上要求我们使用电子档案袋评价模式，实现每一个人的全程式的跟踪记录，从而保证数据的及时、准确和公正。

电子档案袋评价的实行，在实践中一方面可节省许多资源实现全员参与的“阳光评价机制”；另一方面把对人才成长的长期的评估纳入到教育的评价体系中，把对学习者的表现性评价反映在电子档案袋的评价功能中，因而具有极为广阔的教育应用前景。

就教师而言，在表现性评价中，可以发现学生的个性特长，了解学生在某一方面的努力和进步，发现学生有待解决的问题，明确学生发展的需求，以便调整教育方式，给学生以适合的帮助；就家长而言，在赏识和评价孩子的同时，可以了解和激励孩子的进步，了解孩子需要的帮助。同时，家长有较多的机会参与学生的成长过程，和孩子进行交流，教孩子学会修正和完善；就学生而言，他要在自身成长的的过程中，不断地自我审视，自我评价，倾听意见，借鉴、学习，不断完善，得到主动发展。

电子档案袋评价主要包括以下两个方面：

学生的日常行为评价

我们按照国家教委颁布的《中学生日常行为规范》的要求，分为五个维度、四十个细目，并且将评价的方式分为日评、周评、月评、期评和年评。学生在每次评价时采取学生自评、小组互评、教师点评，借助网络的优势分别由学生和教师在网上点击完成，大大提高了评价的效率和透明度。另外，针对不同学校管理的需求，我们还宽泛了管理的条目，增加了自定义的项目，增强了软件的实用性，使得各使用校更乐于接受。例如，市教委最新颁布的“七个维度”可在软件中顺利添加，实现和实际需求的接轨。

学生的奖励和惩罚

每年各级各类的评选表彰是学校德育工作的重要内容，它要求客观、准确地完成，往往需要耗费大量的人力资源。对于违纪学生的管理又是一项关系到每一个当事学生切身利益的工作，来不得半点马虎。对于学生而言，无论是奖励或处分的记录都是成长过程中的重要痕迹，更需认真负责地完成。

针对以上情况，我们采取由学生申报或班主任申报，再由相关部门进行审批的方式，将工作层层分解保证了工作的高效率。同时，我们还设置了不同的权限，保证了奖、惩的真实性和准确性。对于违纪的学生，软件还从工作的实际出发设定了处分的撤销、申请流程，体现了以人为本的教育思想。另外，各学校在实际使用过程中应依据国家的法律、法规，慎重对待处分的记录问题，以保证学生的隐私权不被侵犯。

2. 电子档案袋评价的优势

电子档案袋评价的实施，关注了学生的品德成长过程，充分发挥了学生在评价中的主观能动性，同时也发挥了网络和计算机技术的优势，容量大，沟通及时，数据后台处理等。电子档案袋在对学生表现性评价的应用中，具体体现了以下几方面的优势：

(1)体现了新课程的多元化评价理念

通过自评、互评、师评实现了评价主体多元化；通过对自尊自爱、诚实守信、遵规守纪、勤劳俭朴、遵守公德五个方面的全面评价实现了评价内容多元化。

(2)开辟每个学生的网络空间

电子档案袋除了具备纸质档案的真实性、发展性和实践性特点之外，还具备了网络的开放性、共享性和交互性的特点，是一个理想的实施新评价的技术平台。

(3)透明化管理，公开、公正

电子档案袋评价能及时诊断学生存在的问题，及时调整，进一步促进学生全面发展。由于评价的透明化和多元化，所以在某种程度上减少了主观臆断的发生。

(4)系统化管理，便于查询

借助数字化管理，减轻了老师的负担，更便于查询学生每个时期的发展和变化。

电子档案袋的实施是一个新鲜事物，它注定将改变我们以往的管理模式和评价模式，但在其设计和实施的过程中必然会遇到这样和那样的一些问题，比如，数据的对接、系统的安全、防篡改以及资源共享和各种报表的查询、输出等问题。这就需要我们不断尝试，在使用中发现问题，解决问题。

3. 电子档案袋评价软件的描述

以下为电子档案袋评价软件的详细描述。

(1)系统功能综述

实现对于学生管理中部分德育工作的信息化、网络化。以《中学生日常行为规范》为基础，实现学生“行为规范评分、评语”上网、学生奖惩审批上网。实现学生、班主任、家长、学校管理人员实时了解德育情况。

(2)系统目标

按照教育部颁布的《中学生日常行为规范》的要求，记录学生的日常行为成长历程。

全面记录学生的评语鉴定(自评、互评、家长评、班主任评)，使学生评语实现多角度全方位的网络化管理。

方便德育处对学生日常活动优秀学生的记录和违纪学生的管理。

借助学生信息资料库，实现信息共享，达到交互使用，使学校的德育管理实现高效、快捷、方便。

(3)系统主流程图

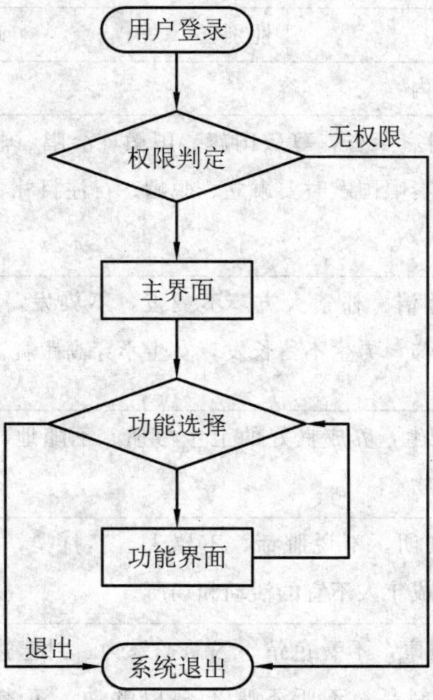

(4)功能描述

①学生日常行为规范

以《中学生日常行为规范》的五项 40 条为基础，由班主任、学生小组以及学生本人分别进行客观方式评价，生成等第成绩，记入档案，同时为评语部分提供参考。每学期评价一次，具有个人成绩发展曲线图的功能。

提供学校日常行为规范拓展功能(此功能为可选项)，学校可以根据本校情况自定义常规参数，对学生日常行为的发展提供参考。

权限种类：学生、小组长、班主任；权限设置：三种身份分别具有读、写、修改权限，三种身份相互之间具有读取权限。

评分分为日评、周评、月评、期评。期评用于计算总评分成绩，其他三项只用于参考。

学生行为规范成绩由班主任确认后不得修改和删除，如进行此操作，必须由班主任撤消确认。

学生日常行为规范量化标准细则(包括自定义扩展项目)

界面如下图所示。

<table>
<tr><td colspan="4">学生日常行为规范</td></tr>
<tr><td>班级</td><td>姓名</td><td>性别</td><td>政治面目</td></tr>
<tr><td colspan="2">内　　容</td><td colspan="2">等　　级</td></tr>
<tr><td>自尊自爱　注重仪表</td><td>1. 维护国家荣誉，尊敬国旗、国徽，会唱《国歌》，升降国旗、奏唱国歌时要肃立、脱帽、行注目礼，少先队员行队礼。</td><td colspan="2">□优　■良　□合格</td></tr>
<tr><td>诚实守信　礼貌待人</td><td>2. 穿戴整洁、朴素大方，不烫发，不染发，不化妆，不佩戴首饰，男生不留长发，女生不穿高跟鞋。</td><td colspan="2">□优　■良　□合格</td></tr>
<tr><td>遵规守纪　勤奋学习</td><td>3. 讲究卫生，养成良好的卫生习惯。不随地吐痰，不乱扔废弃物。</td><td colspan="2">□优　■良　□合格</td></tr>
<tr><td>勤劳俭朴　孝敬父母</td><td>4. 举止文明，不说脏话，不骂人，不打架，不赌博。不涉足未成年人不宜的活动和场所。</td><td colspan="2">□优　■良　□合格</td></tr>
<tr><td>严于律己　遵守公德</td><td>5. 情趣健康，不看色情、凶杀、暴力、封建迷信的书刊、音像制品，不听不唱不健康歌曲，不参加迷信活动。</td><td colspan="2">□优　■良　□合格</td></tr>
<tr><td>自定义扩展项目</td><td></td><td colspan="2"></td></tr>
<tr><td>评价人身份：</td><td>确　认</td><td colspan="2">成绩</td></tr>
</table>

模块流程如下图所示。

②学生/班级评语管理

- 评语亦分为日评、周评、月评、期评。
- 用户可对班级及学生给出评语。
- 可为每条评语录入一个分值，以量化评语。
- 权限种类：由用户设置评语权限。
- 在进行评语过程中可显示学生最近一次日常行为规范的成绩数据及学科学分数据供撰写评语。
- 在班主任评价部分提供通用评价性短语数据库。
- 评语只能评语人进行删除操作，一经保存退出，不可修改。

界面如下图所示。

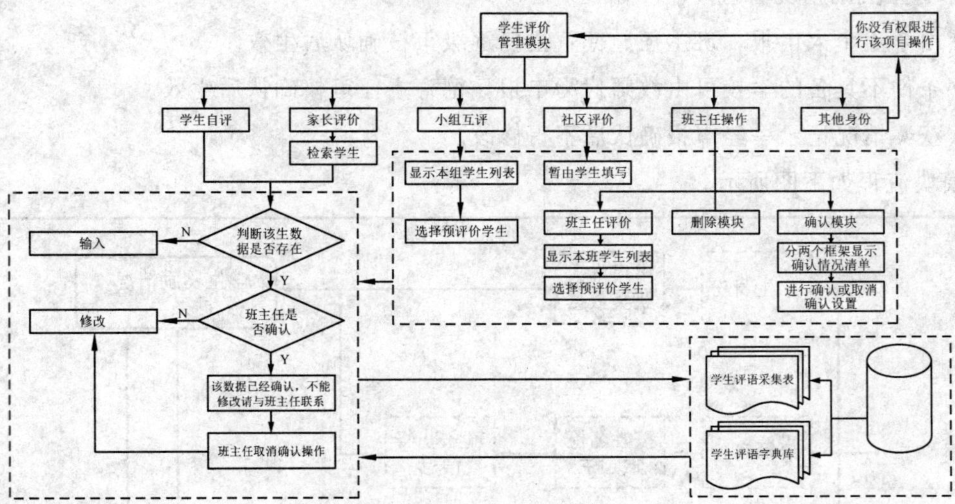

框图②____学生评语管理模块

图 8-5

教　师　评　语				
班　级	姓　名	性　别	政治面目	所获荣誉
行为规范				
评语字典				
评语内容				
评价分值				
确　认				

③学生奖励情况管理

● 由学生个人申报，班主任、德育主任逐级审核确认后生效。

● 条件不具备的学校可由教师代为申报，德育主任审核确认后生效。

● 获奖情况记录一经申报确认后不得修改。

模块流程如下图所示。

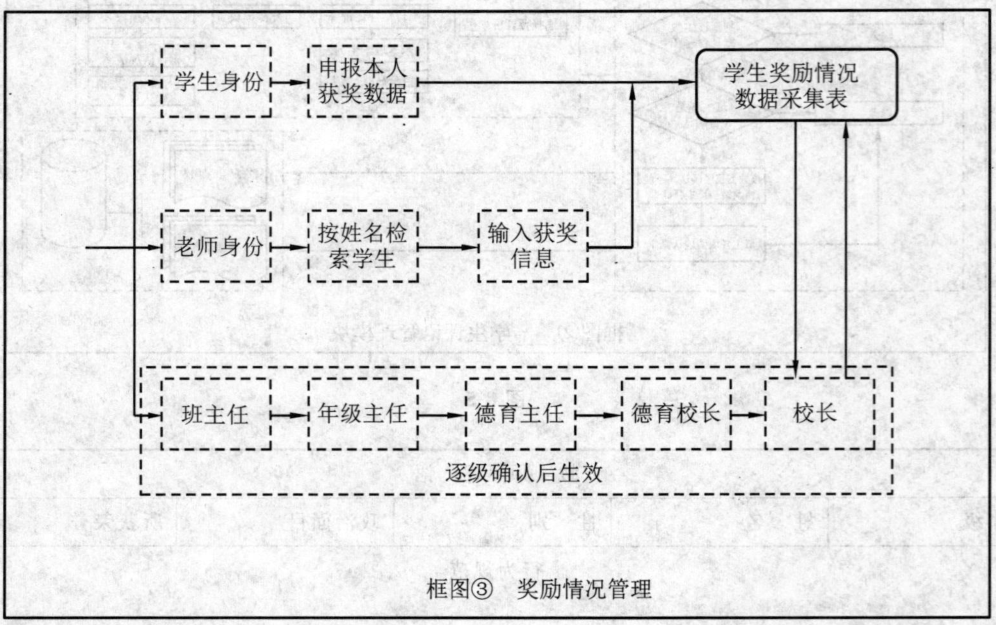

图 8-6

④学生处罚情况管理

处罚：由德育主任申报，主管校长审核确认。

此项内容的授权仅限于德育处和校级领导，只有德育处的专职人员才有权修改。界面与“学生奖励情况管理类似”。

模块流程如下图所示。

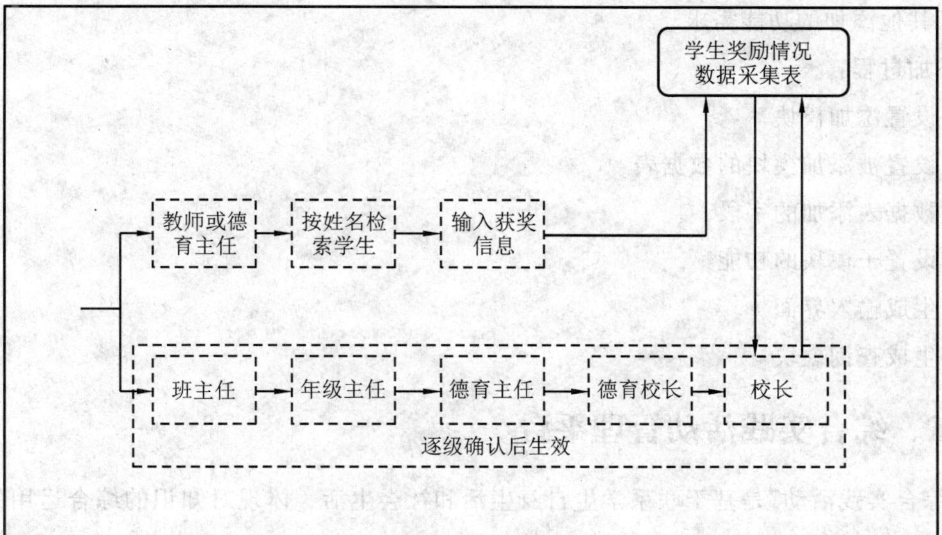

框图④　处罚情况管理

图 8-7

⑤数据查询打印功能

处分模块内容应允许多种检索方式(如按时间、班级、处分级别等)。

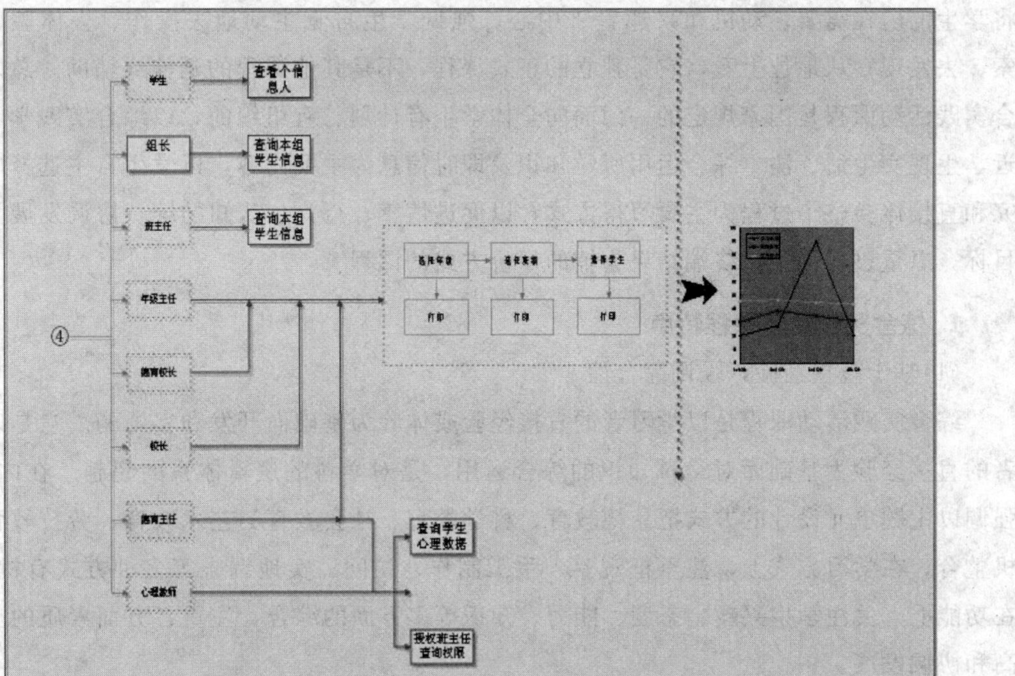

图 8-8

⑥其他添加的功能需求

添加过程：

- 设置添加模块
- 设置被添加模块的数据表
- 数据表添加的字段
- 设置子模块的功能
- 生成输入界面
- 生成查询模块

二、综合实践活动管理平台

“综合实践活动”是基于联系学生自身生活和社会生活、体现对知识的综合运用的课程形态。这是一种以学生的经验与生活为核心的实践性课程。作为新的基础教育课程体系中设置的必修课程。它是基础教育新课程体系的有机构成。是一种基于学习者的直接经验、密切联系学生自身生活和社会生活，由学生自主实践和探索，体现对知识的综合运用的课程形态。它既与传统的学科性课程有质的区别，也与一般的活动课不同。从形式上看，它是一门非学科课程，是对学科逻辑体系的突破和超越；从教学方式和学习方式上看，它是将学生的内在需要、动机和兴趣置于中心，强调学生自觉主动地去操作、去体验、去探索、去发现；从地位上看，它是独立的正式课程，不是其他课程的延伸或辅助。总之，综合实践活动课程是国家规定的一门面向全体学生有计划、有组织的，以综合实践学习、贴近学生现实生活、注重综合运用所学知识及即时信息为主要内容，以学生自主选择的、探究和直接体验整个过程为主要习得方式，以促进情感、行为、认知的统一协调发展为主要目标，以重过程为主，终端结果为辅的评价方式的课程。

1. 综合实践活动课程特点

(1)基于直接经验，强调综合性

综合实践活动课程是以学习者的直接经验或体验为基础而开发和实施的。它是以学习者的直接经验为基础而对学科知识的综合运用，是对学科的逻辑体系的超越。在内容上，强调以主题单元设计的方式把品德教育、科学教育、社会教育、艺术教育、劳技教育等有机整合；在学习方式上，注重把观察、手工制作、访问、实地调查等多种方式有机结合；在功能上，关注学生兴趣、态度、能力、知识等多方面的综合，注重各方面素质的全面提高和协调发展。

(2)回归生活，体现开放性

综合实践活动课程的开发和实施要克服当前基础教育课程脱离学生自身生活和社会生

活的倾向，要从生活中选择活动主题和内容，要注重学生对生活的感受和体验，引导学生热爱生活，并能健康愉悦地、自由而负责任地、智慧而富有创意地生活。因为综合实践活动课程是融于生活之中的，所以它是整体的、开放的。它的开放性主要体现在活动目标、活动内容、活动方式等方面。

(3)面向实践，突出实践性

综合实践活动课程的开发与实施着眼于学生实践意识的养成，要求从以学习系统书本知识为目的的教育转向侧重让学生通过生活实践、社会实践和科学实践进行自主学习。强调学生的动手操作和亲身体验，注重从实践活动中选择活动主题及其内容。关注学生在活动中的直接体验和亲自动手操作，以获得现实社会最直接的感性经历，获得对自然界和社会各种现象最鲜活的体验，从而培养学生的综合实践能力。

(4)重视探究性学习方式，强调探究性

综合实践活动课程的开发与实施要体现学生活动的自主性、探究性，要求从被动的接受性学习走向主动的探索，从教师作为知识唯一的来源和权威转向学生自主的探究式学习，从注重结果与定论的教育转向以活动为主的创造性学习，以引导学生开展丰富的探究性学习活动，帮助学生学会实践、学会探究、学会发现，培养学生的实践能力，对知识进行综合运用的能力，探究创新的能力和良好的个性品质。

此外，综合实践活动课程还有活动性、过程性、地方性等特点。

综合实践活动课程的目标是：通过认识、体验、发现、探究、操作等多种学习和活动方式，形成对自然、社会、自我之间内在联系的整体认识，发展实践能力以及对知识的综合运用和创新能力，养成良好的个性品质。

高度重视学生学习过程这一教育资源的积累、开发与利用，评价体系中也更加侧重过程评价。

2. 综合实践活动课程设计原则

(1)整体性原则

本课题是“中学生成长电子档案袋”的一个模块。这就要求本课题必须实现与总课题及总课题的其他模块实现完美对接和信息的顺畅交流。本模块作为整个“中学生成长电子档案袋”系统中的组成部分，只承担综合实践课程过程记录任务，其学生和教师的基本信息源由“课程”模块中的学生、教师和课程开设与选择系统提供，其记录后的评价数据再返回“课程”模块的评价系统。

(2)普遍性原则

作为天津市教委立项的课题，同时又是一种教育资源的开发，要求课题成果必然也必须适用于全市乃至全国的所有高中学校。因此，本模块的设计是基于天津市各普通学校都具备的局域网络平台，学生、教师的各种信息输入与导出能在校园有线网络环境下进行，也能够在无线网络的覆盖中实现各种功能。

(3)特殊性原则

作为课程改革的一个结构性突破，相对传统的学科课程而言，综合实践活动课程是一个全新的课程形态，包括研究性学习、社会实践和社区服务三个组成部分。因其学习过程往往走出教室乃至校园，校园有线局域网络难以覆盖，其记录依然呈现出事后记录的特征。为保证其时效性，设计了流程限制，即当下一流程完成后上一流程将被终止。

(4)简便性原则

综合实践的过程记录存在着大量的定性信息，参与角色也多种多样，因此在实际操作中，记录过程相当繁琐，记录工作相当繁重，综合实践模块必须实现操作的简便性。其界面必须既接近纸介质媒体又将相当的工作量电子化，同时各种提示、链接与通用的其他软件相雷同。

(5)开放性原则

综合实践是一门全新的课程，其内容的复杂性是区别于其他学习领域的重要特征，鲜明的校本特色，导致了各学校综合实践课程内容大相径庭，为适应不同学校的校本要求，此模块特别增设了管理员操作后台，以便各学校根据自身情况进行设置、编辑、添加和调整。

另外，目前不少高中学校学生社团发展势头迅猛，已成为校园文化的重要组成部分，其具有的群众性、民主性、多样性、实践性等特点吸引着广大青年学生。因此，社团在成为中学生了解社会、走向社会的重要形式和载体的同时，逐步发展为组织推动校园文化建设，拓展中学生综合素质的重要助手和阵地。有些学校已经把社团列为校本课程，因此，本模块特别添加了学生社团的内容。使用学校可以依据自身情况通过后台管理将其纳入综合实践课程的学分管理之中，也可以将其置于综合实践课程学分管理之外仅做一般性记录。

3. 综合实践活动课程的内容与结构

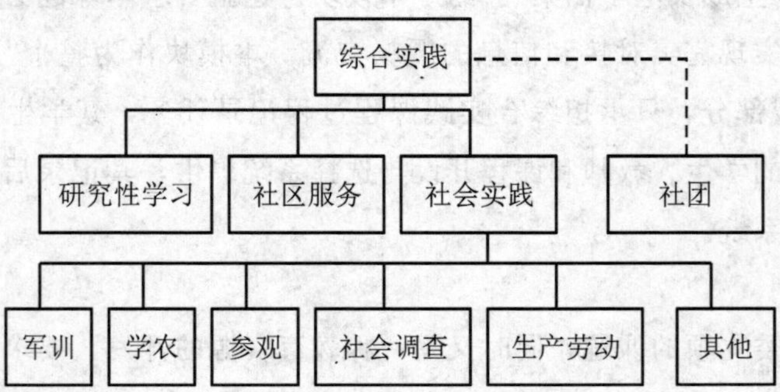

说明：

在实际生活中，学生社团活动属于综合性活动，又具有来自于学生，凸显学生自主性的活动，其内容相当广泛，涵盖研究性学习、社区服务和社会实践全部内容。但是，社团活动很难进入必修课程之列，因此，在这里将其列入，只是作为一种补充性内容。

社会实践的内容最为广泛，所列内容难以穷尽，故加入“其他”一项，可供不同学校根据自己的实际情况添加。

研究性学习。研究性学习就是以学生的自主性、探索性学习为基础，学生可以从身边生活和社会生活中选择和确定研究专题，主要以个人或小组合作的方式进行。通过亲身实践获取直接经验，养成科学精神和科学态度，掌握基本的科学方法，提高综合运用所学知识解决实际问题的能力。中学生每年一般要承担两个以上专题的研究。在研究性学习中，教师是组织者、参加者和指导者。另外，所谓“研究性学习”，还泛指学生主动探究问题的学习，学生在教师指导下，根据各自的兴趣、爱好和条件，通常要围绕一个需要探究的主题展开，从中培养创新精神和实践能力。研究要求学生必须提出问题，确定研究课题，设计研究方案，收集、整理、分析资料，撰写研究报告。在这里，课程不再只是特定知识体系的载体，而成为师生共同探索新知的发展过程，共同完成学习内容的选择、组织与发展。

社区服务。“课程计划”强调：“社区服务主要通过学生在本社区以集体或个人形式参加各种公益活动，进行社会责任意识、助人为乐精神的教育，为社区的建设和发展服务。”要求利用校外时间安排。

社区服务是培养学生的社会归属感和责任感的基本途径。学校是一定地域的学校，学校活动课程开发在使用范围上具有鲜明的地方性或地域性。综合实践活动课程开发的目标和内容上致力于加强学校与社会或社区发展的联系，充分利用社区人力资源、自然资源、财力资源、物力资源，确立有利于学生了解社区、接触社区、关注社会、为促进社会发展尽心尽责的活动主题。尽可能使设计的主题与地方或社区历史、地理、经济、文化、社会结构、风俗、生活方式等发生联系，可以从乡土历史研究、社区经济探讨、乡土地理考察、社区发展规划、社区服务等角度切入活动主题，也可以从“文化营造”、“环境创设”、“社会焦点讨论”、“热点问题研究”等方面切入。总目的是培养学生关心社会、关心他人、参与社会生活、服务社会的意识。

社会实践。“课程计划”指出：“社会实践主要通过军训和工农业生产劳动对学生进行国防教育、生产劳动教育，培养组织纪律性、集体观念和吃苦耐劳精神。学校可以结合实际，为学生走出学校，深入社会创造条件。”要求每学年安排一周，可集中安排，也可分散安排。其内容可安排军训、学农、社会调查、其他工农业生产以及相应的体验、参与形式。各学校要结合当地社会发展实际，因地制宜，可集中安排，也可分散安排。

4. 记录内容

(1)研究性学习

中学生研究性学习个人考评表

—— 学年第 学期

姓名		所属班级		本人专长	
课题名称					
课题类别		基本任务			
参加活动情况	活动时间	承担任务	阶段成果	成果评价	
最终成果			成果评价		
个人小结	评价等级：			签字：	
课题组评价	签字： 年 月 日		指导教师评价	(签章) 年 月 日	

说明：

● 研究性学习高中三年共15个学分，全程参加课题组活动者获得1个学分，评价合格者可获得2个学分。高中三年须完成5个课题。

●“个人小结”请在最后填写评价等级，如优、良、中、差等。

● 阶段成果和最终成果须附论文、照片、音像等详细内容。

(2)社区服务

中学生社区服务个人活动情况记录

<table>
<tr><td>学生姓名</td><td></td><td>性别</td><td></td><td>出生日期</td><td></td><td rowspan="3">数码照片</td></tr>
<tr><td>所在学校</td><td colspan="2"></td><td>所在班级</td><td colspan="2"></td></tr>
<tr><td>入学时间</td><td colspan="2"></td><td>学籍编号</td><td colspan="2"></td></tr>
<tr><td>担任职务</td><td colspan="2"></td><td>服务专长</td><td colspan="3"></td></tr>
<tr><td colspan="7">参加服务时间：20____——20____学年度第__学期</td></tr>
</table>

	服务地点 1 (　　)	服务地点 2 (　　)	服务地点 3 (　　)	服务地点 4 (　　)	服务地点 5 (　　)
服务内容、形式					
实践活动具体时间：(年月日；累计小时数)					
实践活动数码照片 1～2 张					
个人活动体会、收获					
实践基地负责人评语					
服务活动所获荣誉					

续表

<table>
<tr><td></td><td>服务地点1
(　　)</td><td>服务地点2
(　　)</td><td>服务地点3
(　　)</td><td>服务地点4
(　　)</td><td>服务地点5
(　　)</td></tr>
<tr><td>班级评价
(等级)</td><td colspan="5"></td></tr>
<tr><td>班主任
评价</td><td colspan="3"></td><td>备注</td><td></td></tr>
</table>

注：每学期必须满2小时。

(3)社会实践

中学生军训实践记录表

<table>
<tr><td>姓名</td><td colspan="2"></td><td>性别</td><td></td><td>年龄</td><td></td><td>班级</td><td></td></tr>
<tr><td>时间</td><td colspan="8">从　年　月　日至　年　月　日　共　　天</td></tr>
<tr><td>自我
评价</td><td colspan="8"></td></tr>
<tr><td>小组
评价</td><td colspan="8"></td></tr>
<tr><td>教官
评价</td><td colspan="8"></td></tr>
<tr><td>班主任
评价</td><td colspan="8"></td></tr>
<tr><td rowspan="2">评价</td><td>出　勤
(30分)</td><td>训练态度
(30分)</td><td>内务卫生
(20分)</td><td>军训日记
(10分)</td><td>军训小结
(10分)</td><td>总　分</td><td>评价等级</td><td>学　分</td></tr>
<tr><td></td><td></td><td></td><td></td><td></td><td></td><td></td><td></td></tr>
</table>

说明：

● 鉴定和意见包括思想表现、训练态度、记录作风、内务检查。

● 军训日记须附后(上传，并可查看)。

● 评价等级分为优(90分以上)、良(75～89分)、合格(60～74分)、不合格(59分以下)四个等级，被评为合格以上的，获取2分学分。

中学生学农实践记录表

<table>
<tr><td>学农地点</td><td colspan="8"></td></tr>
<tr><td>学农时间</td><td colspan="8">自　　年　月　日至　　年　月　日共计　天</td></tr>
<tr><td>学农内容</td><td colspan="8"></td></tr>
<tr><td>个人总结</td><td colspan="8">本人签字：</td></tr>
<tr><td>小组评议</td><td colspan="8">小组长签字：</td></tr>
<tr><td>基地意见</td><td colspan="8">实践基地签章：</td></tr>
<tr><td>班主任意见</td><td colspan="8">班主任签字：</td></tr>
<tr><td>突出事迹</td><td colspan="8">记录人签字：</td></tr>
<tr><td>违纪记录</td><td colspan="8">记录人签字：</td></tr>
<tr><td rowspan="2">考核项目</td><td>出勤</td><td>学农日记</td><td>内务情况</td><td>农业知识考核</td><td>农业技能考核</td><td>总成绩</td><td rowspan="2">等级</td><td rowspan="2">学分</td></tr>
<tr><td>20 分</td><td>20 分</td><td>20 分</td><td>20 分</td><td>20 分</td><td>100 分</td></tr>
<tr><td>考核结果</td><td></td><td></td><td></td><td></td><td></td><td></td><td></td><td></td></tr>
<tr><td>学校意见</td><td colspan="3">盖章：
年　月　日</td><td>区县教育局意见</td><td colspan="4">盖章：
年　月　日</td></tr>
</table>

说明：

- 评议和意见包括思想表现、训练态度、记录作风、内务检查。
- 学农日记须附后(上传，并可查看)。
- 评价等级分为优(90 分以上)、良(75～89 分)、合格(60～74 分)、不合格(59 分以下)四个等级，被评为合格以上的，获取 2 分学分。
- 参观和社会调查
- 团队活动
- 劳动(技能训练)
- 成人教育活动
- 志愿者活动

(4)社团活动

中学生社团成员个人考评表

——　　学年第　　学期

<table>
<tr><td>姓名</td><td></td><td>所属班级</td><td></td><td>参加时间</td><td></td></tr>
<tr><td>所属社团</td><td></td><td>社团类别</td><td></td><td>职务特长</td><td></td></tr>
<tr><td rowspan="12">参加活动情况</td><td>活动名称</td><td>时间</td><td>承担任务</td><td>成果</td><td>成果评价</td></tr>
<tr><td></td><td></td><td></td><td></td><td></td></tr>
<tr><td></td><td></td><td></td><td></td><td></td></tr>
<tr><td></td><td></td><td></td><td></td><td></td></tr>
<tr><td></td><td></td><td></td><td></td><td></td></tr>
<tr><td></td><td></td><td></td><td></td><td></td></tr>
<tr><td></td><td></td><td></td><td></td><td></td></tr>
<tr><td></td><td></td><td></td><td></td><td></td></tr>
<tr><td></td><td></td><td></td><td></td><td></td></tr>
<tr><td></td><td></td><td></td><td></td><td></td></tr>
<tr><td></td><td></td><td></td><td></td><td></td></tr>
<tr><td></td><td></td><td></td><td></td><td></td></tr>
<tr><td>个人小结</td><td colspan="5">评价等级：　　　　　　签字：</td></tr>
<tr><td rowspan="2">综合评价</td><td>出勤
20 分</td><td>合作意识
20 分</td><td>任务完成情况
40 分</td><td>成果价值
40 分</td><td>总分
100 分</td></tr>
<tr><td></td><td></td><td></td><td></td><td></td></tr>
<tr><td>社团意见</td><td colspan="2">评价等级：
指导教师签字：
年　月　日</td><td>团委意见</td><td colspan="2">（签章）
年　月　日</td></tr>
</table>

说明：

●评价等级分为优、良、中、差等。95 分以上为优、75～95 分为良、60～75 分为中、60 分以下为差。

● 等级对应学分为优为 1 分，良为 0.8 分，中为 0.6，差为 0 分。

● 此表每学期填写一次，三年后计算平均分，形成数据在综合表内自动生成。

参考：（综合）

社会实践综合记录表

姓名		性别		班级		班主任	
实践项目	学分	实践活动内容	活动时间	活动地点	小组评价学分	活动单位评价学分	班主任评价学分	学校确认学分
※军　训	1							
※学　农	1							
※校内劳动（值周劳动）	1							
※社团活动	1							
※团校、党校	0.4							
※团日活动	0.4							
※各种参观、考察	0.4							
※社会调查	0.4							
※成人教育活动	0.2							
※祭扫革命烈士陵墓	0.2							

说明：

● 此表为社会实践的总表，总分为 6 分。

● 此表所列项目，为必须进行的项目，如有其他项目可添加。

● 军训、学农两项为自动生成内容。

5. 业务流程图

(1)研究性学习

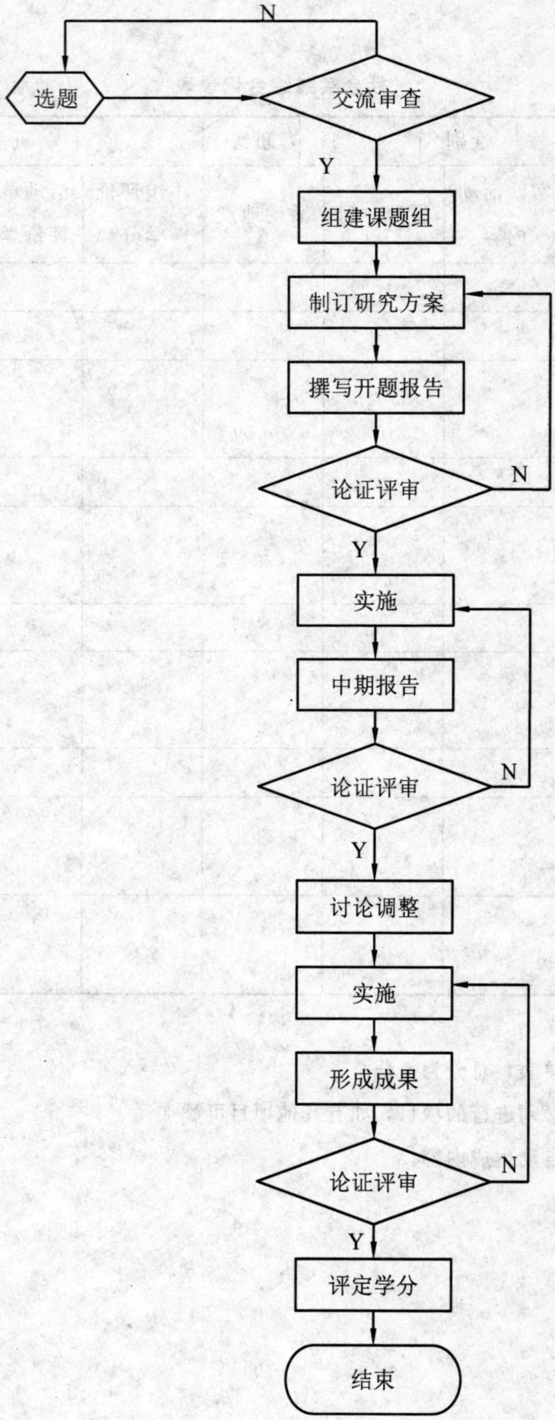

说明：

● 选题，可以是学生自己创设，也可以是教师圈定范围后学生从中选择。

● 交流审查，应记录交流过程和最后的结论。

● 组建课题组，应明确课题组长或课题发起人，人员分工等。

● 开题报告，应有相应的表格。

● 论证评审，应记录评审过程和论证内容，论证结果。不合格的应显示出不合格的次数。评审通过后，上述记录信息锁定，无人可以修改。

● 实施，实施过程中应有资料收集，阶段性成果的输入，时间的确认。

● 中期报告，详尽记录。

● 论证评审，应记录评审过程和论证内容，论证结果。不合格的应显示出不合格的次数。评审通过后，上述记录信息锁定，无人可以修改。

● 讨论调整继续实施，实施过程中应有资料收集，阶段性成果的输入，时间的确认。

● 形成成果，须输入结题报告，论文，图片音像资料等。

● 论证评审，应记录评审过程和论证内容，论证结果。不合格的应显示出不合格的次数。评审通过后，上述记录信息锁定，无人可以修改。

● 评定学分，应输入自我总结、课题组评价，指导教师评价，最后评定等级记录学分。评定后，上述记录信息锁定，无人可以修改。

● 各项评审的最后评定人为指导教师组。

● 一个课题结束后，可续开第二个课题。

(2)社区服务

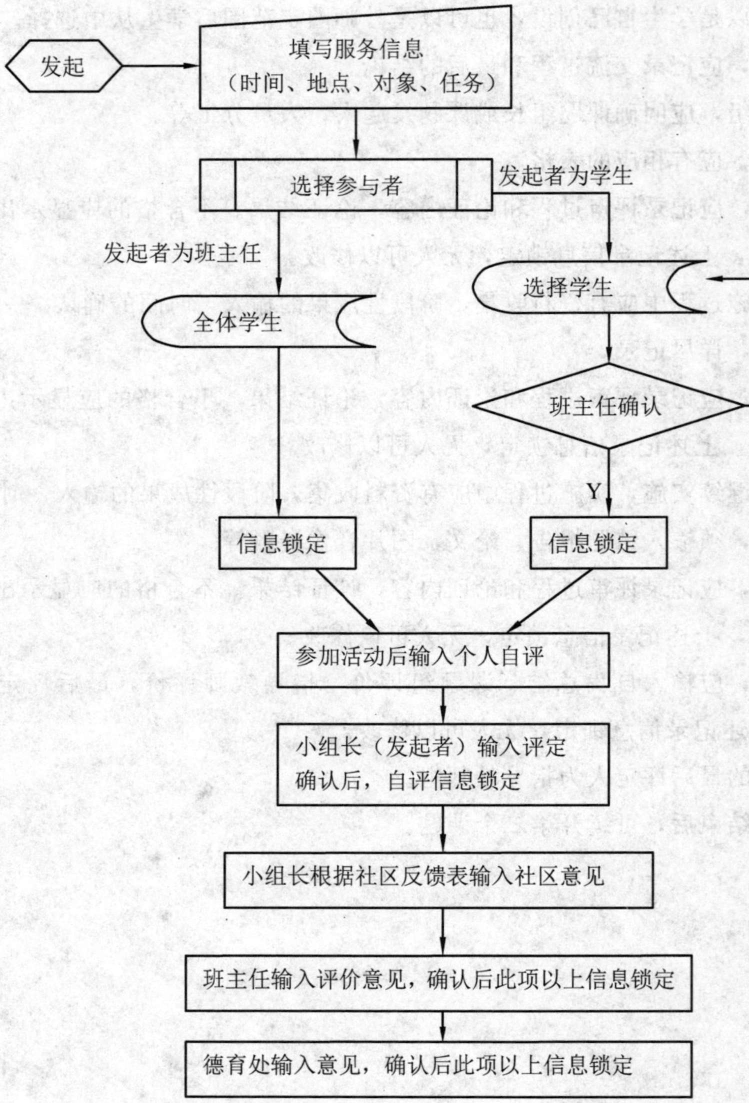

说明:

- 信息锁定后,只有当下一级取消确认方可进行修改。
- 本人自评可上传服务照片。
- 班主任、德育处评价可只定等级,如优、良、合格、不合格。

(3)社会实践

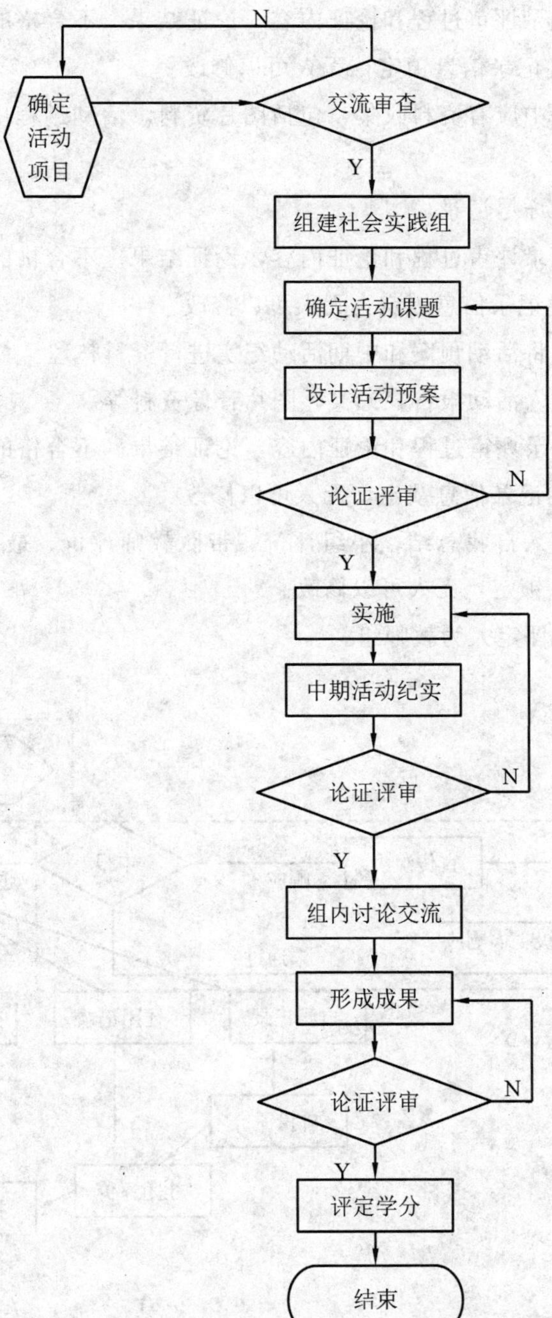

说明：

● 由组织者确定活动项目。

● 交流审查，应记录交流过程和最后的结论。

● 组建社会实践组，应明确组内成员的情况。

●设计活动预案中应包括小组分工、具体操作方案和预期成果三部分。

●论证评审，应记录评审过程和论证内容，论证结果。不合格的应显示出不合格的次数。评审通过后，上述记录信息锁定，无人可以修改。

●实施，实施过程中应有资料收集，包括图片资料。活动过程中的简单记录，明确的时间记录。

●中期活动纪实，详尽记录。

●论证评审，应记录评审过程和论证内容，论证结果。不合格的应显示出不合格的次数。评审通过后，上述记录信息锁定，无人可以修改。

●小组讨论交流，将活动预案和中期活动纪实进行资料整理。

●形成成果，须输入活动报告，论文，图片音像资料等。

●论证评审，应记录评审过程和论证内容，论证结果。不合格的应显示出不合格的次数。评审通过后，上述记录信息锁定，无人可以修改。

●评定学分，应输入自我总结、小组评价，带队教师评价，最后评定等级记录学分。评定后，上述记录信息锁定，无人可以修改。

●各项评审的最后评定人为教师组。

(4)社团活动

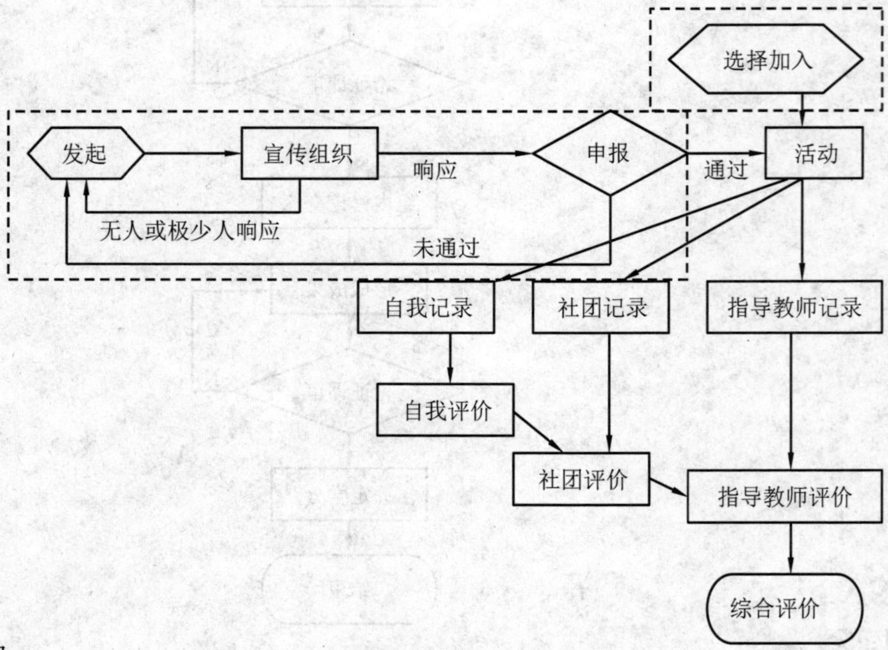

说明：

●虚框内为前期准备，应如实记录，随填随即锁定。

●选择加入，可试选 3 次，只如实记录，但不开始下面操作，以第四次开始进入以后程序。

●社团记录由社团成员集体拟定填写。

●评价应如实根据记录填写，记录必须在活动后两天内填出，填出后按“审核”即锁定。

等级标准为：

优秀：积极参加社团活动；参加社团活动受到表彰；主动承担工作；有较大收获；出勤率高。（选择确定）

良好：认真参加社团活动；能够完成社团工作；有一定收获，出勤率高于 2/3。（选择确定）

合格：认真参加社团活动；出勤次数超过总活动次数半数。（选择确定）

不合格：活动缺勤达到 2/3 以上，无成果。（选择确定）

三、体质健康管理平台

随着高中新课程的进一步实施，作为新课程改革中的评价这一项内容越来越凸显其重要性。而“电子成长档案袋”以存储容量大，易于保存、查阅及携带。标准化管理，易于操作、交流和展示的优势为进一步规范和全面客观地评价学生在体育新课程的学习发挥不可替代的作用。

本模块的研制是根据《普通高中体育与健康课程标准》《学生体质健康标准》的有关精神，在专家诊断和处方基础之上而研发的一套为学校领导、体育教师、家长和学生服务的智能评价系统。本系统采用先进的计算机技术和设计理念，本着操作方便、维护简单等原则而设计而成，整套软件主要供系统管理人员和体育教师、学生、家长及主管领导使用，此系统不仅可以进行学生体育测试、查询、统计、报表等功能，而且还有在保证系统基础信息的完整性和安全性基础上，向上级主管部门进行数据上报，体育课综合性评价及指导学生进行锻炼等功能。

通过课题的实施，使高中体育新课程理念在中学体育教学评价中得到进一步体现，体现教育新理念的新课程改革强调以学生的发展为本，倡导“立足过程”的“发展性评价”，突出评价的教育功能，发挥评价的激励作用。学校对高中体育与健康课程的学分管理得到了进一步加强。

通过评价系统软件的使用，保证了对我市高中学生体质健康评价工作的规范化、科学化和现代化，确保准确、规范、科学地处理、汇总和上报所有测试和统计数据。

在评价中通过开发的软件能够把体育教师重复性的工作进行整合，并利用软件的计算等功能和网络的方便快捷较大地减轻教师和学校，各级教育行政部门和体育行政部门的工作量，提高工作效率。

通过网络加强了教师与学生及家长的三方联系交流，为家长更好地了解子女的体育学习和体质状况及学生根据自身的不足有目的有针对性地进行锻炼起到一个较好的指导作用。

充分发挥学生个性特长，通过小组合作式、任务驱动式的学习方式，培养学生的创新精神和合作意识。让学生通过网络，按照教师布置的课后作业内容有目的和其他同学进行合作。创作设计独具特色的诸如体育教学课件、体育运动处方等。

学生电子档案袋的使用为学生创设了一个愉悦的学习空间，充分调动了学生的学习积极性，让每一个学生都体验到了学习成功的喜悦。电子档案袋评价不但注重了学生学习结果的评价，更注重了他们学习过程的评价；不仅关注了学生信息技术的水平，更关注了他们在学习过程中所表现出来的情感与态度。档案袋评价也使学生开始学会认识自我，开始有意识地发现他人的长处，学会客观地评价他人，学会与人相处，同时也增强了学生的民主意识。

让学生的体育学习情况得以标准化管理，易于操作、交流和展示。传统档案袋标准化程度低，不好分析、管理，且工作量大，教师负担重，而电子档案袋特别是网络型档案袋，分栏目收集管理，标准化程度较高，教师查阅方便，管理简便。如点击某一考核项目，可以看到班级的平均分，通过曲线图查到目前自己的这一项技能所处的位置。输入某一学生姓名，则显示该生的所有成绩和上交的作业。而且借助网络的优势，电子档案袋的操作、交流和展示更加自由，学生在网上就可以操作自己的档案袋，打破了时空限制，更能激发学生的参与兴趣。

1. 系统功能结构

Module Name	Function No.	Function Name
FN1 基本信息	FN1.1	更改教师个人资料
	FN1.2	更改口令
	FN1.3	测试项目管理
	FN1.4	测试项目权重系数设置
	FN1.5	评分标准数据录入
	FN1.6	系统参数设置

续表

Module Name	Function No.	Function Name
FN2 考勤和成绩管理	FN2. 1	学生分班
	FN2. 2	学生考勤
	FN2. 3	课堂表现
	FN2. 4	作业布置和评价
	FN2. 5	共享资源设置
	FN2. 6	公告通知
	FN2. 7	体质报告录入
	FN2. 8	奖励加分
	FN2. 9	学生成绩管理
	FN2. 10	生成总分
	FN2. 11	学生成绩导出
	FN2. 12	学生成绩查询

2. 系统功能流程

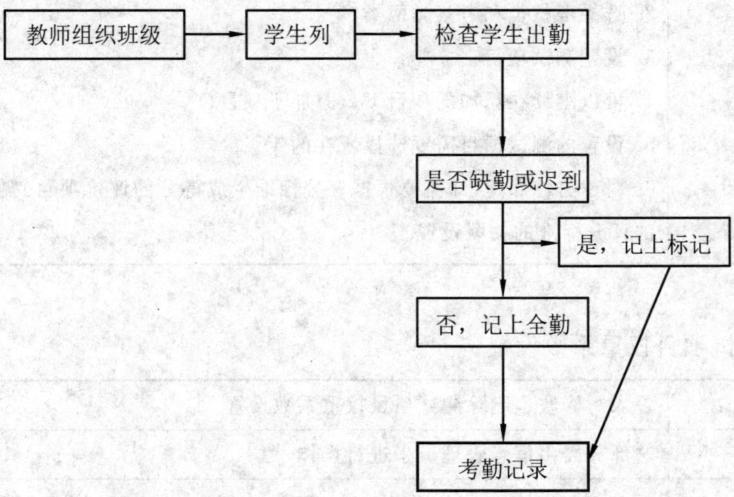

3. 功能规格说明（Functionality Specification）

(1)FN1 基本信息

FN1. 1 更改教师个人资料

Brief Description：	更改教师个人资料
Pre－condition：	这部分需由信息管理员或体育教师自己来进行操作
Basic Flow：	修改教师个人的资料信息，例如，联系电话、家庭住址等

FN1. 2 更改口令

Brief Description：	更改个人口令
Pre－condition：	这部分需由体育教师自己来进行操作
Basic Flow：	更改登录口令

FN1. 3 测试项目管理

Brief Description：	录入、修改、删除测试项目，并动态设置评价标准
Pre－condition：	这部分需由信息管理员来进行操作
Basic Flow：	1. 选择必修和选修两大类。 2. 选择考核类和考察类两类。 3. 设置测试项目。 4. 可以继续在添加的项目下，添加子项目。 5. 设置的测试项目需要选择所在的年级。 6. 对于必修课程(即需要根据评分标准生成得分的评价项目)需要进行与之相应的评分标准的关联设置。

FN1. 4 测试项目权重系数设置

Brief Description：	录入、修改、删除测试项目权重系数设置
Pre－condition：	这部分需由信息管理员来进行操作
Basic Flow：	1. 设置测试项目、身体形态机能项目及其他评分项的权重系数，可以通过此功能进行添加、修改及删除等。 2. 其他评分项包括课堂表现、作业小组评价、作业教师评价、作业个人评价、奖励加分等。 3. 一个年级的所有项目的权重系数的和为 1。

FN1.5 录入测试评价指标评分表

Brief Description：	录入测试评价指标评分表
Pre－condition：	这部分由程序员在开发时进行基础数据的录入，为一次性录入工作
Basic Flow：	具体各项评价指标的评分表见《附录中的 A－4 中学类评分表》

FN1.6 系统参数设置

Brief Description：	设置系统所需的参数值
Pre－condition：	这部分由体育老师进设置，以备系统使用
Basic Flow：	1. 设置本学期内，某一年级体育课应出勤次数 2. 缺勤一次，成绩扣多少分，最大缺勤次数 3. 成绩等级：优秀(100～90 分)、良好(89～75 分)、合格(74～60 分)、不合格(60 分以下)

(2)FN2 考勤和成绩管理

FN2.1 学生分班

Brief Description：	主要用来对于选修课程来给学生进行分班管理
Pre－condition：	这部分需由体育教师自己来进行操作
Basic Flow：	1. 给选修课程进行学生分班 2. 选择年级→行政班←学生，将选择的学生分入到选修课程中 3. 可以新增、移除选择的学生

FN2.2 学生考勤

Brief Description：	主要用来对学生的考勤的管理
Pre－condition：	这部分需由体育教师自己来进行操作
Basic Flow：	1. 默认所有学生都为全勤 2. 教师可以记录哪天学生的出勤情况(选择未出勤的学生)；可以在学期末录入某学生未出勤的次数 3. 并在显示学生的出勤比率(用来在成绩生成时判断学生出勤的比率是否低于标准的最低出勤率，以便判断学生该项目是否有成绩，如果学年累计超过最大缺勤次数标准成绩就为 0 分。) 4. 缺勤类型：体育课缺勤、课间操及课外体育活动缺勤

FN2. 3 课堂表现

Brief Description:	主要用来对学生的课堂表现进行评分
Pre—condition:	这部分需由体育教师自己来进行操作
Basic Flow:	1. 教师在上课时提问或观察学生的上课情况，并在课后录入学生的课堂表现分数(也可以不录入，只在学期末录入学生的课堂表现分数) 2. 课堂表现成绩记录到该项目成绩的一部分。 3. 课堂表现默认为 100 分。

FN2. 4 作业布置和评价

Brief Description:	主要用来对学生的作业进行布置，并对完成情况进行评价
Pre—condition:	这部分需由体育教师自己来进行操作
Basic Flow:	1. 教师根据教学任务和教学内容布置课后任务作业：教师可以在上课时根据学生的身体情况分配作业，比如有些学生偏胖，就安排多跑步等。 2. 教师录入作业内容。 3. 评价部分包括学生自我评价、小组评价、教师评价，并给予评介分数及评价的反馈情况。 4. 小组的定义为班级内的其他学生。 5. 小组评价分数按照小组平均分计算，默认小组每个人员的评分为 100。

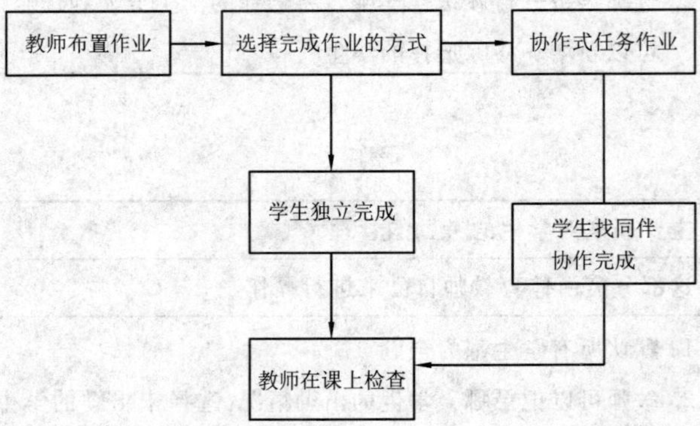

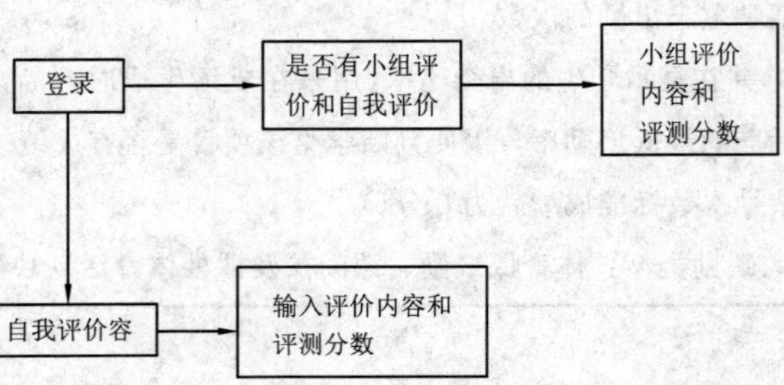

FN2.5 共享资源设置

Brief Description:	主要是教师上传一些关于体质健康方面的视频或文档，学生匿名访问
Pre－condition:	这部分需由体育教师自己来进行操作
Basic Flow:	1. 教师上传或删除资料，以便学生根据资料了解相应项目的情况，以达到教学目的。比如：篮球投篮录像。 2. 学生查询资料，并了解资料情况。以便课外部分的补充。

FN2.6 公告通知

Brief Description:	主要是教师发布公共，学生匿名访问
Pre－condition:	这部分需由体育教师自己来进行操作
Basic Flow:	1. 教师发布公告通知：标题、内容。 2. 学生可以查询并查看。

FN2.7 体质报告录入

Brief Description:	主要是教师录入学生体质测试结果
Pre－condition:	这部分需由体育教师自己来进行操作
Basic Flow:	1. 根据体质报告，测试学生的体质情况，教师根据测试情况(即测试的成绩结果)录入测试结果。 2. 录入项为：身高、体重、肺活量、奖惩项目 其中各个项目具体说明如下： 1)身体形态、机能项目编号： [01]身高： [02]体重： [04]肺活量： 2)奖惩得分项目编号： [61]每天锻炼1小时 [62]耐力项目不及格 [63]缺勤次数超标 [64]因病或残疾免测

FN2.8 奖励加分

Brief Description：	奖励加分
Pre-condition：	这部分需由学生体育教师来进行操作
Basic Flow：	1. 教师可以直接设定学生的奖励成绩：包括：奖励说明、分数 2. 奖励类型：获等级运动员称号、获体育比赛名次、体育干部…… 3. 百分制分数

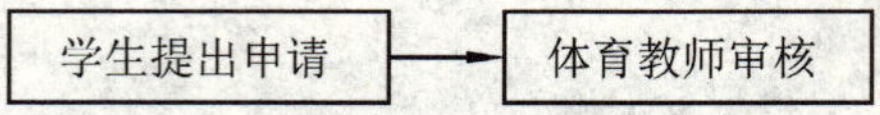

FN2.9 学生成绩管理

Brief Description：	主要是教师录入学生的成绩或分数
Pre－condition：	这部分需由体育教师自己来进行操作
Basic Flow：	教师录入课程考核类各个小项的测试结果，根据设置的权值来得到大项评价指标的得分； 教师录入课程考核类各个小项的测试结果和相应权值成绩； 根据考核类和考察类自动得到课程的权值，该权值不能更改，只能更改考核类权值； 学生所有课程的平均分为体育成绩，对于特定学生需要添加奖励加分； 评价指标中400米(50×8往返跑)，1000米跑(男)，800米跑(女)，台阶试验得分达不到及格者，成绩最高记为59分(参考"《国家学生体质健康标准》实施办法")； 对于丧失运动能力，免予执行《标准》的残疾学生，教师可选择设置为缺考，上报到学校时该学生项目成绩显示缺考； 学生浏览自己的各个课程的总成绩和班级的平均分； 参考《国家学生体质健康标准》的项目、指标及运用》中有如下说明： 使用评分表对学生的测试结果进行评价可分为两个部分，第一部分是对各项测试结果分别评分，得出相应评价指标的得分和等级；第二部分是对每一个学生给出一个总的得分和等级。下面就分别予以介绍。 1）先按年级、性别，找到对应的评分表，使用该表查出相应指标所处的档次及其得分。 例如，测得某小学三年级一位男生的身高为141.3厘米，体重为37.5公斤，50米跑为9秒，坐位体前屈为12厘米。先找到小学三、四年级男生身高标准体重表，在表左侧的身高段里找到该男生141.3厘米所处的段，在141.0～141.9，再向右查与此对应的体重，37.5公斤在33.0～38.9的范围内，属于正

续表

常体重，得 100 分；再找小学三、四年级男生评分标准，查 50 米跑的得分，9 秒为优秀，得 92 分；坐位体前屈为 12 厘米属于优秀，得分为 94。

再如，某小学五年级的一位女生的身高为 141.5 厘米，体重为 37 公斤，查相应身高标准体重表，在正常体重的 31.7～39.0 的范围内，得 100 分；测得台阶试验成绩为 64，查表为优秀，得 100 分；测得肺活量为 1 850 毫升，计算肺活量体重指数为 50(1 850/37＝50)，为及格，得分为 69；测得 50 米跑成绩为 8.7秒，为优秀，得 94 分；测得仰卧起坐为 38 个，属于良好，得分 78。

通过这一步对受试者每一项指标进行评价，我们就可以了解该生在体质健康各个方面的具体情况和等级，教师可以根据每个学生的个体差异，对于不够理想的指标，进行有针对性的锻炼，鼓励学生生进步与发展，从而不断提高每个学生的体质健康水平。

如果想要对它进行总体评价，就需要查出的分数进行下一步计算。

2)等级评价

优　秀：总分 90 分及以上；

良　好：总分 75～89 分；

及　格：总分 60～74 分；

不及格：总分 59 分及以下。

例如，上面举例的某小学三年级一位男生身高标准体重为 100 分，50 米跑得 92 分；立定跳远 94 分，总分为 100×0.2＋92×0.4＋94×0.4＝94.4(分)，依据等级标准，该生的体质健康评分等级为优秀。

再如，上面举例的某小学五年级一位女生的总分：总分＝ 100×0.1＋100×0.2＋69×0.3＋94×0.2＋78×0.2＝85.1(分)。依据综合评级标准，该生的体质健康评分等级为良好。

身高标准体重查表补充说明

如果个别学生的身高(太高或太低)在表中查不到时，可按下列方法折算后再查表。

当学生身高低于表中所列出的最低身高段的下限值时，实测身高需要加上与下限值之差，并且身高每低 1 厘米，实测体重需加上 0.5 公斤，再查表确定分值。

当学生身高高于表中所列出的最高身高段的上限值时，实测身高减去与上限值的差值，身高每高 1 厘米，其实测体重需减去 0.9 公斤，再查表确定分值。

例如，小学五年级的某位女生的身高为 113.3 厘米，体重为 22.5 公斤。由于小学五年级身高女生标准体重表的最低身高段为 115.0～115.9 厘米。该生查表的身高为 113.3 厘米＋2 厘米＝115.3 厘米，其体重为 22.5 公斤＋0.5 公斤×

续表

	2＝23.5公斤，查相应身高标准体重表，在身高段115.0～115.9厘米的正常体重的19.5～24.1的范围内，得100分。 再如，某小学五年级的一位女生的身高为171.0厘米，体重为61.0公斤。由于小学五年级身高标准体重表的最高身高段为168.0～168.9厘米。该生查表的身高为171.0厘米－3厘米＝168.0厘米，其体重为61.0公斤－0.9公斤×3＝58.3公斤，查相应身高标准体重表，在身高段168.0～168.9厘米的正常体重的49.2～58.9的范围内，得100分。

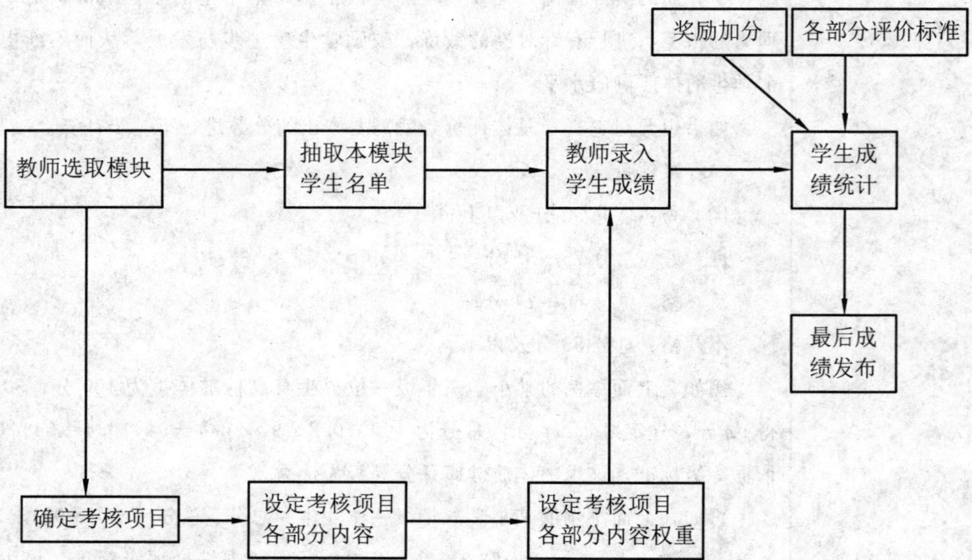

FN2.10 生成总分

Brief Description：	生成总分
Pre－condition：	这部分由教师进行操作
Basic Flow：	选择年级、班级，生成学生体质健康的总分

FN2.11 学生成绩导出

Brief Description：	成绩导出 Excel
Pre－condition：	这部分需由学生体育教师进行操作
Basic Flow：	共有需要导出成三种格式： 1. 根据标准的上报体质健康 Excel 表格，把数据按照格式导入 Excel 中：该录入表格参考国家最新标准(在地址为 http：//www.csh.edu.cn/csh_

续表

sjbs/sjbs _ soft _ down. asp 中的“导入模板下载区”中下载《中小学数据导入模版》)，导入的格式见下表：

年级编号	班号	班级	学号	民族代码	姓名	性别	出生日期	家庭地址或身份证号	身高	体重	肺活量	耐力项目编号	耐力项目成绩	柔韧力量类项目编号	柔韧力量类项目成绩	速度灵巧类项目编号	速度灵巧类项目成绩	奖惩项目编号

其中各个项目具体说明如下：

1)身体形态、机能项目编号：

[01]身高；

[02]体重；

[04]肺活量

2)耐力项目编号：

[11]1000 米跑

[10]800 米跑

[03]台阶实验

[13]400 米跑

[09]50 米×8 往返跑

3)柔韧、力量项目编号：

[14]引体向上

[12]仰卧起坐

[15]掷实心球

[16]投沙包

[07]坐位体前屈

[08]握力

4)速度、灵巧类项目编号：

[05]50 米跑

[17]25 米×2 往返跑

[06]立定跳远

[18]跳绳

[19]篮球运球

[20]足球运球

[21]排球垫球

[22]踢键子

续表

	[23]足球颠球 5)奖惩得分项目编号： [61]每天锻炼 1 小时 [62]耐力项目不及格 [63]缺勤次数超标 [64]因病或残疾免测 2. 导出“天津市中小学体育与健康课测评成绩册”，见附件 见附录 A－5 3. 导出“天津市中小学《学生体质健康标准》综合评价登记表(高中)” 见附录 A－6

FN2.12 成绩查询

Brief Description：	学生可查询自己的各个课程的成绩；老师查询学生的课程成绩
Pre－condition：	这部分由学生或教师进行操作
Basic Flow：	学生登录： 1. 学生可以查看到所在年级平均分、所在班级平均分、所上的体育项目平均分 2. 学生可以查看自己所有项目的具体成绩 教师登录： 1. 根据年级、班级、学生查询学生成绩 2. 显示所选年级平均分、所选班级平均分 3. 可以查看学生具体成绩

四、信息技术学科学习过程管理平台

教育部《普通高中课程方案(实验)》(教基[2003]6 号)文件明确指出，在新课程实施过程中，要建立发展性评价制度，实行学生学业成绩与成长记录相结合的综合评价方式。要为学生建立综合、动态的成长记录手册，全面反映学生成长历程。

结合新课程提出的发展性评价要求，我们通过开展研究数字化平台实施学生的学习态度和学习能力管理，建立能够反映学生全面成长的信息库，由此逐渐形成一个具有丰富记录的数字化成长档案。

教学过程是由教的过程、学的过程、评价过程有机组合在一起的，由于成长记录主要由学生在课堂教学中取得的成果组成，教师可以将这种评价方式贯穿整个教学活动的始终。在这个过程中，成长记录是成为学生发展性评价的一个重要依据。教师在对于学生学习情况的了解基础上，有助于形成合理的教育语气，提出适当的发展目标。

学生成长记录系统最大的特点是忠实地收集学生学习过程中的作品，使过程性评价更有依据。结合终结性评价从而得出学生综合成绩。通过记录，教师可以分析、评价学生的学习态度、学习能力，以及认知发展的趋向，为开放的、较为全面的评价提供参考。

学生成长记录系统为学生提供了展示的机会，激发了学生内在的发展动力。学生通过完成作业，浏览作品，体验成功，感受成长与进步，并从中增强自信心，获取发展的动力。教师可以通过作品，鼓励学生创造出展示自己才华的作品，并为他们展示自我提供更多的机会。学生通过对自己学习成果的积累，认识到自己学习上的进步，可是学生获得学习上的信心，激发学习热情。通过展示、分享作品，也能够发展学生自我评价的能力。

成长记录评价是在教师指导下，学生个性化完成的过程，是一种家、校共同促进学生成长的媒介，通过作品及相互交流，更能为学生的发展提供全面的信息反馈，充分保障学生个性的发展。

信息技术课程学习管理子系统主要涉及了教师、学生和系统管理员三个方面的角色，需求将从这三个方面进行描述；整体业务流程如下：

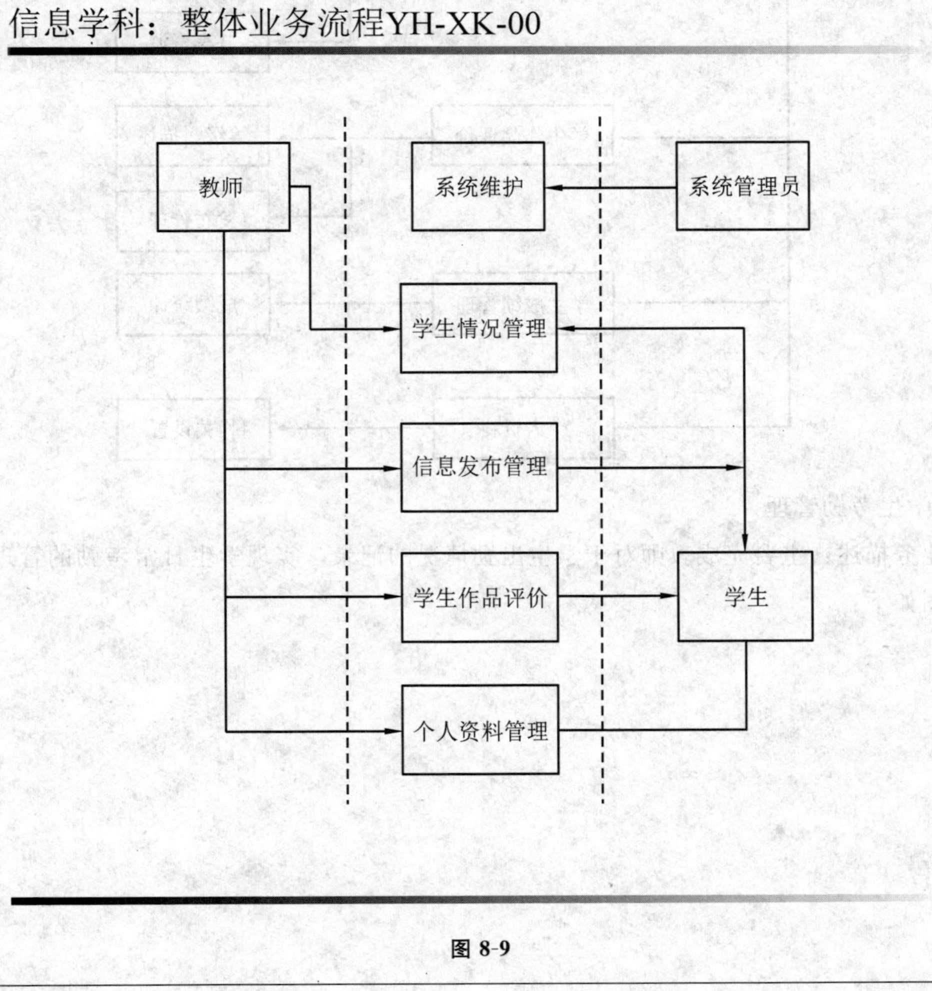

图 8-9

1. 教师需求

主要完成在信息技术课程学习过程中，教师对于课程中的各种情况的管理；业务流程图如下：

教师整体业务流程

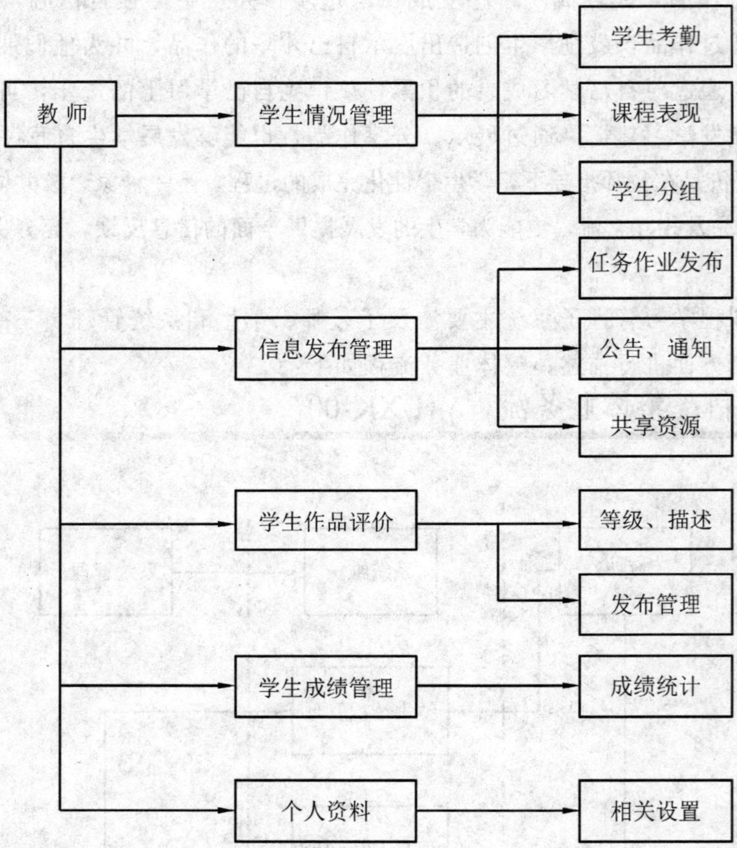

(1)学生考勤管理

■业务描述：主要完成教师对于学生出勤情况的记录，实现学生日常考勤的管理；业务流程图如下：

信息学科：学生考勤业务流程YH-XK-JS-001

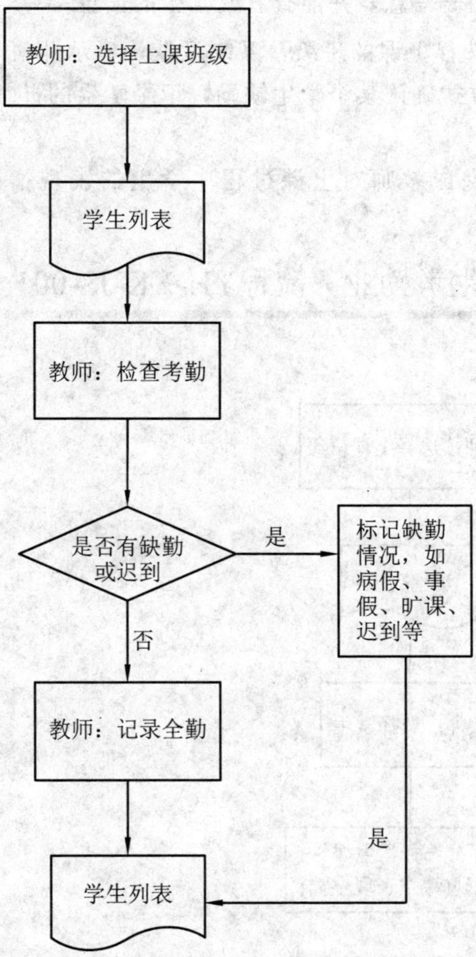

图 8-10

■数据来源

➢课上出勤实际情况。

■数据字典

➢教师信息。

➢学生信息。

➢考勤信息。

➢出勤情况信息：迟到、病假、事假、旷课。

■主要功能

➢选择班级浏览学生列表信息：教师进信息学科课程管理模块选择上课的班级，系统能显示此班所有的学生列表信息，并能查看此学生的信息；

➢考勤维护：教师选择上课的班级，系统可默认显示此班所有的学生属于全勤状态，上课老师可通过选择的方式确认某个学生缺勤，记录学生的日常出勤情况。

(2)学生课堂表现

■业务描述：主要完成教师对上课过程中学生的表现情况进行记录；业务流程图如下：

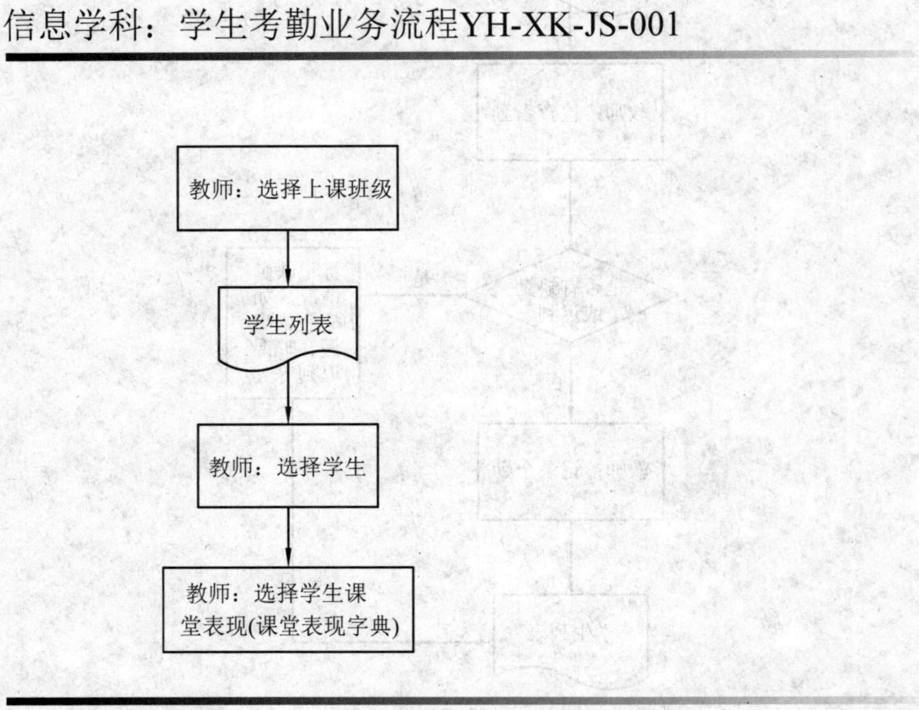

图 8-11

■数据来源

➢课上学生实际表现情况。

■数据字典

➢教师信息；

➢学生信息；

➢课堂表现信息；

➢课堂表现字典。

课堂表现评价等级（A～D）：

A：认真听讲，积极主动完成老师布置的任务

B：认真听讲，但是在活动期间做与任务无关的事情

C：不认真听讲，完成任务情况一般

D：不认真听讲，不能完成教师布置的任务

■主要功能

➢选择班级浏览学生列表信息：教师进信息学科课程管理模块选择上课的班级，系统能显示此班所有的学生列表信息，并能查看此学生的信息。

➢课堂表现维护：教师选择上课的学生，并录入学生上课的表现，包括：添加/修改、删除等。

（3）学生分组

■业务描述：主要完成教师对班级中学生的分组设置；业务流程图如下：

信息学科：学生分组业务流程

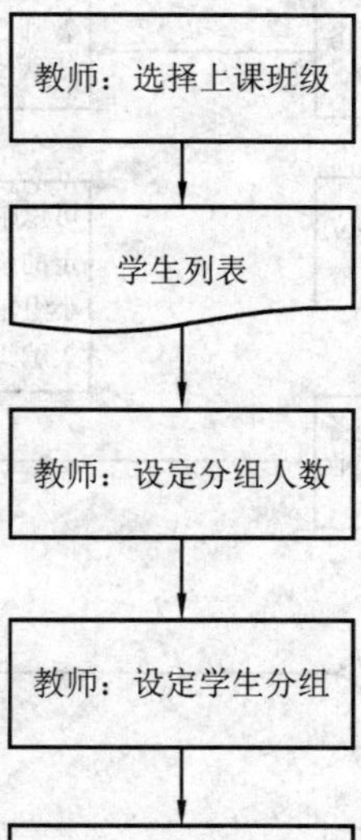

■数据来源

➢现有系统（安博）基础数据，如教师基本信息、学生基本信息；

➢课上学生分组情况。

■数据字典

➢教师信息。

➢学生信息。

➢学生分组信息。

■主要功能

➢选择班级浏览学生列表信息：教师进信息学科课程管理模块选择上课的班级，系统能显示此班所有的学生列表信息，并能查看此学生的信息。

➢设置分组人数：教师根据本学期安排及课程需要，设定完成小组任务时各组人数。

➢设定学生分组：教师浏览学生列表，为每个学生指定分组，如小组 1、小组 2。

➢保存分组方案：教师可以保存几组常用分组方案。

(4)任务、作业管理

■业务描述：主要完成教师对于学生课后任务、作业的布置；业务流程图如下：

信息学科：任务作业布置业务流程YH-XK-JS-003

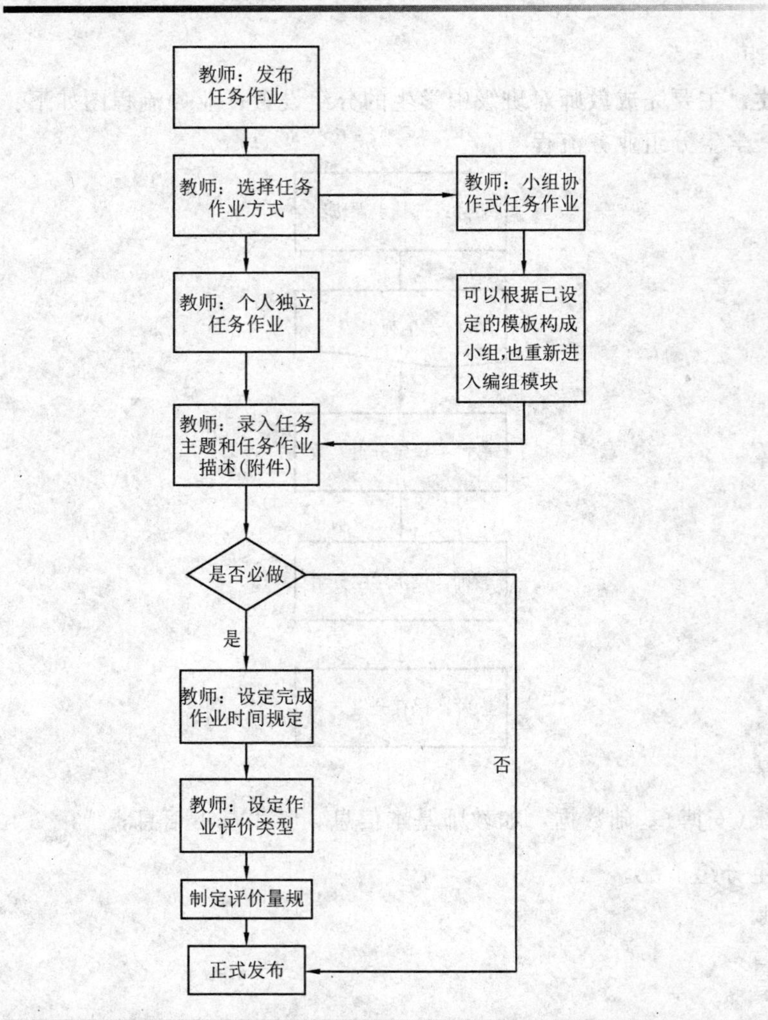

图 8-12

■数据来源

➢教师根据教学情况进行学习任务或作业的发布，其中包括个人独立任务作业和小组协作式任务作业两种方式；

➢小组信息由教师在分组模块设定；

➢评价类型系统默认提供，也可自己编辑；

➢评价量规模板。

■数据字典

➢任务作业记录信息；

➢小组信息。

■主要功能

➢任务、作业发布：教师在此完成任务作业的发布。

➢设定完成作业的时间：教师可以在此设定需要学生完成作业的时限。

➢设定作业作品评价类型：教师可以在此设定作品的评价类型，评价类型包括自我评价、互相评价、教师评价和家长评价。

其中制定评价量规模块细化如下：

■业务描述：主要完成评价量规的制定与发布；业务流程图如下：

信息学科：评价量规管理业务流程

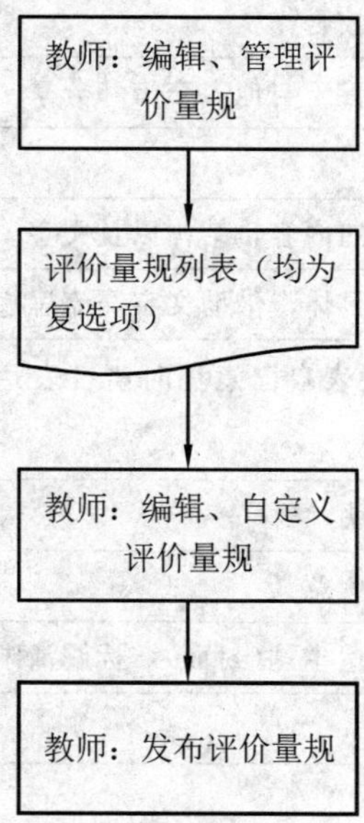

■数据来源

➢全体系统使用人员，包括：教师、学生。

■数据字典

➤评价量规表：例如，结构设计合理、符合逻辑，布局设计美观，有自己的风格。(评价量规表附后)

■主要功能

➤教师选择评价量规表中的若干项并发布；

➤教师还可对其进行增加、删除等操作；

➤学生浏览教师发布的评价量规。

■评价量规表：

序号	要　求
1	遵守网络道德
2	作业不抄袭
3	勤奋学习，有浓厚兴趣和明确目标
4	选材和组材(或称布局谋篇)能力。对材料加以分析、归类，确定表达程序。(写作能力)
5	能认真预习、复习，按时完成作业
6	有学习计划，讲学习策略
7	能独立思考、积极探究，参与研究性学习，有记载
8	有团队意识，能融于集体
9	能与他人一起确立团队目标并有效合作
10	尊重并理解他人的观点和处境，善于与他人交流和分享
11	能综合运用各种方法交流和沟通
12	修改文章能力：改写、修饰文章的内容，结构以及文字。(写作能力)
13	语言表达能力：语句通顺，内容具体，借助文字交流思想、表情达意。(写作能力)
14	能积极主动发言，回答问题和发表自己意见时语言表达流畅，态度自然、大方、坦然，充满自信
15	内容完整、有用、精确、主题鲜明
16	信息要围绕主题并正确、完整、有意义
17	有一个准确的标题，能精确地表达主题(封面)，标题清晰易懂
18	对引用的网络资源要写明网址
19	幻灯片的张数不得少于4张
20	正确、恰当的使用图片、动画、表格等信息
21	结构设计合理、顺序符合逻辑，布局设计美观，有自己的风格

续表

序号	要　求
22	演示文稿中的对象的动画效果设置恰当、出示时间合理
23	演示文稿中的页面效果设置恰当、出示时间合理
24	文字字体、字号、样式使用恰当
25	图片(包括其他媒体)大小、质量、效果，采用的图片清晰，数量适当并且和内容有关
26	能正确的使用超级链接，链接有逻辑、易跟随。每页都有返回上一页和返回主页的链接。所有的链接有统一的样式，每个链接都能正常工作
27	文字、色彩、背景配合恰当，能增强页面的可欣赏性
28	作品总体感觉和谐、操作方便，设计有创意，界面美观、简洁
29	在演示过程中用不同的方式与观众交流，而不是简单地让他们去读屏幕
30	动画及幻灯片之间转接有增加生动、引起兴趣的作用，但不能喧宾夺主，并且有效的利用时间
31	立意能力：把握中心，确定文章要表达的观点。(写作能力)
32	搜集材料能力：根据需要积累材料，围绕中心搜集材料。(写作能力)

(5)公告、通知管理

■业务描述：主要完成公告和通知的发布；业务流程图如下：

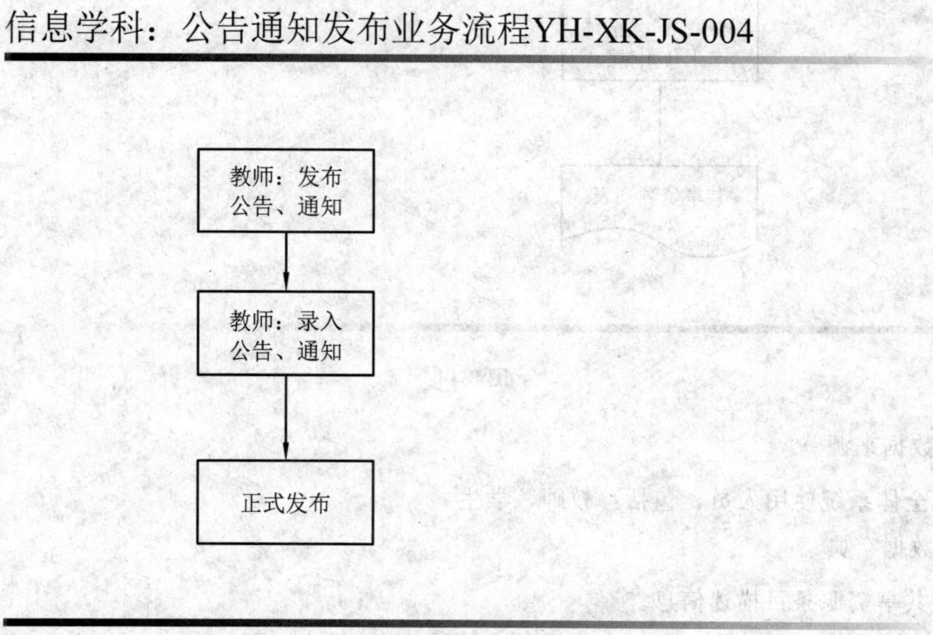

图 8-13

■数据来源

➢教师发布公告或是通知。

■数据字典

➢公告通知信息表。

■主要功能

➢公告通知发布：教师在此完成公告通知的发布，如信息学竞赛即将召开，请大家踊跃报名参加。

(6)共享资源管理

■业务描述：主要完成在教学过程中对于一些资源进行分享的功能；业务流程图如下：

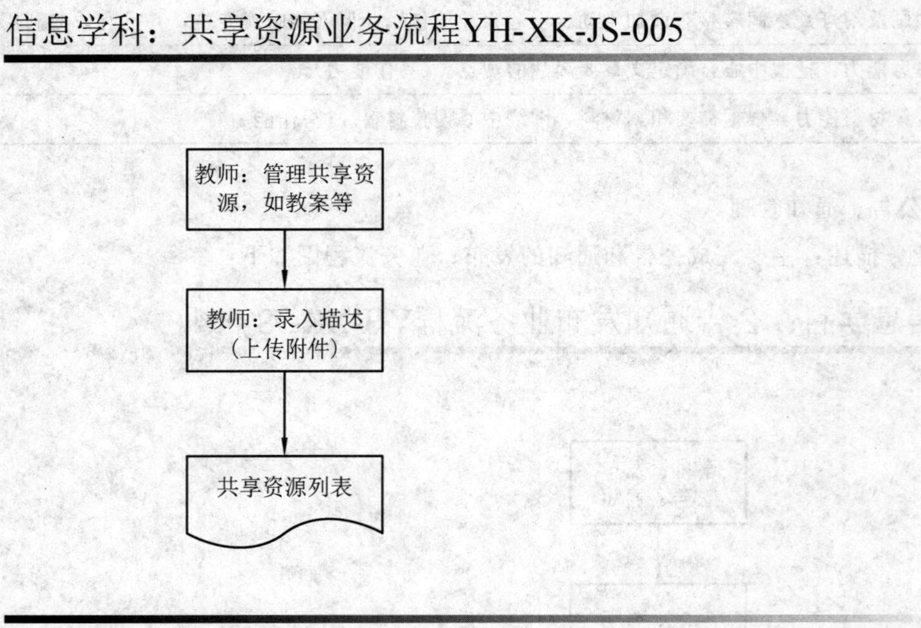

图 8-14

■数据来源

➢全体系统使用人员，包括：教师、学生。

■数据字典

➢共享资源条目描述信息。

➢共享资源附件信息。

■主要功能

➢共享资源条目维护：进行共享资源描述的维护。

➢共享资源附件：进行共享资源附件的上传等维护。

(7)学生作品等级

■业务描述：主要完成教师对于学生作品的评价；业务流程图如下：

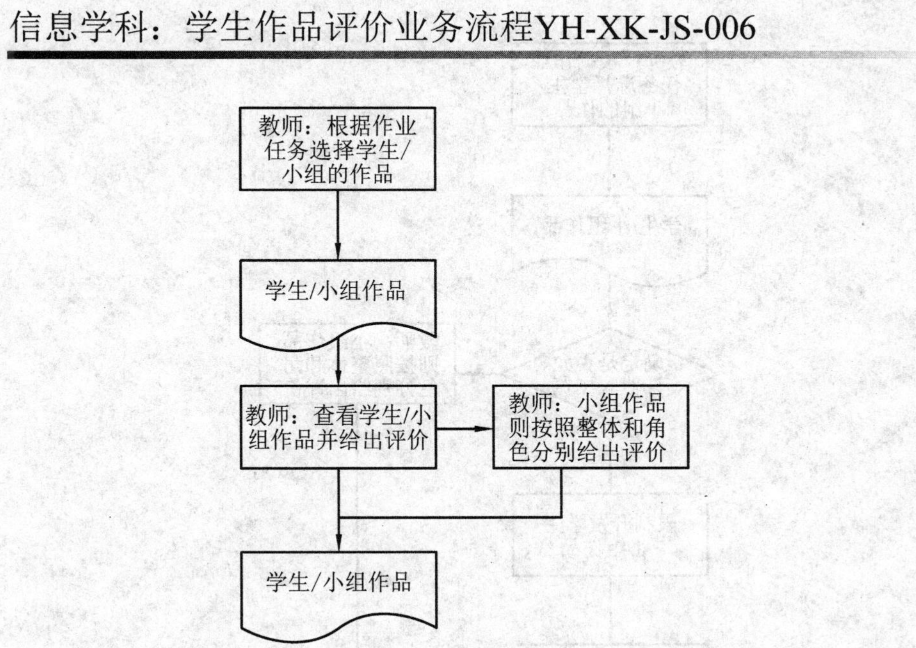

图 8-15

■数据来源

➢学生/小组根据教师作业所做的作品；

➢老师对于学生/小组作品的评价。

■数据字典

➢作品信息；

➢评价信息；

➢评价等级信息；

➢小组信息。

■主要功能

➢浏览学生/小组作品：教师可以浏览学生/小组的作品，描述或是附件。

➢评价学生/小组作品：教师对于学生/小组的作品进行评价，评价尽量采用鼓励性、中性的描述，评价等级可以进行维护。

(8)学生作品发布管理

■业务描述：主要完成教师对于学生作品的发布管理；业务流程图如下：

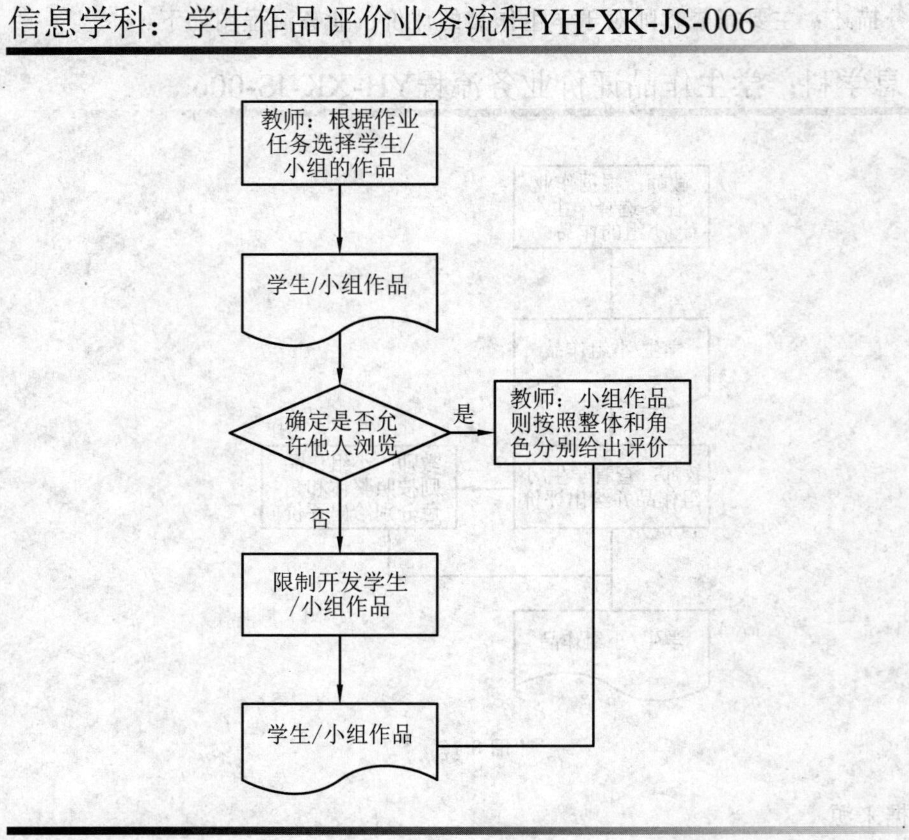

图 8-16

■数据来源

➢学生/小组根据教师作业所做的作品；

➢老师对于学生/小组作品的评价。

■数据字典

➢作品信息；

➢评价信息；

➢评价等级信息；

➢小组信息。

■主要功能

➢浏览学生/小组作品：教师可以浏览学生/小组的作品，描述或是附件。

➢学生/小组作品开放或受限：为了防止其他学生的抄袭，教师可以在此设定学生/小组作业作品的开放或是受限；

➢对于网页形式的作品，要求实现自解压直接浏览的功能。

(9)学生成绩管理

■业务描述：主要完成个人资料的管理，业务流程图如下：

信息学科：学生成绩管理业务流程

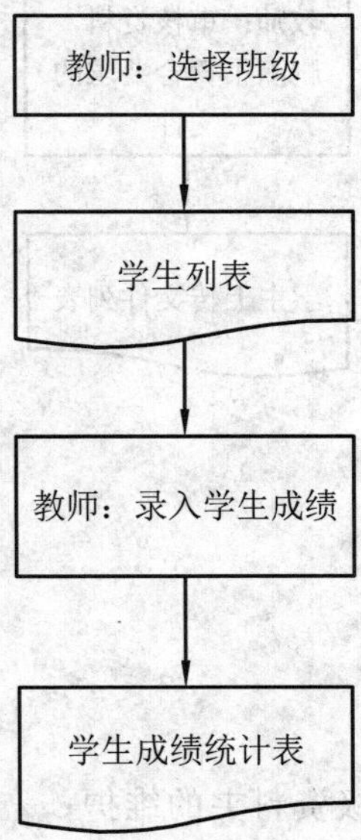

■数据来源

➢学生的作业成绩。

■数据字典

➢学生资料信息。

■主要功能

➢成绩录入：教师可以完成学生成绩的录入，或者导入已有成绩。

➢成绩浏览：可以浏览学生本学期学习成绩。

➢成绩统计：对于指定学生成绩进行统计分析。

➢根据课程管理的要求，可以显示学生本学期出勤情况，课堂表现，作业成绩，考试成绩，并可以进行计算(等教委文件)。

(10)学生资源管理

■业务描述：主要完成个人资料的管理，业务流程图如下：

信息学科：学生共享资源管理业务流程

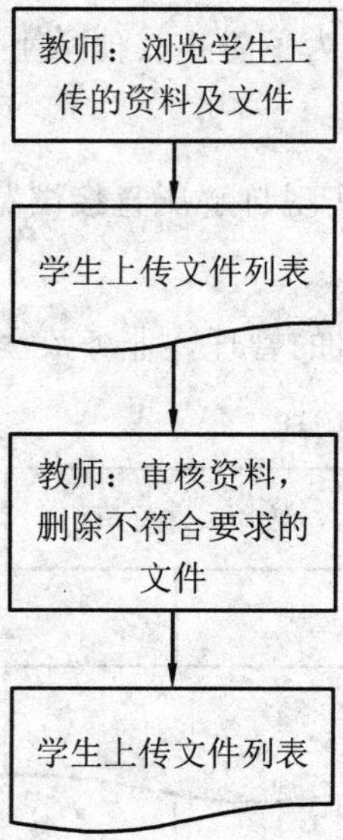

■数据来源

➢学生的资料描述和附件。

■数据字典

➢学生资料信息。

■主要功能

➢资料夹的维护：可以完成多级资料夹的维护；

➢资料电子文件维护：可以完成对学生电子文件的修改和删除。

(11)个人资料管理

■业务描述：主要是完成教师本人的相关设置，如密码；业务流程图如下：

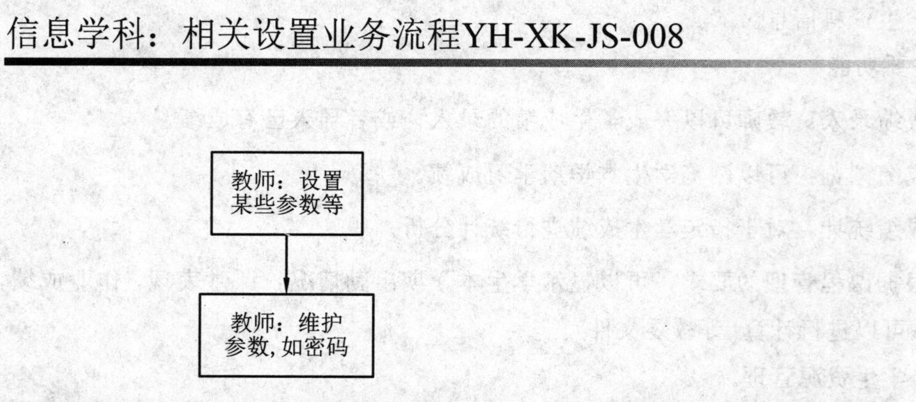

图 8-17

■数据来源

➢教师对于本人的相关设置。

■数据字典

➢本人设置信息，如密码表。

■主要功能

➢参数的维护：进行本人参数的设置，如密码。

2. 学生需求

主要完成在信息技术课程学习过程中，学生对于课程学习中的各种情况的管理；总体业务流程图如下：

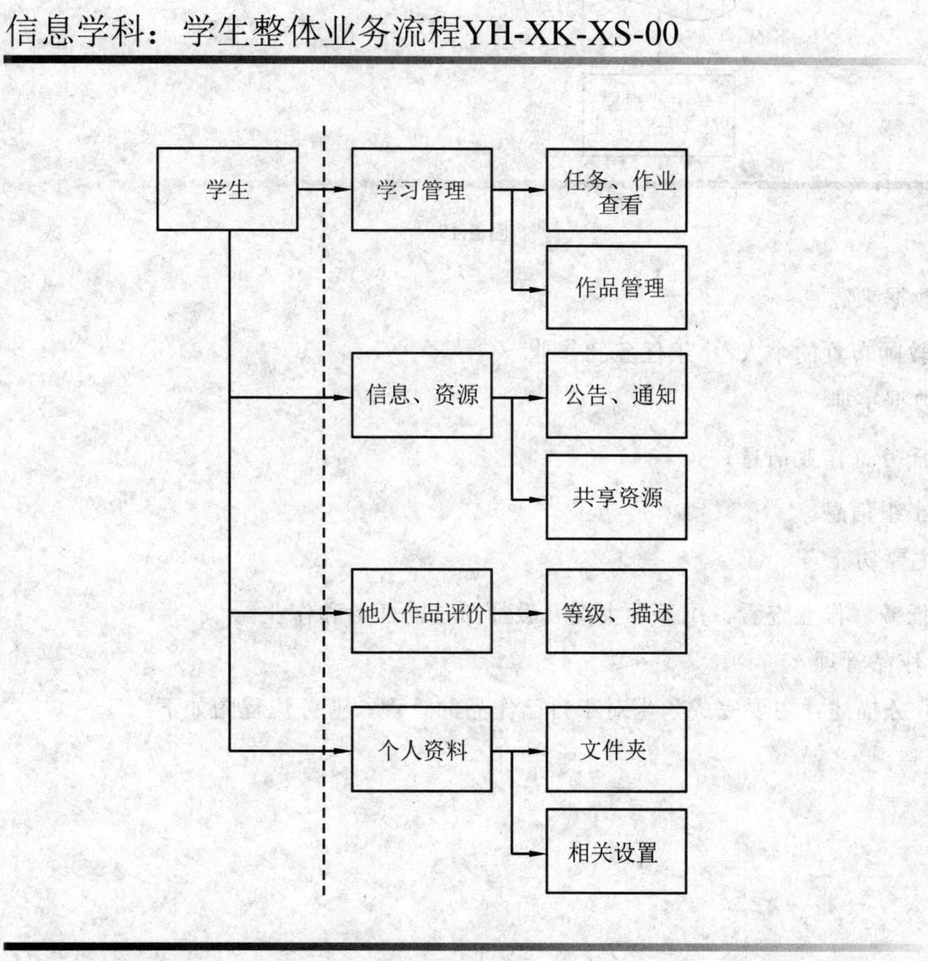

图 8-18

(1)任务、作业查看

业务描述：主要完成教师布置的任务和作业的查看，并按照作业的要求做出自己的作品或是小组任务中本人应完成的任务；业务流程图如下：

信息学科：任务作业查看业务流程YH-XK-XS-001

图 8-19

■数据来源

➢教师布置的个人/小组任务和作业。

■数据字典

➢任务、作业信息；

➢小组信息。

■主要功能

➢任务、作业查看：用于学生查看教师布置的任务和作业。

(2)作品管理

■业务描述：主要完成学生对于自己作品的管理；业务流程图如下：

信息学科：学生作品管理业务流程YH-XK-XS-002

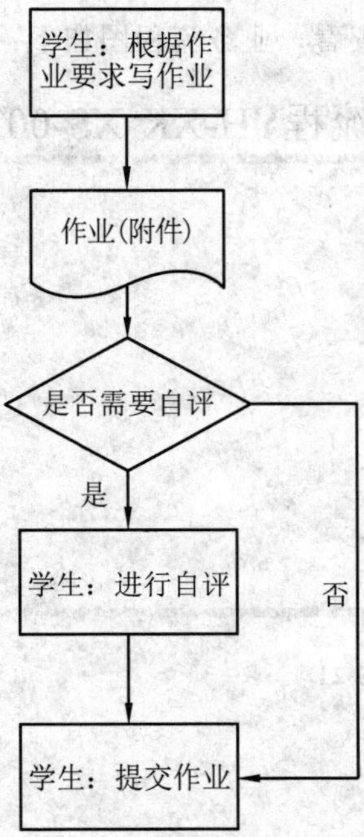

图 8-20

■数据来源

➢教师布置的任务和作业；

➢学生的作品库；

➢学生作品的评价。

■数据字典

➢作品描述信息；

➢作品电子文件信息；

➢作品评价信息。

■主要功能

➢浏览任务作业：学生通过任务作业查看功能查看教师布置得作业，并根据要求完成作业。

➢作品维护：根据要求完成作品，并能维护历史作品；对于非电子版作业，链接扫描上传功能。

➢作品评价：学生完成作品，根据老师的要求可以对自己的作品进行自我评价。

(3)公告、通知查看

■业务描述：主要完成公告或是通知的查看；业务流程图如下：

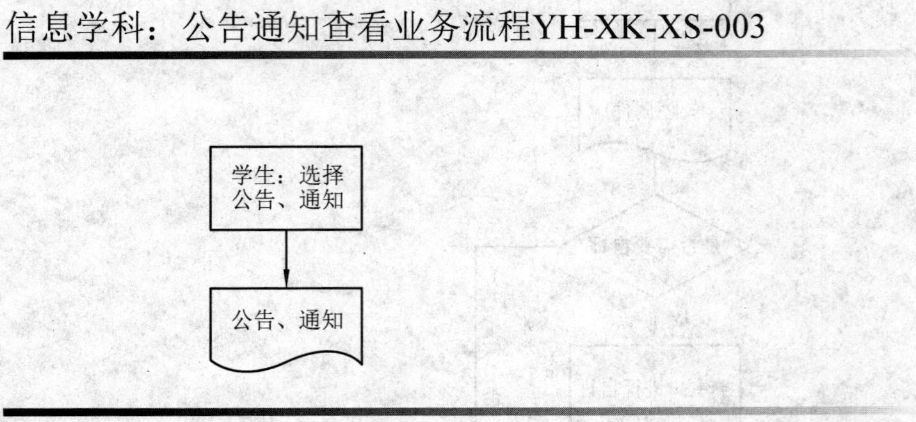

图 8-21

■数据来源

➢教师发布的公告、通知。

■数据字典

➢公告、通知信息表。

■主要功能

➢查看公告、通知：学生通过这个功能可以查看最新的公告或通知，并能过浏览历史的信息。

(4)共享资源管理

■业务描述：主要完成在教学过程中对于一些资源进行分享的功能；业务流程图如下：

信息学科：共享资源业务流程YH-XK-XS-004

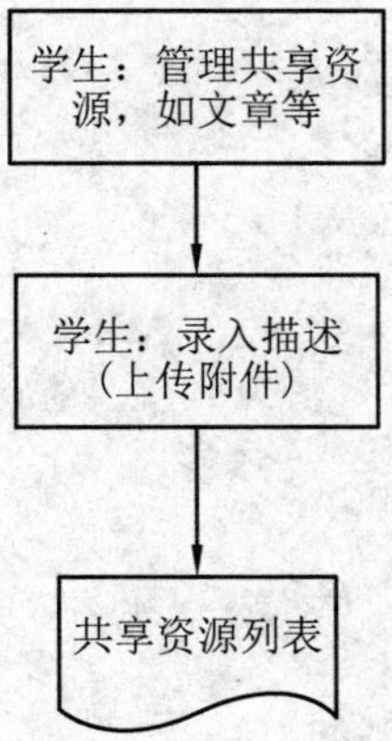

图 8-22

■数据来源

➢全体系统使用人员，包括：教师、学生。

➢共享资源条目描述信息。

➢共享资源附件信息。

■数据字典

➢共享资源条目描述信息。

➢共享资源附件信息。

■主要功能

➢共享资源条目维护：进行共享资源描述的维护。

➢共享资源附件：进行共享资源附件的上传等维护。

(5)学生作品评价

■业务描述：主要完成对于其他学生作品的评价；业务流程图如下：

信息学科：学生作品评价业务流程YH-XK-XS-005

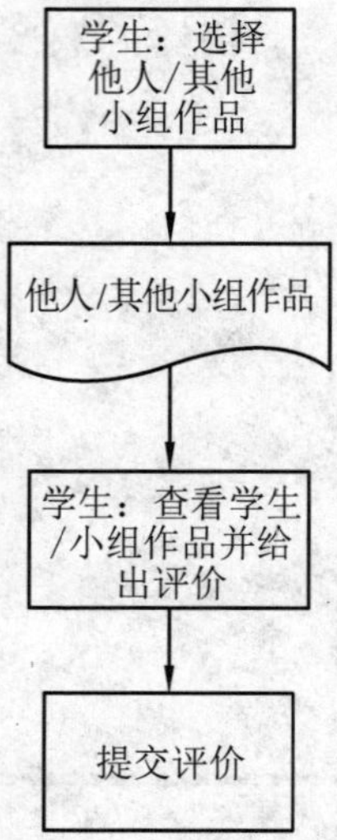

图 8-23

■数据来源

➢学生/小组所做的作品；

➢对于学生/小组作品的评价。

■数据字典

➢作品信息；

➢评价信息；

➢评价等级信息；

➢小组信息。

■主要功能

➢浏览学生/小组作品：可以浏览学生/小组的作品，描述或是附件。

➢评价学生/小组作品：对于其他学生/其他小组的作品进行评价。

(6)个人资料管理

■业务描述：主要完成个人资料的管理，业务流程图如下：

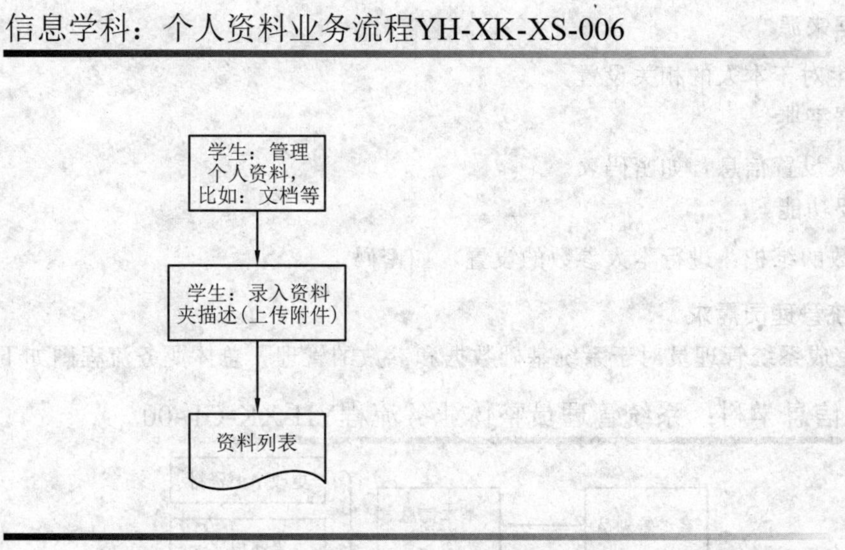

图 8-24

■数据来源

➢个人的资料描述和附件。

■数据字典

➢个人资料信息。

■主要功能

➢资料夹的维护：可以完成多级资料夹的维护。

➢资料电子文件维护：可以完成电子文件的上传和删除。

(7)相关设置

■业务描述：主要是完成学生本人的相关设置，如密码；业务流程图如下：

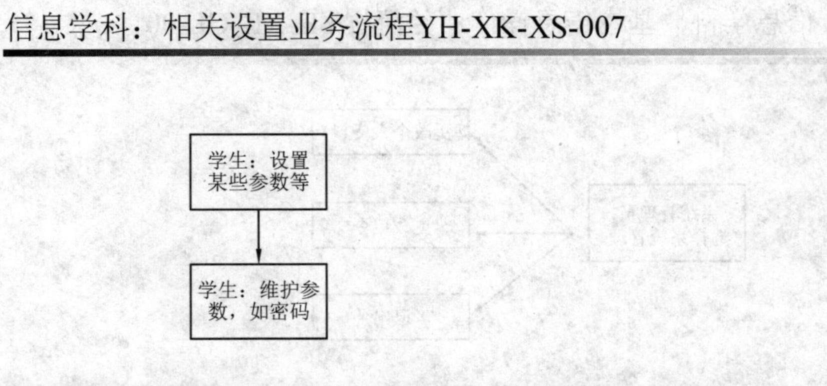

图 8-25

■数据来源

➢学生对于本人的相关设置。

■数据字典

➢本人设置信息，如密码表。

■主要功能

➢参数的维护：进行本人参数的设置，如密码。

3. 系统管理员需求

主要完成系统管理员对于系统基础数据和参数的管理，总体业务流程图如下：

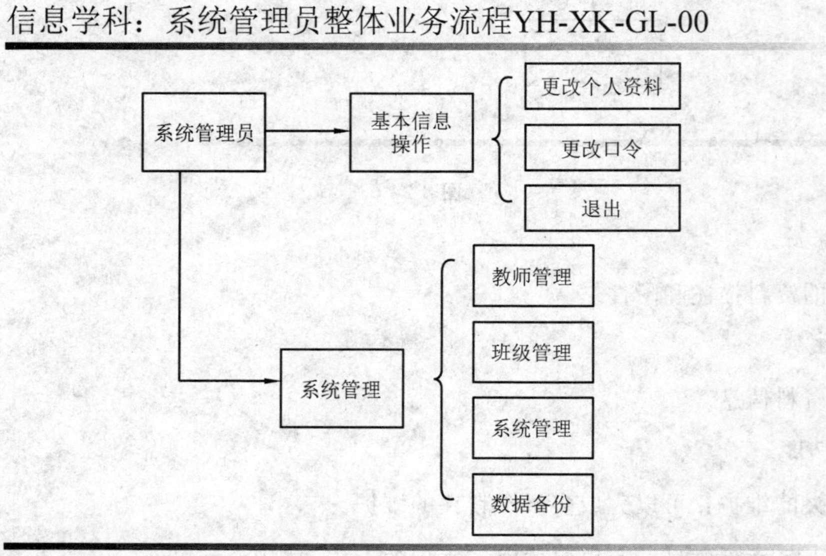

图 8-26

(1)基本信息操作

■业务描述：主要完成系统管理员的基本信息的管理；业务流程图如下：

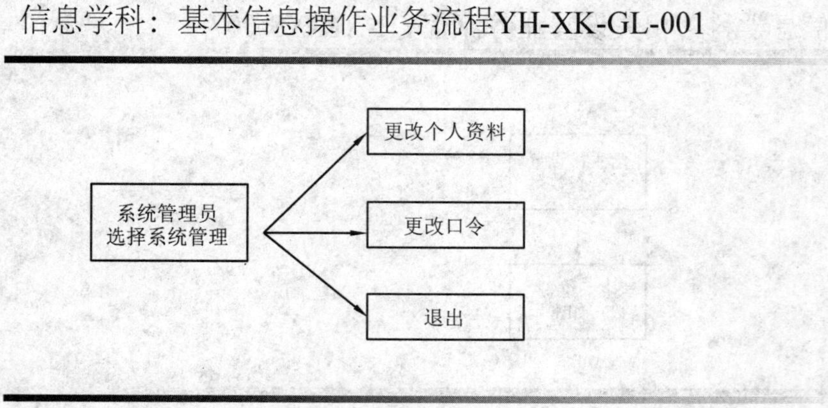

图 8-27

■数据来源

➢管理员对于个人基本信息的维护，比如，管理员的登录用户名、口令等。

■数据字典

➢各基础数据信息。

■主要功能

➢系统管理员的基本信息数据的维护，包括更改个人资料、更改口令、退出等。

➢更改个人资料：系统管理员更改个人的用户名、真实姓名、性别。

➢更改口令：更改管理员的登录密码。

➢退出：退出管理员模式。

(2)系统管理

■业务描述：主要完成整个系统的后台管理维护；业务流程图如下：

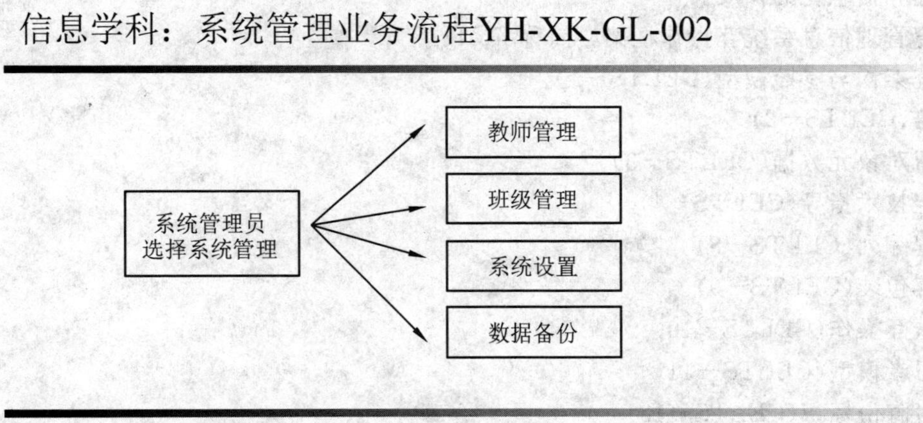

图 8-28

■数据来源

➢系统管理员对于系统以及操作人员的各种基本信息的设置和建立。

■数据字典

➢教师信息；

➢班级信息；

➢系统信息。

■主要功能

➢系统管理员对于教师、班级以及本系统进行设置；包括教师管理、班级管理、系统设置、数据备份。

➢教师管理：建立教师账户，包括姓名、性别、所授予登录状态、登录名、登录密码初始化。

➢班级管理：建立班级信息、选择管理班级的教师。

➢系统设置：对系统进行管理设置，包括外观（网站样式表、网站 Logo、网站 banner、菜单样式表）。

附件（上传文件单个最大容量、禁止上传的文件类型）、申请（允许用户申请、用户申请自动批准、学籍号位数、允许教师和学生登录）以及站点信息维护（学校名称等）

数据备份：主要功能是对系统数据的备份、恢复和删除。

4. 遵循相关标准

平台的设计应符合行业的发展规划，并考虑相关数据交换和共享的兼容性，并考虑与正在制定或即将出台的相关政策法规、规范和标准的衔接。（国家已经出具了《基于 XML 的电子公文格式规范》等相关国家标准。）

同时作为数据交换的标准，XML 已经成为这个领域的绝对标准，这样保证了系统的数据流通和信息化的扩展。

教育管理信息系统互操作框架，简称 EMIF

系统架构与参照模型（CELTS－1）

术语（CELTS－2）

学习对象元数据（CELTS－3）

绑定技术指导（CELTS－4）

课程编列（CELTS－8）

内容包装（CELTS－9）

测试互操作（CELTS－10）

学习者模型（CELTS－11）

学生身份标识（CELTS－13）

学力定义（CELTS－14）

平台与媒体标准族谱（CELTS－17）

工具/代理通信（CELTS－18）

学习管理（CELTS－20）

网络课程评价（CELTS－22）

教学服务质量管理（CELTS－24）

本地化指南（CELTS－25）

教育管理信息系统互操作（CELTS－40）

教育资源建设规范（CELTS－41）

五、中学生综合素质评价系统

为具体体现教育部制定下发的“普通高中学生综合素质评价方案（试行）”以及相关表格，配合全地区各学校的素质评价工作的开展。为此设计开发一套“普通高中学生综合素质评价系统”。系统将为学生综合素质评价提供更加“方便、快捷、有效”的工作方式。

1. 系统架构

(1)架构模型

系统设计采用SOA架构模型，它可以根据需求通过网络对松散耦合的粗粒度应用组件进行分布式部署、组合和使用。服务层是SOA的基础，可以直接被应用调用，从而有效控制系统中与软件代理交互的人为依赖性。

SOA服务提供者完成一组工作，为服务使用者交付所需的最终结果。最终结果通常会使使用者的状态发生变化，但也可能使提供者的状态改变，或者双方都产生变化。

(2)应用体系结构

系统开发将采用Microsoft. NET构建先进的B/AS/DS三层结构(Browser/Application Server/Database Server)。Microsoft. NET是Microsoft XML Web services平台。XML Web services允许应用程序通过Internet进行通信和共享数据，而不管所采用的是哪种操作系统、设备或编程语言。Microsoft. NET平台提供创建XML Web services并将这些服务集成在一起之所需。并运行在应用服务器之上，实现业务逻辑的快速部署和灵活调整，并通过部署在应用服务器层的专用组件实现对数据库的存取访问，以充分保证数据库系统的安全可靠访问。通过对上层应用服务的请求，调度下层业务逻辑及其相关业务系统的资源，完成以事件为驱动的工作流和数据流的运行。

(3)系统总体规划

通过上述系统分析，我们对系统的整体框架作了全面的设计，设计图如下：

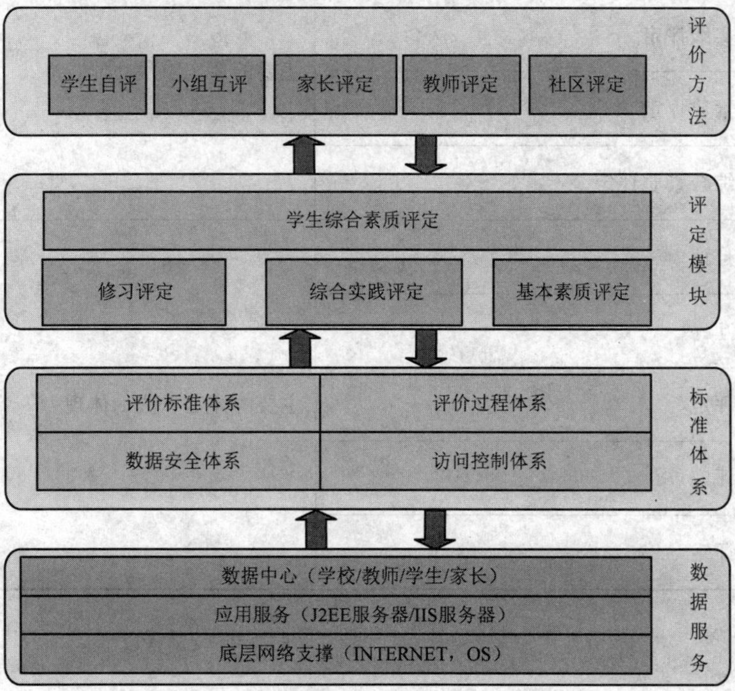

图 8-29

系统整体上分为了四个层面，分别是数据服务层、标准体系层、评定模块层和评定涉众层。

本系统的最终结构如下图所示：

<table>
<tr><th colspan="2">功能结构</th><th>说　明</th></tr>
<tr><td rowspan="3">数据服务层</td><td>底层网络支撑层</td><td rowspan="3">基础环境建设，包括数据库建设</td></tr>
<tr><td>应用服务器</td></tr>
<tr><td>数据服务层</td></tr>
<tr><td rowspan="4">标准化体系层</td><td>评价标准化体系</td><td rowspan="4">主要通过标准化的方式，建立规范体系</td></tr>
<tr><td>评价流程化体系</td></tr>
<tr><td>数据安全体系</td></tr>
<tr><td>访问控制体系</td></tr>
<tr><td rowspan="4">评定模块层</td><td>修习评定</td><td rowspan="4">主要的评定模块功能</td></tr>
<tr><td>综合实践评定</td></tr>
<tr><td>基本素质评定</td></tr>
<tr><td>学生综合素质评定</td></tr>
<tr><td rowspan="5">评定方法层</td><td>学生自评</td><td rowspan="5">主要的评定方法的体现</td></tr>
<tr><td>小组互评</td></tr>
<tr><td>家长评定</td></tr>
<tr><td>教师评定</td></tr>
<tr><td>社区评定</td></tr>
</table>

2. 主要功能模块描述

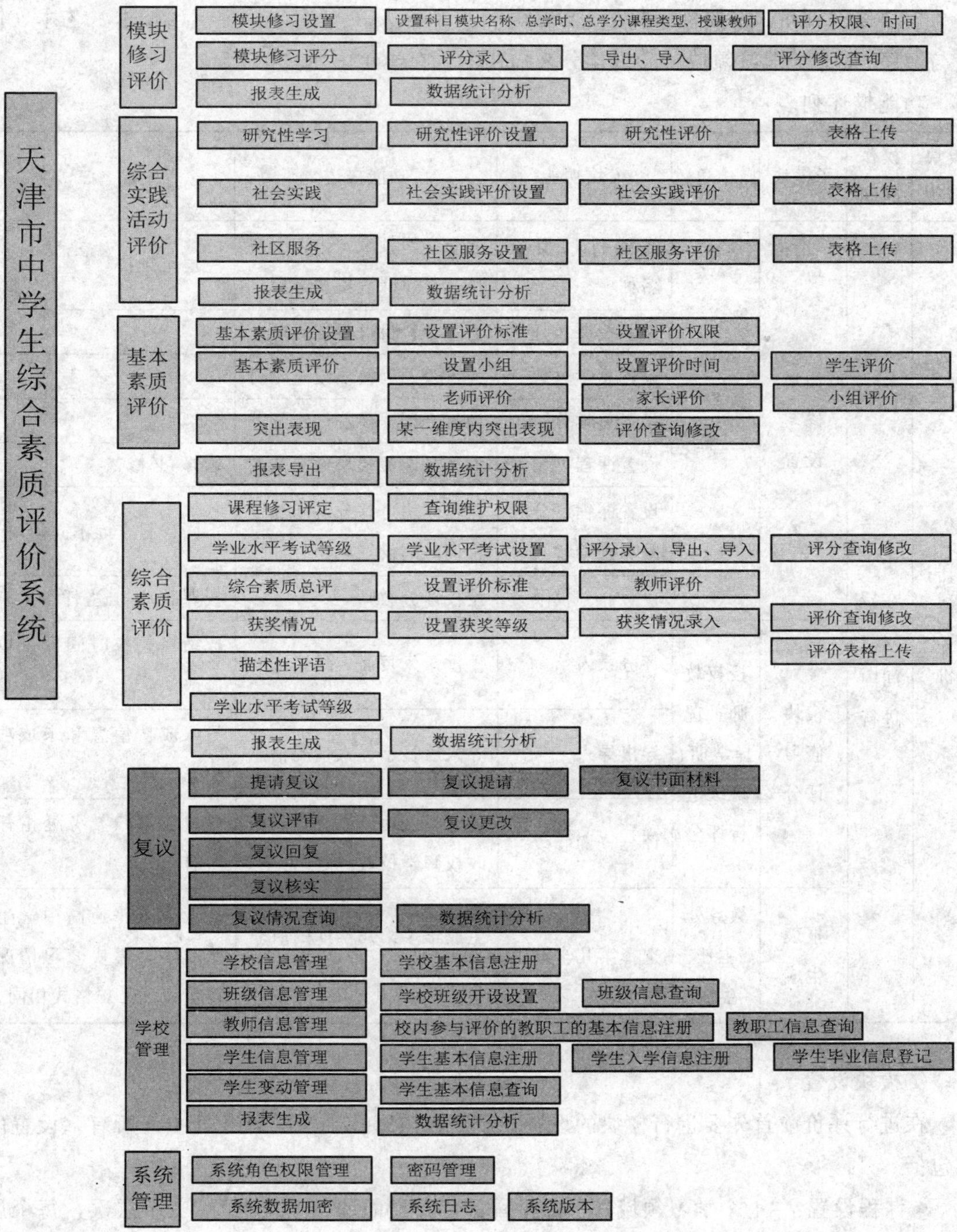

图 8-30

3. 各功能模块描述

(1)模块修习评价

模块修习评价：主要涉及“语言与文学、数学、人文与社会、科学、技术、艺术、体育与健康”，七个学习领域。通过学分来描述学生在学年内模块学习。

功能描述列表：

模块名称	操作时间	子模块	操作角色	模块功能	功能描述	备　注
模块修习评价	每学年末在授权时间内进行	模块修习设置	教务处主任	设置科目模块名称	七个学习领域，十四个科目，开设课程模块名称	三层可维护
				设置授课教师	为每个科目可授课教师	
				设置总学时数	为每个课程模块设定学时	
				设置总学分	为每个课程模块设定学分	
				设置课程类型	为每个课程模块设定类型	选修/必修
				设置课程评分时间和查询时间	课程模块可评分时间和可查询时间设定	不同权限查询不同模块
				设置评分权限	授权评分教师	授课教师/班主任
		模块修习评分	授权教师，选择学期、班级进行评分	评分录入	提供录入页面，纠错	成绩在授权时间内可以修改
				导出导入	导入后显示导入情况信息	导入成功信息和未成功信息
				评分查询修改	评分录入后可以查询，修改权归学校教务处	修改权限归教务处主任所有
		报表生成	教务处主任生成	选择第几学期	生成学生第几学期的所获学分情况表	与天津市普通高中学生第　学年模块修习情况评价表(表二)格式相同

①模块设置

在进行评价前首先要进行模块的设置，设置权限默认归学校教务处主任所有，设置内容包括：

- 课程设置：“七个学习领域，十四个科目，开设的课程模块名称”三个层次，每个层都可以进行维护修改。
- 学时、学分、类型设置：为每个开设的课程模块设置总学时和学分和开设的课程的类型。

● 评分时段和查分时段设置：课程评分在设置的评分时间内进行，并设置在评分后可以查询评分的时间段。

● 评分授权设置：评分录入授权每个课程模块的学分认定是在由授课教师根据学校学分管理规定认定的学分。在对认定的学分进行录入时，默认授权为班主任，由班主任录入所带班的学生的所有课程学分成绩；也可以授权给课程授课教师，由授课教师录入所教班的学生此门课程的学分成绩。

②评分过程

课程模块的评分是在每学年末授权的评价时间内进行，由被授权的教师进行录入。

在评分录入时也可以直接进行评分的导入，在进行导入时首先导出“评分的录入表”，作为系统唯一可以识别导入表格形式。在对“评分的录入表”导入后，将提示导入情况信息，包括成功导入的记录和未能导入的记录。评分的成绩录入只在授权的时间内可以修改。

③评分查询

课程模块在评分录入后在可查询时间内可以进行评分查询，查询权限可以是学生、班主任、授课教师和教务处主任四种查询权限类别。各权限查询内容：

● 学生只可以查询自己在每学年末的课程被评定的学分(选择学年，显示所有课程的所获学分)；

● 班主任可以查询所带班所有学生所被评定的学分(选择学生，显示所带班级学生所有学年所有课程的所获学分)；

● 授课教师可以查询所教学生所评定的学分(选择学生，显示所教授课程学生的所获学分)；

● 教务处主任可以查询所在学校所有学生的被评定学分(选择学生，显示所有学生所有学年所有课程的所获学分)，并且默认教务处主任具有唯一修改学分的权利。

④报表生成

在每学年末，默认为教务处主任将所有学生所有学年修习模块修习情况评价表。报表格式依据教委相关部门提出格式要求，现根据“天津市普通高中学生第　学年模块修习情况评价表(表二)”报表格式生成。如图所示：

(2)综合实践活动评价

综合实践活动评价：反映学生参加研究性学习、社会实践、社区服务活动的体验与收获、教师对学生在活动中的表现进行评价。

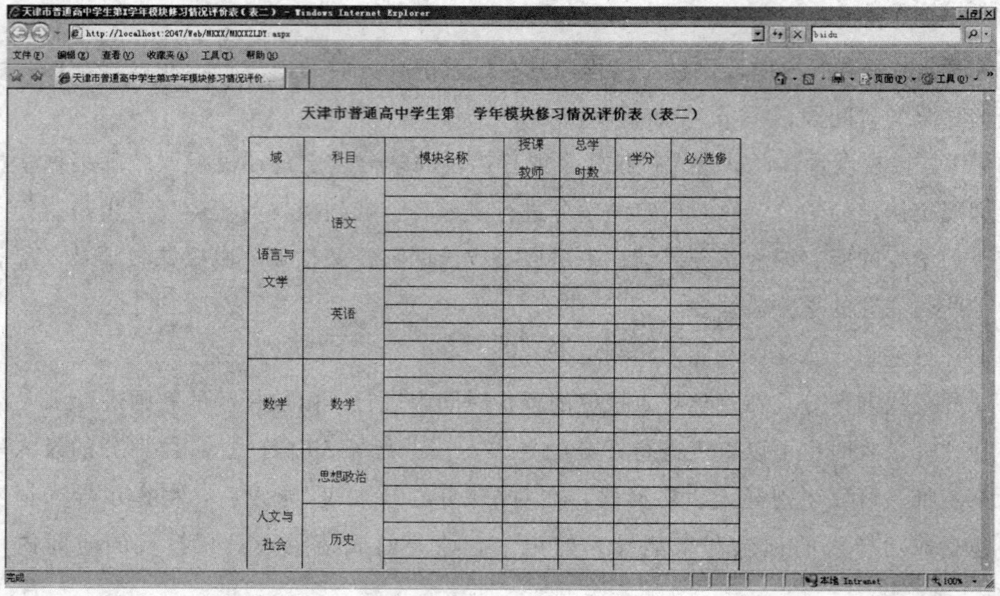

图 8-31

功能描述列表：

综合实践活动评价分为三个模块“研究性学习、社会实践、社区服务活动”

①研究性学习模块

功能描述列表：

子模块	操作角色	模块功能	功能描述	备　注
研究性学习	每学年末进行，教师选择学期、班级，进行评分	研究性评价设置由德育处主任设定	设置评价标准	三层可维护
			设置评价权限	班主任/辅导教师
			设置可评价时间范围，可查询时间范围	在可评价时间范围内进行评价，可查询时间内查询
		研究性评价由授权教师评价	设置评价时间	开始、结束时间
			学生记录、评价	记录活动情况，记录自评，体验与收获
			教师评价	辅导教师/班主任评价
			评价查询修改	授权时间内可查可改，出可查，修改权限归德育处
			评价表格上传	原始评价表上传图片附件

● 模块设置

在进行研究性学习评价前首先要进行模块的设置，设置权限默认归德育处所有，设置内容包括：

○ 评价标准：评价标准是三层维护修改

评价标准	关键表现	具体表现
学习态度	能正确认识研究性学习的课程意义	由各校设定具体表现情况
	能主动参与课题研究	由各校设定具体表现情况
	能自主确定研究课题	由各校设定具体表现情况
参与程度	在课题研究中承担的任务量	由各校设定具体表现情况
	在课题研究中个人的作用与承担的责任	由各校设定具体表现情况
研究能力	研究思路清晰	由各校设定具体表现情况
	研究手段、方法科学可行	由各校设定具体表现情况
	研究结果的表现形式科学合理、便于展示交流	由各校设定具体表现情况
	研究取得了有一定价值的创新成果	由各校设定具体表现情况

○ 评价时段和查询时段设置：评价在设置的评价时间内进行，并设置在评价后可以查询的时间段。

○ 评价权限：由德育处主任设置评价的权限，默认归班主任所有，由班主任对所带班的学生活动进行评价；也可以设置成辅导教师，对辅导教师所辅导班的学生进行评价。

● 评价过程

研究性学习评价是在每学年末，记录每学年内的每次活动情况，评价步骤

○ 由授权的教师在授权的评价时间内设置学生开始评价时间和结束时间；

○ 学生登录系统，记录活动情况和体验与收获(自评)；

○ 学生评价时间结束后，授权教师进行评价，由辅导教师(辅导教师角色由系统设置，是可以管理几个班级的学生辅导教师)记录对所管理学生活动情况的评价，或由班主任记录所管理班级学生的活动情况评价。评价只在评价授权的时间内可以修改。

● 评价查询

在授权教师对研究性学习评价结束后，后在可查询时间范围内可以进行评分查询，查询权限可以是学生、班主任、授课教师和德育处主任四种查询权限类别。各权限查询内容：

○ 学生只可以查询自己在每学年末的研究性学习活动中辅导教师的评价(选择学年，显示研究性学习活动所获评价)；

○班主任可以查询所带班所有学生活动中辅导教师的评价(选择学生，查询所带班级学生所有学年所有活动中辅导教师的评价)；

○辅导教师可以查询所教学生活动中的评价(选择学生，查询活动中所获评价)；

○德育处主任可以查询所在学校所有学生研究性学习活动中所获评价(选择学生，查询所有学生所有学年研究性学习活动中所获评价)，并且默认德育处主任具有唯一修改学分的权利。

● 表格上传

在研究性学习活动中，学生填写的表格可以扫描成图片格式以附件形式上传保存。表格上传在评价期间进行，权限由授权的评价教师所有。

②社会实践模块

功能描述列表：

<table>
<tr><th>子模块</th><th>操作角色</th><th>模块功能</th><th>功能描述</th><th>备 注</th></tr>
<tr><td rowspan="10">社会实践</td><td rowspan="10">每学年末进行，教师选择学期、班级，进行评分</td><td rowspan="5">社会实践评价设置由德育处主任设置</td><td>设置评价标准</td><td>三层可维护</td></tr>
<tr><td>设置成绩</td><td>成绩分制，百分制</td></tr>
<tr><td>设置等级</td><td>依照成绩定等级</td></tr>
<tr><td>设置评价权限</td><td>班主任/辅导教师</td></tr>
<tr><td>设置可评价时间范围，可查询时间范围</td><td>在可评价时间范围内进行评价，可查询时间内查询</td></tr>
<tr><td rowspan="5">研究性评价社会实践评价</td><td>设置评价权限</td><td>设置代填/学生/教师</td></tr>
<tr><td>设置评价时间</td><td>开始、结束时间</td></tr>
<tr><td>学生记录、评价</td><td>记录活动情况，记录自评，体验与收获</td></tr>
<tr><td>辅导教师或同伴或家长评价</td><td>由授权教师代填，标注评价人员评价</td></tr>
<tr><td>评价表格上传</td><td>原始评价表上传图片附件</td></tr>
</table>

● 模块设置

在进行研究性学习评价前首先要进行模块的设置，设置权限默认归德育处所有，设置内容包括：

○评价标准：评价标准是三层维护修改

评价标准	关键表现	具体表现
实践态度	能正确认识社会实践的意义	由各校设定具体表现情况
实践过程	能全程参与	由各校设定具体表现情况
	积极投入	由各校设定具体表现情况
实践能力	具备相关的实践经验与技能	由各校设定具体表现情况
	具有一定的与人交往与沟通能力	由各校设定具体表现情况
	具有一定的社会适应能力	由各校设定具体表现情况

○成绩等级设置：为社会实践设置成绩(百分制)与等级(优良中差，ABCD)。

○评价时段和查询时段设置：评价在设置的评价时间内进行，并设置在评价后可以查询的时间段。

○评价权限：由德育处主任设置评价的权限，默认归班主任所有，由班主任对所带班的学生活动进行评价；也可以设置成辅导教师，对辅导教师所辅导班的学生进行评价。

● 评价过程

社会实践评价是在每学年末，记录每学年内的每次活动情况，评价步骤。

○由授权的教师在授权的评价时间内设置学生开始评价时间和结束时间；

○学生登录系统，记录活动情况和体验与收获(自评)；

○学生评价时间结束后，授权教师进行评定成绩等级和评价，由辅导教师(辅导教师角色由系统设置，是可以管理几个班级的学生辅导教师)记录对所管理学生活动情况的评价，或由班主任记录所管理班级学生的活动情况评价。评定成绩等级和评价只在评价授权的时间内可以修改。

○评价参与，(由辅导教师或同伴或家长评价任意其中一员为学生评价，本次系统只选择由辅导教师进行评价，若都进行记录需标注评价人员)

● 评价查询

在授权教师对社会实践评价结束后，后在可查询时间范围内可以进行评分查询，查询权限可以是学生、班主任、授课教师和德育处主任四种查询权限类别。各权限查询内容：

○学生只可以查询自己在每学年末的社会实践活动中辅导教师的评价(选择学年，显示社会实践活动所获成绩等级和评价)；

○班主任可以查询所带班所有学生活动中辅导教师的评价(选择学生，查询所带班级学生所有学年所有活动中的绩等级和评价)；

○辅导教师可以查询所教学生活动中的评价(选择学生，查询活动中所获成绩等级和评价)；

○德育处主任可以查询所在学校所有学生社会实践活动中所获评价（选择学生，查询所有学生所有学年社会实践活动中所获成绩等级和评价），并且默认德育处主任具有唯一修改的权利。

● 表格上传

在社会实践活动中，学生填写的表格可以扫描成图片格式以附件形式上传保存。表格上传在评价期间进行，权限由授权的评价教师所有。

③社区服务模块

功能描述列表：

子模块	操作角色	模块功能	功能描述	备　注
社区服务	每学年末进行，教师选择学期、班级，进行评分	社区服务设置由德育处主任设置	设置评价标准	三层可维护
			设置评价成绩	成绩分制，百分制
			设置评价等级	依照成绩定等级
			设置评价权限	班主任/辅导教师
			设置可评价时间范围，可查询时间范围	在可评价时间范围内进行评价，可查询时间内查询
		社区服务评价	设置评价时间	开始、结束时间
			学生评价	自评，体验与收获
			同伴或服务对象或家长评价	由授权教师代填，标注评价人员评价
			评价表格上传	原始评价表上传图片附件

● 模块设置

在进行研究性学习评价前首先要进行模块的设置，设置权限默认归德育处所有，设置内容包括：

○评价标准：评价标准是三层维护修改

评价标准	关键表现	具体表现
服务态度	能正确认识社区服务的意义	由各校设定具体表现情况
服务过程	自主参与	由各校设定具体表现情况
	对服务保持持续的兴趣	由各校设定具体表现情况
服务能力	掌握基本的服务技能	由各校设定具体表现情况
	服务效果好	由各校设定具体表现情况

○ 成绩等级设置：为社会实践设置成绩(百分制)与等级(优良中差，ABCD)。

○ 评价时段和查询时段设置：评价在设置的评价时间内进行，并设置在评价后可以查询的时间段。

○ 评价权限：由德育处主任设置评价的权限，默认归班主任所有，由班主任对所带班的学生活动进行评价；也可以设置成辅导教师，对辅导教师所辅导班的学生进行评价。

● 评价过程

社区服务评价是在每学年末，记录每学年内的每次活动情况，评价步骤

○ 由授权的教师在授权的评价时间内设置学生开始评价时间和结束时间。

○ 学生登录系统，记录活动情况和体验与收获(自评)和家长评价(家长评价由学生代为记录)。

○ 学生评价时间结束后，授权教师进行评定成绩等级，由辅导教师(辅导教师角色由系统设置，是可以管理几个班级的学生辅导教师)记录对所管理学生活动情况进行评定成绩等级，或由班主任记录所管理班级学生的成绩等级。成绩等级只在评价授权的时间内可以修改。

○ 评价参与(由同伴或服务对象或家长评价任意其中一员为学生评价，本次系统只选择由家长进行评价并由学生进行代记录，若都进行记录需标注评价人员)。

● 评价查询

在授权教师对社区服务评价结束后，后在可查询时间范围内可以进行评分查询，查询权限可以是学生、班主任、授课教师和德育处主任四种查询权限类别。各权限查询内容：

○ 学生只可以查询自己在每学年末的社区服务活动中辅导教师的评价(选择学年，显示社区服务活动所获成绩等级和评价)；

○ 班主任可以查询所带班所有学生活动中辅导教师的评价(选择学生，查询所带班级学生所有学年所有活动中的成绩等级和评价)；

○ 辅导教师可以查询所教学生活动中的评价(选择学生，查询活动中所获成绩等级和评价)；

○ 德育处主任可以查询所在学校所有学生社区服务活动中所获成绩等级和评价(选择学生，查询所有学生所有学年社区服务活动中所获成绩等级和评价)，并且默认德育处主任具有唯一修改的权利。

● 表格上传

在社区服务活动中，学生填写的表格可以扫描成图片格式以附件形式上传保存。表格上传在评价期间进行，权限授权的评价教师所有。

● 报表生成

在学期期满后，由德育处主任将所有学生所有学年综合实践活动记录表。报表格式依据教委相关部门提出格式要求，现根据“天津市普通高中综合实践活动记录表（表三）”报表格式生成。如图所示：

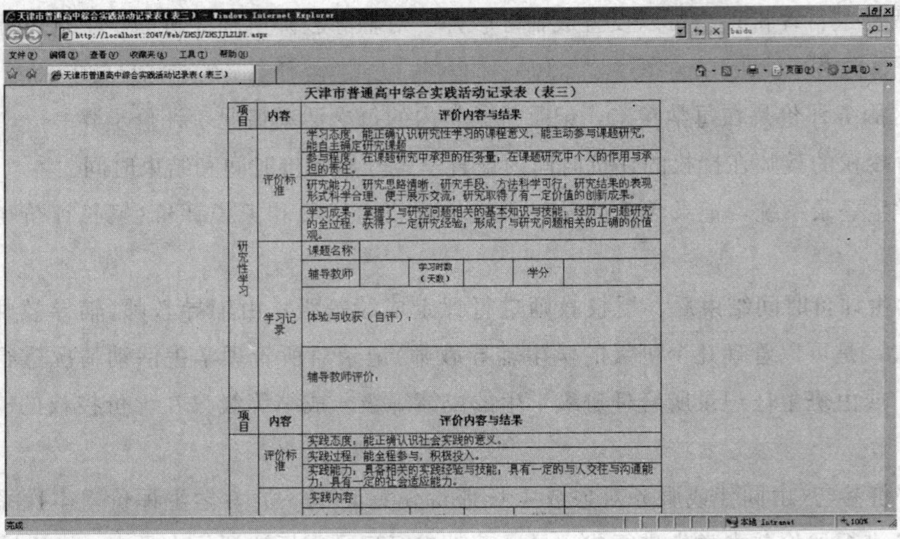

图 8-32

(3)基本素质评价

基本素质发展评价：主要涉及“道德品质、公民素养、学习能力、交流与合作、运动与健康、审美与表现”六个维度，十七个要素的内容。以学年为单位，在学年末，采取学生个人自评、小组互评、家长评价、教师评价相结合的方式进行。

功能描述列表：

模块名称	操作时间	子模块	操作角色	模块功能	功能描述	备注
基本素质评价	每学期进行	基本素质评价设置	德育处主任	设置评价标准	维度要素关键表现已固定，特殊权限可维护，关键表现下可以设置具体表现	4层可维护
				设置评价权限	设置代填/学生/教师	
				设置可评价时间范围，可查询时间范围	在可评价时间范围内进行评价，可查询时间内查询	设置可评价时间范围，可查询时间范围

续表

模块名称	操作时间	子模块	操作角色	模块功能	功能描述	备注
		基本素质评价	每学年末进行，班主任选择学期、班级，进行评价	设置小组	班主任权限分组	
				设置评价时间	开始、结束时间	
				学生评价	按照评价标准评定	
				小组评价	按照评价标准评定	
				家长评价	按照评价标准评定	
				老师评价	按照评价标准评定	
				评价表格上传	原始评价表上传图片附件	
		突出表现	德育处主任、教务处主任、班主任	某一维度内突出表现	班主任评定	
				如有书面材料可以上传	原始书面材表上传图片附件	
				评价查询修改	授权时间内可查可改	修改权限归教务处
		报表导出	班主任生成	选择第几学期	生成学生第几学期的基本素质评价表	

①模块设置

在进行研究性学习评价前首先要进行模块的设置，设置权限默认归德育处所有，设置内容包括：

● 评价标准：评价标准根据“六个维度，十七个要素，各要素关键表现，以及由学校可具体定制的具体表现”四个层次是四层维护修改。

● 评价时段和查询时段设置：评价在设置的评价时间内进行，并设置在评价后可以查询的时间段。

● 评价权限：由德育处主任设置评价的权限，默认归班主任所有，由班主任对所带班的学生活动进行评价。

②评价过程

基本素质评价是在每学年末，记录每学年内的学生基本素质表现。评价步骤：

● 首先由班主任进行分组，分组以班为单位进行分组，每个班可以自由设定小组，小

组成员必须两人以上，

● 再由班主任授权的学生评价开始、结束时间；

● 然后学生登录，在评价时间内进行自我评价；

● 小组评价，小组评价的方式(可选)；

● 每个小组成员可以对另外的小组成员逐一评价，并将每个小组成员的评价记录下来；

● 小组成员评价由小组长(系统设置小组长角色和权限)进行评价，记录小组长评价；小组长由组员合议进行评价，记录一个合议评价；

● 每个小组成员都有每个小组合议进行评价，记录每个小组成员的合议评价结果；

● 此次系统采用的是第三种方式的评价方式。

家长评价，家长评价的方式(可选)

○ 家长通过外网直接登录到系统内进行评价；

○ 受各种客观条件的约束家长无法登录评价，可由学生代为记录(此次系统统一采用学生代为记录家长评价方式，可以在一定程度上保证系统的安全)。

○ 班主任在评价学生评价结束后进行对每个学生的教师评价。

● 突出表现：对某学生在某一维度内有突出表现的记录到突出表现栏内。如有书面材料可以以扫描成图片格式以附件形式上传保存。

③评价查询

在评价时间结束后，在可查询时间范围内可以进行基本素质评价查询，查询权限可以是学生、班主任和德育处主任三种查询权限类别。各权限查询内容：

● 学生只可以查询自己在每学年末学生(选择学年，显示基本素质所获评价)；

● 班主任可以查询所带班所有学生的基本素质评价情况(选择学生，查询所带班级学生所有学年基本素质评价情况)；

● 德育处主任可以查询所在学校所有学生基本素质评价情况(选择学生，查询所有学生所有学年基本素质评价情况)，并且默认德育处主任具有唯一修改评价的权利。

④表格上传

在基本素质评价情况中，学生填写的基本素质评价表格可以扫描成图片格式以附件形式上传保存。表格上传在评价期间进行，默认表格上传权限归班主任所有。

⑤报表生成

在学期期满后，默认由德育处主任将所有学生所有学年基本素质评价表。报表格式依据教委相关部门提出格式要求，现根据“天津市普通高中学生基本素质评价表(表四)”报表格式生成。如图所示：

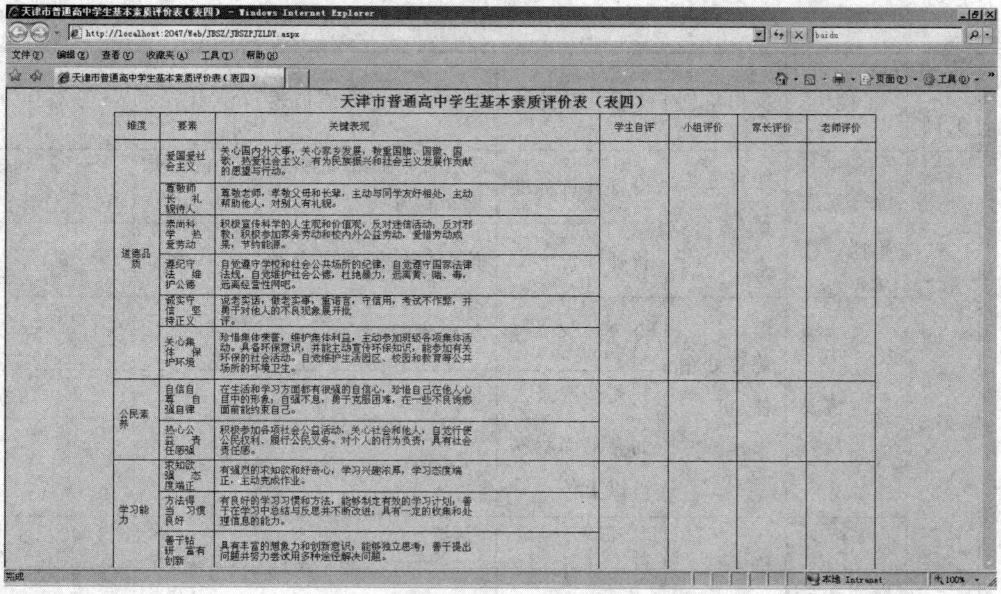

天津市普通高中学生基本素质评价表（表四）

维度	要素	关键表现	学生自评	小组评价	家长评价	老师评价
道德品质	爱国爱社会主义	关心国内外大事，关心家乡发展，敬重国旗、国徽、国歌，热爱社会主义，有为民族振兴和社会主义发展作贡献的愿望与行动。				
	尊敬师长 礼貌待人	尊敬老师，孝敬父母和长辈，主动与同学友好相处，主动帮助他人，对别人有礼貌。				
	崇尚科学 热爱劳动	积极宣传科学的人生观和价值观，反对迷信活动；反对邪教；积极参加家务劳动和校内外公益劳动，爱惜劳动成果，节约能源。				
	遵纪守法 维护公德	自觉遵守学校和社会公共场所的纪律，自觉遵守国家法律法规，自觉维护社会公德，杜绝暴力，远离黄、赌、毒，远离经营性网吧。				
	诚实守信 坚持正义	说老实话，做老实事，重诺言，守信用，考试不作弊，并勇于对他人的不良现象展开批评。				
	关心集体 保护环境	珍惜集体荣誉，维护集体利益，主动参加班级各项集体活动。具备环保意识，并能主动宣传环保知识，能参加有关环保的社会活动。自觉维护生活园区、校园和教育等公共场所的环境卫生。				
公民素养	自信自尊 自强自律	在生活和学习方面都有很强的自信心，珍惜自己在他人心目中的形象，自强不息，勇于克服困难，在一些不良诱惑面前能约束自己。				
	热心公益 责任感强	积极参加各项社会公益活动，关心社会和他人，自觉行使公民权利、履行公民义务。对个人的行为负责，具有社会责任感。				
学习能力	求知欲强 态度端正	有强烈的求知欲和好奇心，学习兴趣浓厚，学习态度端正，主动完成作业。				
	方法得当 习惯良好	有良好的学习习惯和方法，能够制定有效的学习计划，善于在学习中总结与反思并不断改进；具有一定的收集和处理信息的能力。				
	善于钻研 富有创新	具有丰富的想象力和创新意识，能够独立思考；善于提出问题并努力尝试用多种途径解决问题。				

图 8-33

(4) 综合素质评价

在学生学期期满后对学生进行综合素质评价

功能列表描述：

模块名称	操作时间	子模块	操作角色	模块功能	功能描述	备　注
综合素质评价	学期满进行	课程修习评定	教务处主任	查询维护权限	将权限授予教务主任	
		学业水平考试等级	教务处主任/班主任	学业水平考试设置	考试名称设置	
					考试类型设置	
				评分录入	提供录入页面，纠错	成绩只能记录一次
				导出、导入	导入纠错	导入详细情况
				评分查询修改	授权时间内可查可改	修改权限归教务处

续表

模块名称	操作时间	子模块	操作角色	模块功能	功能描述	备注
		综合素质总评	德育处主任/班主任	设置评价标准	3层可维护或直接引用基本素质评价标准	
				教师评价	按照评价标准评定	
		获奖情况	德育处主任/班主任	设置获奖等级	等级设置	
				获奖情况录入	获奖情况评定	
				如有书面材料可以上传	原始评价表上传图片附件	
		描述性评语	班主任	班主任评价		
				评价表格上传	原始评价表上传图片附件	
				评价查询修改	授权时间内可查可改	修改权限归教务处
		报表生成	评价组组长	学生学期满将学生评价的综合		

①模块设置

在进行研究性学习评价前首先要进行模块的设置，设置权限默认归评价小组组长所有，设置内容包括：

● 评价时段和查询时段设置：评价在设置的时间内进行，并设置在评价后可以查询的时间段；

● 评价授权设置：综合素质默认评价权限归班主任所有。由班主任记录所带班的学生的综合素质评价。但不同模块设置有所不同，学业水平考试设置默认权限归教务主任所有，获奖等级设置归德育处主任所有。

②评价过程

在学生学期满之后进行学生综合素质评价，在评价授权的时间内进行评价，评价分为五个部分：

● 课程修习评定：由班主任根据所带班学生每学年的学分自动生成，生成的每个学生的每学年学分不可修改(只能修改学生每学年的模块修习学分)。

● 学业水平考试评价步骤：

○ 先由教务处主任负责设置考试科目名称和考试类型(考试科目与修习科目不完全一致)；

○ 再由班主任以班为单位进行记录，或可以导出各班的“学业水平考试成绩登记表”录入相应成绩，作为系统唯一可以识别导入表格形式。在对“学业水平考试成绩登记表”导入，导入后，将提示导入情况信息，包括成功导入的记录和未能导入的记录；

○ 评分的成绩录入只在授权的时间内可以修改。

● 综合素质评价：评价权限归班主任所有，评价标准直接引用基本素质评价标准的六个维度。

● 获奖情况评定步骤：

○ 由德育处主任设置获奖的等级；

○ 再由班主任进行获奖情况的记录，选定评定的等级；

○ 如有书面材料可以扫描成图片格式进行上传。

● 描述性评定由班主任进行评价。

③评价查询

在评价时间结束后，在可查询时间范围内可以进行基本素质评价查询，查询权限可以是学生、班主任和评价小组组长三种查询权限类别。各权限查询内容：

● 学生只可以查询自己综合素质评价情况；

● 班主任可以查询所带班所有学生的综合素质评价情况(选择学生，查询所带班级学生综合素质评价情况)；

● 评价小组组长可以查询所在学校所有学生评价小组组长(选择学生，查询所有学生综合素质评价情况)，并且评价小组组长具有唯一修改评价的权利。

④报表生成

在学期期满后，默认为评价小组组长将所有学生所有学年基本素质评价表。报表格式依据教委相关部门提出格式要求，现根据“天津市普通高中学生综合素质评价总表(表五)”报表格式生成。如图所示：

(5)复议

复议是对每学期和每学年的评定结束后进行的评价查询后的复议，如果学生对其评价的结果有任何异议，以书面形式向评价小组提出复议。

功能列表描述：

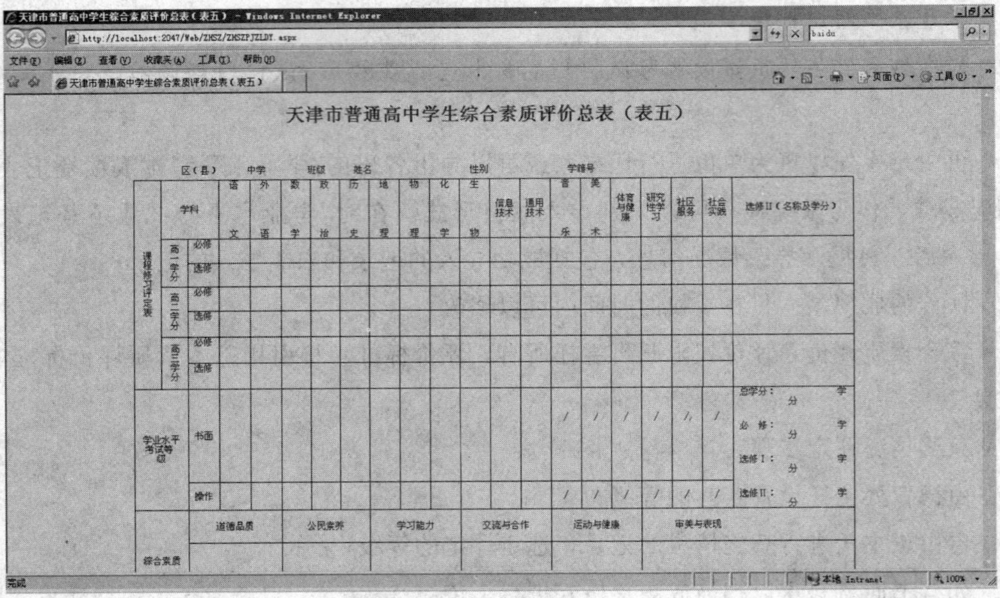

图 8-34

模块名称	操作时间	子模块	操作角色	模块功能	功能描述
复议	每次评价结束后	复议设置	评价小组长	复议和查询时间段	开始、结束时间
		提请复议	学生复议	复议提请	复议内容，复议原因
				复议书面材料	原始材料上传图片附件
		复议评审	评价小组组长	复议评审	对需要复议材料做重新的评审，更改或维持
		复议回复	评价小组组长	复议回复	对复议进行回复
		复议情况查询	评价小组组长	复议查询	对各模块的复议的情况，进行查询

①复议设置

在每次评价结束后，由评价小组长对复议进行设置，设置内容包括：

● 复议时段：可以提交复议的开始时间和结束时间。

● 查询时段：复议结果查询的开始时间和结束时间。

②复议过程

在每次评价结束后，如果学生对其评价的结果有异议可以提出复议，复议流程为：

● 学生提请复议，并将复议的原始书面文件以扫描图片的形式上传。

● 评价小组对复议的情况进行核实，在(7 天之内)对学生复议情况进行回复，并以书面材料回复给学生。记录回复的情况。

③复议查询

复议结束后可以对复议进行查询：

● 学生可以查询自己复议的情况；

● 评价小组组长查询所有学生复议情况。

(6)学校管理

学生基本信息是将学生信息记录到系统内

功能列表描述：

模块名称	操作时间	子模块	操作角色	模块功能	功能描述
学校管理	系统安装完成后	学校基本信息注册	系统管理员	注册学校基本信息	
	系统使用前	学校开设班级设置	教务处主任	设置每一学届开设的班级	学校班级信息维护，增、删、改，例如“开设 08 届高一 12 个班”
		教师信息管理	教务处主任	校内参与评价的教职工的基本信息注册	参与评价的校内教师信息注册
	系统使用前	学生信息管理	教务处主任	学生使用系统信息注册	在学生使用此系统之前进行注册登记
				学生毕业信息登记	在学生学期期满毕业之前进行注册登记
	系统使用中	学生变动管理	教务处主任	学生发生数据变动	学生发生变动的数据处理
	学生毕业时	报表生成	班主任		与天津市普通高中学生基本信息登记表(表一)格式相同

①学校基本信息设置

在系统安装完成之后，由教务处主任对系统进行注册设置，设置内容包括：

● 学校基本信息注册：注册使用学校的基本信息。

● 开设班级的设置：每一学届每一年级所开设的班级。

● 教职工信息注册：注册涉及参与评价的教职工信息。

● 学生信息注册：注册分为两个种：

○ 在学生使用此系统之前进行注册登记。

○ 在学生学期期满毕业之前进行注册登记。

②学校注册过程

系统的使用需要通过一个使用流程，再为学校提供服务的，其基本使用流程如下：

● 系统第一次使用由教务主任登录，进行对学校基本信息进行注册；

● 注册本校开设的年纪和班级；

● 注册学校内的参与素质评价的教职工信息及角色和职务；

● 注册学生基本信息；

● 设置每个学生所在班级，后有班主任维护其相关信息；

● 学生已经毕业或其他异动离开了学校，不再回到学校，教务处主任可以将失效的学生数据进行迁移和保存。

③学生注册过程

在设置完可以注册之后学生登录系统记录其基本信息注册步骤：

● 学生登录注册页面进行基本信息的注册；

● 注册后登录系统查看其基本信息，在可注册时间段内可以修改注册信息；

● 注册结束后，学生将被分配到不同的班级，然后由班主任管理其相关信息；

● 学生学期期满后，将登录系统填写简历。

④注册查询

学生在记录完自己的基本信息后和记录完简历后，可以注册查询时间内可登录系统核查自己的信息是否正确；

班主任可以登录系统维护自己所在班学生的基本信息。

⑤报表生成

在学期期满后，默认为班主任将所带学生生成基本信息表。报表格式依据教委相关部门提出格式要求，现根据“天津市普通高中学生基本信息表(表一)”报表格式生成。如图 8-35 所示：

⑥学生变动管理

学生在校期间如果发生转学、借读、辍学、休学、复读的情况时，将对学生信息管理。迁移管理分为两种情况：

● 迁出时：班主任选择学生迁移情况时，由班主任记录学生在校期间的简历情况；由评价小组组长填充记录完成学生在校期间的所有评价登记表后生成报表，以供学校存档和

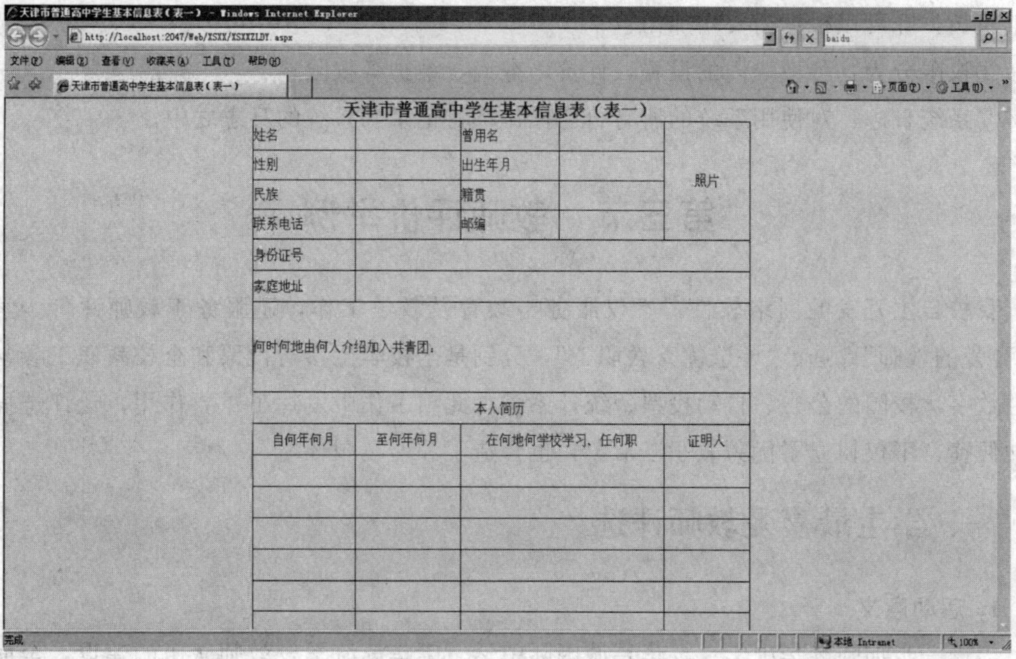

图 8-35

提供给学生。

● 转入时：学生提供原校期间的基本情况表和建立情况，以及原校的评定登记表，由班主任和评价小组组长写入评价系统内。

但以上情况存在一定安全性风险；根据以上情况，我们提出了使用“数据交换专用 U 盘”的解决方式，在学生迁移时，可以将学生的基本信息以及评价信息，存入数据交换专用 U 盘内，在学生转入可以将数据交换专用 U 盘内的学生信息以及评价信息直接被系统所识别导入。数据交换专用 U 盘避免了普通的数据导入导出的时的不安全情况，并且具有身份识别等功能。详细解释见(附件二)

(7)系统管理

系统在进行维护时：

系统配置	系统管理员	角色维护	系统角色设置	
	系统管理员	权限维护	系统权限设置	
	系统管理员	系统日志		

(8)系统维护

系统的使用过程中，将给使用人员分配角色和权限，其基本设置如下：

①角色分为：学生、授课教师、辅导教师、班主任、教务处主任、德育处主任、评价

小组组长，并可以根据需要增加角色；

②权限分为：各模块内的设置，评价，查询，维护等权限；

③系统日志：对使用系统的所有行为操作都将记录到系统的日志之中。

第三节　教师评价举例

我校自主开发的网络软件，不仅服务于教育及教学工作，还服务于教师评价。学生“最喜爱的教师”评选、“评选优秀教职工”，分别是全校学生参与投票和全校教职工参与投票。数字化校园的公告、自动投票、统计系统在此项工作中发挥了重要作用，让评选操作更加便捷，不仅树立了优秀教职工形象，也营造了和谐校园环境。

一、学生最喜爱教师评选

1. 活动意义

为进一步加强耀华中学、耀华嘉诚国际中学、耀华滨海学校教师队伍的建设，全面提高我校教师师德、教学的全面素质，树立优秀教师典型，大力弘扬教师无私奉献的高尚师德；激发广大教师爱岗敬业的工作热情，努力塑造思想政治素质过硬、职业理想坚定、职业道德高尚的教师形象，在全校形成尊师重教的良好社会氛围，我校自2005年起连续七年开展“学生最喜爱的教师”评选活动。

“最喜爱的教师”评选活动每学年组织一次，充分展示了我校优秀教师风采，发挥了学生的主体意识，构建和谐师生关系，使广大教师真正成为学生最尊敬、最知心、最信任的精神关怀者，为营造学校教育和谐、温暖、健康的教育环境起到了重要作用。2012年，我校将对近五年来这一活动进行阶段性总结，评选出“学生最喜爱教师”金球奖、银球奖获得教师，这将对我校教师队伍建设起到了积极引导的作用。争做学生喜爱的教师，已经成为耀华教师的追求！

教师主动地听取学生对自己的肯定、意见及建议，能促进学生、教师的共同成长。“学生最喜爱教师”这项评选制度实施数年，是朝着积极向上，助推教师快速成长的，具有实效性的活动。它是教师客观认识自我的一面镜子，可以看到自己身上存在的不足，同时也能直观地看到受欢迎教师身上值得学习的地方，更有利于我们主动去改进教育、教学方法。虽然教师有时考虑更多的则是一个整体的发展，但它更让我们清楚地认识到，还应该用崇高性和楷模性更大程度地去满足同学们个体发展的需要，这样我们才能更好地促进家校合力育人，使学生满意、家长满意、社会满意。

2. 实施步骤

(1)统一思想

由于一直以来教师接受的是上级、领导、专家、同行的评价，对来自学生的评价普遍感到不适应。而且教师学科、岗位各不相同，每位学生的评价标准又各不相同，所以一开始教师们往往心理负担较重，所以开始评选之前，为保证评选的顺利进行，比较好地达到预期的目标，必须进行宣传发动，以便统一思想。教师层面宣传要点主要是“阐明评选目的”，强调评选的根本目的是构建一种自我约束、自我反馈的学校管理机制。学生层面宣传要点是表明学校主动接纳学生对教师的评价以及意见、建议的态度以及评比的具体要求。表彰“学生最喜爱的教师”固然是为了树立榜样，但即使是满意率较低的教师也能够从评选活动中发现自己的不足，也可以起到帮助教师更好地规范教育教学行为，促进自身专业成长，更好地与学生沟通的效果。只有让全体教师都认识到进行这项评选对学校、对每个教师本人都是有利的，最终的目标是促进工作，促进学生成长，得到全体教师的理解和支持，评选才能够顺利地进行。

(2)制定标准

学校借助校园网公告栏公布标准建议稿，全体教职员工通过反馈系统发表意见，学校统计对评估的各种建议，形成“最喜爱的教师”的评价标准，评选出最受欢迎的老师。

①你认为讲课最吸引学生，教学效果最好的老师是：

(共选 4 位，填涂答题卡 1～16 小题)

②你认为批改作业最认真，最注重及时反馈的老师是：

(共选 4 位，填涂答题卡 17～32 小题)

③你认为辅导学生最有耐心，解答问题中最讲方法的老师是：

(共选 4 位，填涂答题卡 33～48 小题)

④教学中严谨、规范、上课从不早退和迟到、也不拖堂、课上不说与教学无关内容的老师是：

(共选 4 位，填涂答题卡 49～64 小题)

⑤在教育教学活动中关注学生的思想进步，敢于批评、严格要求、严格管理的教师是：

(共选 4 位，填涂答题卡 65～80 小题)

⑥在你心目中最敬业、最有人格魅力的老师是：

(最多 3 位，卡 81～92 小题)

(3)组织评选

以班级为单位组织学生在校园网专题版块点击投票，保证学生的全员参与。

(4)汇总结果

学校自编软件对学生投票结果进行汇总统计，按投票数对教师进行排名，一般排名前50%的教师可以被评为本学年“学生最喜爱教师”。教务处负责统计。计算机同时统计出教师获奖奖项。

(5)表彰优秀

每一年在全校教师中进行最喜爱教师的表彰，教师们认识到活动的开展绝不只是为了评奖，是对教师队伍教育与激励，大力宣传先进典型的优秀事迹，目的在于倡导学校核心价值观和主流思想，全面提升教师师德教风、专业技能、教育质量和团队精神，努力造就一支师德高尚、业务精湛、结构合理、充满活力的高素质专业化教师队伍。评选活动积极引领教师追寻教育人生的幸福和意义，更好促进我校教育事业和谐科学发展。

(6)交流共享

学校统一安排做学生最喜爱教师主题教研活动。每一年度学校都以学科组为单位畅谈教师的职业操守和学科的魅力，当选的教师畅谈自己的感想。由点到面，重点探究当今学生的特点和如何走进学生的心灵。

(7)助推成长

多次被评上“学生最喜爱教师”具有典型先进事迹的老师，我们都会组织相关力量进行深度访谈，撰写这些教师的先进事迹，宣传这些教师的高尚师德和先进事迹。经过这样的整理、宣传的助推，使我校一批批优秀骨干教师脱颖而出，在很大程度上提升了耀华教师队伍整体形象。而在评选过程中发现满意率较低或者发现有突出问题的老师，学校领导会找其谈话，共同反思问题，寻找解决的办法，也促进了一部分与学生缺乏沟通策略的新教师的快速成长。

二、优秀教职工评选

1. 活动意义

教师是学校赖以生存发展的最宝贵的资源。教师的思想素养、工作质量和效率、潜能的调动和发挥、都是学校提高办学效益的至关因素。耀华中学的教职员工在耀华中学的发展历程中，秉承“勤、朴、忠、诚”的校训，坚持“全员育人”的教育理念，努力“为学生发展提供更多可能”，取得了显著的成绩，涌现出一批教育教学的先进个人。我国《教师法》规定：学校对各方面工作成绩优异的教师予以表彰、奖励；国务院和地方各级政府及其有关部门对有突出贡献的教师予以表彰、奖励。表彰、奖励的目的是树立典型，鼓励先进，更好地调动教师的积极性，促进教师素质的提高，更好地推动教育工作的发展。耀华中学一直以来，着眼于“以评价促教师发展，以教师促学校前行”，逐步建立和完善对教职员工队伍进行科学考评的长效机制，对教职员工的工作表现和综合能力进行评优和奖励，既使教职员工的辛勤付出得到学校的认可和奖励，更加注重自身的完善和提高；也在很大程度上激励教职员工更加积极的为学校的可持续发展献谋献策，更加奋发向上、尽职尽责、开拓进取的工作，为学校的科学发展作出更大的贡献。

2. 实施方案

(1)评价的内容

在评价内容上，明确了以师德为首，教职工业务水平为重点的内容体系，其中包括：

①教职工的思想政治素质、师德修养。热爱教育事业，热爱本职工作，热爱学生，以身垂范，是对所有耀华中学教职工的基本要求。在“全员育人”、“让德育教育渗透在各种教育教学活动中”教育理念的引领下，要求每一位耀华园的教职工爱岗敬业，坚持教书育人双丰收。

②教职工的法制意识。随着法制社会的健全和发展，教育的法制化，日益受到社会的关注。教师要树立法律意识，认真学习相关的法律法规，如《中华人民共和国教育法》、《中华人民共和国义务教育法》、《中华人民共和国教师法》、《中小学德育工作规程》、《未成年保护法》，坚持依法施教，要贯彻、履行各种教育法律、法规所赋予的职责、任务、要求、义务，要自觉维护受教育者和未成年人受教育的权利。

③教职工的业务素质和信息素养。教师既要有广博的学识和精深的专业知识，还要有较强的教育教学科研能力。在现代的教育中，丰富的教育教学理论知识、良好的信息素养，必要的信息技术技能，尤其在数字化校园日益发展和成熟的过程中，都是教职工需要具备的。

④教职工的工作能力及水平。驾驭教材能力、独立备课能力、课堂教学的掌控能力、设计作业能力、有效教学的实践能力、教育教学的科研能力、班级等学生群体的管理能力，指导学生开展活动能力、学生思想和心理的疏导能力、家校工作的沟通能力、校职工对服务教学工作的能力、各部门工作的协调和规划能力等，都直接关系到教育教学的质量和效率。教职工要爱岗敬业，尽职尽责，较好地完成学校规定的各项教育教学任务。

⑤教职工的工作业绩。教育教学方面的业绩，是对教师孜孜以求工作的最好的佐证。教师的学科教学的工作量、教学成效、学生满意度等；教师做为班主任所进行的教育工作所取得的效果；教师在教学和教育方面的著述、论文、交流报告、科研成果等，都是教职工评优的评价内容。

(2)数字化校园中的评优工作

鉴于评优工作的重要性、人工运作的繁琐性，我校结合自身的评优工作，在数据互通技术的支持下，网络中心的研发团队自主开发了评优应用系统，使评优工作更加科学、更加客观、更加有效，如今每学年一次的评优工作已成为耀华园的特色之一。

此系统的数据源于我校数据中心的教师基础数据，用户级分为管理员级和教职工级，对于教职工，首先按其所在的学科组、年级组和处组进行分组，然后根据选举权限的不同，将教职工分为3个级别，分别是普通教职工、非中层骨干教职工和中层骨干教职工。普通教职工可以进行享有组内选举权和被选举权，非中层骨干教职工同时享有组内和骨干教师的选举权和被选举权，中层骨干教师则只享受组内和骨干教师的选举权(说明：对于中层骨干教师的评优，我校有相应的评比规则和运行方式)。网络投票时，将明确投票规则，如投票时间限制、最多投票人数等，教职工以个人账号登录进入选举界面，按照网络投票的规则，执行相应的选举权，确认提交，即可完成网络投票的过程，简单方便高效。确认提交后，系统会对数据自动进行统计，从而得出各个奖项中的优秀教职工。评比结束后，评选结果通过此应用系统平台将进行校内公示，在接受监督的同时，也为全校的教职员工起到了示范和引领的积极作用。

作为评优系统的管理员，可以登录此应用系统的管理后台，进行数据的分类统计和分析、教职工信息的更新，投票有效时间等相关规则的设置等操作，以更好地维护此应用系统的运行。

评优工作的数字化、网络化，充分实现了信息资源的整合与共享，提高了校园网络的服务质量和工作效率。

(3)注重评优结果的运用，进行积极有效的反馈

评优结果的运用对于规范教学管理，打造专业特色，提高教育教学质量、更好地实现学校教育教学目标，具有非常重要的意义。因此，要注重评价结果的运用。对评价结果利用评优网络系统，进行纵向比较、综合分析，评价者和教职工要真诚而充分地交流沟通，对于当选的教职工，鼓励他们以此为动力和起点，更高地要求自己，促进工作的进一步提高，而对于未当选的教职工，肯定工作表现和成绩，消除他们的消极情绪，总结优点，寻找不足，并分析产生问题的原因，在此基础上给予合理化建议，共同寻求解决问题的办法，激励他们向身边的当选教职工学习，不断努力，早日当选。总之，评价结果反馈要以激励为主，要注重保护教师的自尊心，增强教师的自信心和工作的积极性、主动性，帮助教师认识自我，不断反思，不断改进。

(4)教职工评优的作用和意义

评优过程本身即是一个分析和检查的过程，科学的评价能够客观地衡量教职工实际业务水平，同时也细化了合格教职工或优秀教职工在各个方面的差距，客观的网络评优系统，充分地发挥了评价的导向性和激励作用，使教职工有明确的方向，从而调整自身在教育教学中的行为，向着更高的目标努力。同时在不同的程度上激发职工的工作热情，促使

教职工精力充沛、思维敏锐，潜能不断得到发挥，创造力无限地加以展现，形成耀华园积极向上的教育教学工作氛围。

评价的发展性功能，更强调了教职工的专业发展和能力的提高，通过评价增强教职工的自我反省的意识，促使教职工更加专注于自身在教育教学中"德、能、绩"等方面的表现，不断学习、不断提高、不断发展。

教职工是学校最活跃、最具有发展力的组成要素，充分发挥每一位教职工的潜能，是学校管理不容忽视的问题。评优过程就是一个促进教育教学的过程；一个强化教职工教育教学意识、教育教学责任的过程；一个规范教育教学管理、提高教育教学质量的过程，所以建立科学客观的促进教职工不断提高的评价体系，利用评价功能来调动广大教职工的积极性，是搞好学校管理体制改革的重要组成部分，是实现学校教育教学目标的基础，对学校的长远发展，具有重要的实际意义。

第九章　数字校园发展愿景

《国家中长期教育改革和发展规划纲要(2010—2020 年)》(以下简称《纲要》)提出了今后 10 年教育改革和发展的战略目标：到 2020 年，基本实现教育现代化，基本形成学习型社会，进入人力资源强国行列。

《纲要》就加快教育信息化进程，提出了三方面工作，即加快教育信息基础设施建设，加强优质教育资源开发与应用，构建国家教育管理信息系统。

《纲要》就未来的教育信息化，为我们勾画了宏伟的发展蓝图。

第一节　数字校园发展规划

一、现状分析

1. 数字校园目前建设情况

我校信息化建设从 1998 年开始，经过十多年的发展，走过了一条不平凡的道路。从"校校通"到"校校用"；从单纯校园网建设到"胖中心、瘦终端、高带宽"的教育城域网建设，直至目前的“建网、建库、建队伍、建机制”的统筹协调发展。目前我校数字化校园建设情况是：已建成主干千兆、百兆到桌面的技术先进、高速、稳定、安全的校园网络。其中，网络核心采用万兆路由核心交换机；防火墙使用思科硬件防火墙；出口布署教育科研网，网通两条专线，通过代理服务器联通外网；无线网络已覆盖全校；中心机房有专业服务器数台，安装有安博教学管理软件、一卡通软件、图书管理系统、门户网站、综合素质评价系统、网上阅卷系统等软件，实现了教务管理、学生管理、图书管理、考试管理、信息发布等功能。另外，为解决长期存在的信息孤岛问题，实现信息资源数据的共享，我校还采取了当今流行的“1＋N＋1”松散耦合式、面向服务的SOA架构的数字校园建设方案，引进了微软的BizTalk数据互通技术、AD(活动目录)技术和门户技术，建立了数据共享交换平台，统一了身份认证，实现了安博教学管理系统、一卡通系统和图书管理系统的数据互通，并在集成域的基础上，利用门户的SSO单点登录等技术，集成了校内各应用系统，实现了各系统在门户上的资源共享发布、统一管理等功能的个性化定制。

2. 存在的主要问题

(1)系统的应用不够广泛，没有进入教育核心领域

我校目前部署的应用不少，但真正能被广泛使用，对学校的教育教学工作起到关键性作用的却并不是很多，而能够进入到教育核心领域使用的就更是凤毛麟角了。如何有效地利用已有的应用，最大限度地发挥其功能，并使其成为学校日常工作甚至核心工作中不可或缺的一部分，成为我校目前面对的一大难题。

(2)数据互通平台故障频出，运行维护缺乏技术支持

我校在2006年的时候，就建设了数据互通平台，经过多次的升级与改造，目前采用的是微软的BizTalk数据交换平台，可由于各种原因，时有故障，而且缺乏稳靠的售后支持。

(3)统一信息门户整合程度不高，使用不方便，利用率低

我校的信息门户，最初是建设在基于教育部EMIS规范的数据互平台之上的，自从2008年我校引入微软的Biztalk互通平台之后，由于资金问题，信息门户一直与数据互通平台相脱离，也未能对校内各应用系统及信息资源进行重新整合。可以这么说，目前我校的信息门户，仅仅只具备信息发布等简易的功能，未能发挥其真正的作用。另外，在登录门户的过程，每次登录时都需在浏览器中去掉代理服务器才能登录；登录后用户也不能在直接个人门户中进行密码更改等操作，使用起来极为不方便。

(4)信息服务不够，很多工作需要进一步开展

数字校园的核心作用是服务学生、服务老师和服务管理，进而实现校园所有工作的信息化、数字化，从而建立一个真正的虚拟化校园。而目前我校的应用系统与基础设施建设

还需要继续更新，进一步向前发展。

(5)缺乏具有耀华特色的应用资源，应用资源体系构建迫在眉睫

纵观中小学的数字校园建设，基本上都千篇一律，不是部署了一些新的基础设备，就是引入了一些新的应用。而成功的数字校园建设，不仅在于学校引进了多少新的设备与应用，更在于学校是否建设有自己特色的应用资源。同其他学校一样，我校目前的应用资源体系建设，也存在此问题，尚缺乏一些有耀华特色的应用资源。而且，我校的应用资源分布较为分散，缺乏一个统一的资源共享管理平台。

(6)校园网出口带宽过低，网络带宽瓶颈问题突出

我校 2011 年购进了网络流量监控设备，起到了部分防火墙的功能，在信息过滤、网络行为监控方面起到一定作用，具有网络流量控制的功能，保证了关键业务的数据流量，例如高考监控等。随着我校教师信息技术能力的不断提高，越来越多的老师开始借助于网络在互联网上查看或下载教学资源，以此来方便自己的教学。在此情况下，我校校园网现有的共享 10M 出口流量，当学校教师使用网络频率较高的时候，可能发生网络堵塞，这已远远不能满足学校教育教学的需要。

(7)无网络版防病毒系统，网络安全存在漏洞

由于资金困难，我校一直没有网络版的杀毒软件，学校的机器包括中心机房服务器都使用的是单机版的杀毒软件，网络安全无法保障。

二、建设思路与总体目标

数字校园建设由于受经费、技术水平及其他方面的影响，在规划设计、资源建设及应用、服务水平上很不平衡，差别也很大。我校仍将依据当前流行的“1＋N＋1”松散耦合式、面向服务的 SOA 架构的数字校园建设模式，继续坚持用小钱，办大事的原则，统一规划，分布实施，通过不断改造与完善校内各种急需的软、硬件设施，顺利解决上述遗留问题。

数字校园建设的总体目标是：利用先进成熟的计算机技术、网络技术与数据库技术，通过科学合理的管理规范与完备通用的技术规范，基于统一 XML 的信息标准重新整合、集成校内各种信息资源，并建设开发具有耀华特色的应用资源；构建安全、可靠、可扩展、易维护的基础通用的软、硬件平台，通过提升教育理念，改革教学方式，促进学习方式的转变，用信息化促进教育现代化。

三、具体目标和主要任务

1. 具体目标

结合我校目前数字校园建设实际，建设的具体目标如下：

(1)确保数据互通平台能长期稳定、可靠运行，且易于管理维护

(2)改造现有信息门户，使其方便易用

(3)进一步实现办公管理无纸化

(4)实现学生成长过程记录的全部数字化

(5)构建统一资源共享管理平台，并实现商业化运营

(6)实现课程管理网络化

(7)实现网络监督与管理智能化

(8)提高网络出口带宽，保证网络访问通畅

(9)升级防病毒系统，保障网络安全

(10)升级现有中心服务器

2. 主要任务

(1)排除数据互通平台故障

我校自使用微软 Biztalk 数据互通平台一年多来，发现有如下故障亟待解决：

- 经常出现数据莫名奇妙互通不过来，需要不断重启业务流程服务
- 学期数据互通经常出现故障，需要手工操作
- 缺乏有效的、人性化的业务流程监管机制，互通结果需要查看后台相关数据库
- 无稳靠的技术支持服务，管理维护困难

此次数字校园建设的任务重在解决上述问题。

(2)改造现有信息门户，重新整合校内各应用系统及资源

借助门户的 SSO 单点登录等技术，提供统一的对外接口，对校内所有应用系统及资源进行重新集成与整合，使其能在门户上实现资源共享发布，多应用统一管理等功能。另外，改进门户的登录机制，实现零设置登录等操作。

(3)建设 OA 办公管理系统

实现学校内部公文、行政历，工作日程等日常工作的网络化传输与管理，以提高办公效率。

(4)完善学生成长档案管理系统

充分利用网上阅卷系统的强大功能，完善现有的学生电子成长档案袋，实现与网上阅卷系统接口的零距离对接，最终把其建设成为我校的特色应用资源。完善后的学生电子成长档案袋，不但能记录学生每次考试的成绩，还能记录学生的研究性学习成果、社会实践活动情况，平时作业，实验报告，甚至平时表现等学生所有成长过程记录。

(5)构建统一资源共享管理平台

教师可通过此平台上传，下载教学课件，教案，论文等各种格式的教学资源，并可对外开放，实现商业化运营。

(6)构建课程管理系统

新课程改革强调“在义务教育的基础上进一步提高国民素质、面向大众的基础教育，是培养学生终身学习愿望和能力、为学生终身发展奠定基础”，为推进我校学分制管理，迫切需要建立完善的新课程信息化管理体系。建设好的课程管理系统应该具备网上选课管理、学分认定管理、综合素质评定管理、学生网上平台、成绩教务管理等诸多功能，同时系统操作要简便，界面简洁美观，能为学校新课程管理提供一个便捷、高效的平台。

(7)购置网络管理设备

购置的网络管理设备除了要部署在应用层，支持桌面化操作，简单易用，无须记忆复杂的指令等特性外，还应该具有下功能：控制员工上网，阻止与工作无关的事情，可通过电脑直接查看员工网络行为，获得行政评估统计数据，限制影响网络正常通信的应用，监管流量，合理分配应用资源，保障网络通畅等。

(8)购置网络版防病毒系统

购置的网络版防病毒系统应该具备以下功能：病毒爆发防御功能，具备个人防火墙、HIPS的功能，对未知病毒的判断能力，能查杀蠕虫、特洛伊木马等恶意程序等；安装服务器端1个，客户端500个以上，客户端软件能提供多种方式的发布、安装方法，可以通过病毒防护软件的集中控管中心进行统一管理等。

(9)增加网络出口带宽

将校园网原有的10M共享出口总带宽，至少升级为百兆，以更好地满足学校的教育教学需要。

(10)升级现有中心机房服务器

为保障学校各种应用的部署使用，满足用户快速响应的要求，拟购置较高配置数据中心服务器一台，其他应用服务器4～5台。

检测标准

<table>
<tr><th colspan="4">项　目</th></tr>
<tr><th>名　称</th><th>建设内容</th><th>具体内容</th><th>验收标准</th></tr>
<tr><td rowspan="6">数字化校园建设</td><td rowspan="6">软件设施</td><td>数据互通平台</td><td>1. 能长期无故障运行
2. 操作更加简便
3. 易于维护
4. 稳定的技术支持</td></tr>
<tr><td>校园门户网站</td><td>1. 能集成校内所有应用系统，实现 SSO 单点登录
2. 各应用系统的信息资源能在门户上实现共享发布
3. 具有普通对外宣传网站的所有功能
4. 集成域，统一用户管理
5. 操作简便，界面美观</td></tr>
<tr><td>资源共享管理平台</td><td>1. 实现教师论文、课件、教案、试卷等资源上传下载
2. 完善的用户权限与积分管理
3. 成熟的商业化运营
4. 接口开放，能与门户进行信息资源的互通共享
5. 操作简便，界面美观</td></tr>
<tr><td>办公自动化系统</td><td>1. 公文、日程、通知等网络化的传输与管理
2. 能基本替代无纸化办公
3. 利于各部门协同工作，提高工作效率
4. 接口开放，能与门户进行信息资源的互通共享
5. 操作简便，界面美观</td></tr>
<tr><td>学生成长档案管理系统</td><td>1. 实现学生成长过程全记录，包括学习成绩，研究性学习，平时表现，社团活动等
2. 接口开放，能与门户进行信息资源的互通共享
3. 操作简便，界面美观</td></tr>
<tr><td>课程管理系统</td><td>1. 网上选课管理
2. 学分认定管理
3. 综合素质评定管理
4. 学生网上平台
5. 成绩教务管理
6. 接口开放，能与门户进行信息资源的互通共享
7. 操作简便，界面美观</td></tr>
</table>

续表

名称	建设内容	具体内容	验收标准
	硬件设施	网络版防病毒系统	1. 服务端 1 个，支持的客户端 500 个以上 2. 具备病毒爆发防御功能，HIPS 功能，对未知病毒的判断能力，能查杀蠕虫、特洛伊木马等恶意程序 3. 具备个人防火墙等
		网络管理设备	1. 部署在应用层，支持桌面化操作 2. 简单易用，无须记忆复杂的指令 3. 可控制员工上网，阻止与工作无关的事情，直接查看员工网络行为，限制影响网络正常通讯的应用等 4. 监管流量，合理分配应用资源，保障网络通畅
		服务器	品牌服务器，配置达到目前市场主流要求：内存 12G 以上，CPU 4 核以上，硬盘 1T 以上等。
		网络带宽	100M 以上

第二节　课堂教学信息化的发展趋势

一、资源开放信息共享的课堂教学新氛围

1. 依托实时素材，加强课堂知识生成

交互式电子白板系统是整合了电子、感应、网络等技术，将传统的黑板和现代多媒体技术有效地结合在一起的一种新媒体。白板系统以各学科网络素材库为依托，教师可以根据自己特定的教学设计和目标，应用资源库中的素材形成自己的数字化教案。在教学过程中，学生可以从互联网实时调取素材库中资源，更改、充实教师原先的“课件”内容，不管是学生对知识的正确理解，还是错误的回答，只要在白板上操作，白板系统会自动储存这些宝贵的资料，从而生成每个教师每堂课的个性化“课件”。

2. 加强互动参与，提高学生学习兴趣

在课堂教学中，应用交互式电子白板将为师生在教学过程中的互动和参与提供了极大的方便。教师与学生间、学生与学生间可以设置情景，提问回答，课堂演示，展示作品，纠错评价，使课堂形成学生主动学习、积极参与的活跃氛围。有研究表明，由于互动白板教学强调学生的参与和师生、生生的互动，使原来课堂教学中学生不注意听讲、做小动作、随意说话等现象大大减少，提高了学生的学习质量、学习动力和学习自信心。

二、突出网络共享优势，实现远程文化交流

互联网应用于教育的最大优势就是远程协作和资源共享。我国各地区经济发展不均衡，即使在同一地区，不同学校的教育资源、师资状况也有很大差异，这种差异还要持续相当长的一段时间。所以，发挥互联网优势，不仅能够让不同地区学校享受优质的教育资源，也能促进各地学校间的文化交流。网络优质教学案例展示，包括课标课程和各类拓展选修课程。学生可以自主选择相关课程章节，就感兴趣问题进行学习；两地或多地教师共上一节课。为了很好地实现教师资源互补，让课堂融入更多新理念、新创意，发挥更大的效益，异地教师共同上课为课堂增加更多文化内涵，也注重了学生的差异性；不同国家学生的实时文化交流。随着网络技术的不断完善，跨国界网络视频、音频同步传输质量将更有保证。不同国家的学生在同一时间通过显示屏幕互相学习彼此的文化，交流对学科问题的认识，开展研究探讨，让课堂已经脱离了地域的局限，让思维穿越万水千山相互激发智慧的火花。

三、数字化内容与各学科课程相整合，形成数字化学习环境

数字化学习环境应能支持情境创设、启发思考、信息获取、资源共享、多重交互、自主探究、协作学习等多方面要求的教学方式与学习方式，也就是实现一种既能发挥教师主导作用又能充分体现学生主体地位的以“自主、探究、合作”为特征的新型教与学方式，这样就可以把学生的主动性、积极性、创造性较充分地发挥出来，使传统的以教师为中心的课堂教学结构发生根本性变革。比如，国外大学正在设计开发的情景研究模式，学生在虚拟情景中看到了土著人，并跟随土著人进入他们的生活。学生要通过观察、交流，小组研究提出问题，提出假设，验证假设，形成结论，总结出土著人的生活方式、文化特色等。

课堂教学信息化的目标是让学生真正自主学习、自主发现和自主探索，形成终身学习的方式与习惯。实现目标的前提是建设优质教学资源。这要求政府和教育者合力为学生发展创造一个数字化的学习氛围。因此，政府部门要逐渐建成覆盖城乡各级各类学校的教育信息化体系，建立教学资源数据库、数字图书馆和虚拟实验室，建立开放灵活的教育资源公共服务平台，促进优质教育资源普及共享。而教育者则要努力搜集、整理和充分利用互联网上的已有资源，收集各种有利于教学的信息，以最佳的教学方式利于学生把各方面信息整理、归纳形成知识。在《纲要》的指引下，我国课堂教学信息化水平将不断提高，我们会培养出有社会责任感、有创新精神和实践能力的高素质人才。

第三节　对数字校园建设的畅想与展望

在未来的规划中，理想的数字校园架构应该是这样的：学校由无限制的有线或无线网络覆盖，整个数字校园将以学校网站为门户，划分教师、家长、学生等三个用户组，以互操作软件为数据交互中心，统一用户中心为身份认证平台，以虚拟化平台为底层支撑环境，完成各系统之间数据共享，各系统间实现用户数据的无缝整合。教师只需要登录校内的即时通信软件，就可以收到办公平台、邮件系统、备课系统等第三方应用传送过来的信息，真正实现一站式登录。随着智能手机的发展，教师只需要拿起手机就能管理所有应用，能在线完成备课，管理学生作业等。数字校园将会渗透到学校里每一个人的日常教学、学习、工作甚至全方位的包容，变成大家的一种生活方式。

从建设上看，校园数字化是扩大优质教育资源，科学利用网络教育平台，以强大的现代教育技术，支撑知识共享、资源共享、教学智慧共享的工程，能使学生学习能力发展达到最优化。数字化将极大的丰富教与学的内容与方式，减少知识与技能传授环节，提高接受效能，增强学生学习的自主性和有效性，避免重复性劳动，拓展学习的时间和空间，为教师教有特色，学生学有特长，提供了最大的可能性。校园数字化的教学评价平台和学生学习评价平台，还可快捷、简便地反馈教育的有效信息，为学校和教师改善教学，提供最有效、最准确的信息，从而减少和避免无效学习。学生自主学习的个性化设计，会为某一些特殊学生的成长，打开了多个窗口，为特殊人才的成功铺设独特的道路。校园数字化教育的终极目标将是，打破时间、空间的界限，不局限于一地一校，只要有学习的平台和学习的愿望，学校都会为学生打开学习的窗口，提供最佳的学习方案和最有效的学习资源，使教与学，成为一个愉快的、不断发展的、最优化的过程。

1. 无线校园网的建设

建设现代化数字校园的重要标志是建立无线校园网。校园网用户有多种需求，如网络信息点流动的需求、难以布线区域网络的建设、利用网络提高教学效率的需求、降低成本和保护投资的需求等，这些迫切的需求都可以通过无线校园网的建设找到完美的解决途径。

2. “云”应用的实施

谈到数字校园建设，绕不开的一个话题就是“教育云”。云计算在教育领域中的迁移称之为“教育云”。未来 普教教育装备市场又将迎来一个快速增长期，教育装备将更多地表现为开放、共享和多元，云计算将有效整合服务器硬件、网络设备、系统软件、平台软件和应用软件，IAAS(Infrastructure As A Service)，PAAS(Platform As A Service)，SAAS

(Software As A Service)三种云计算服务类型将从云设备、云操作系统、云应用三个不同层面分别提供云计算教育服务。

3. 物联网理念

在数字校园领域，另一个热点概念渐成气候，那就是物联网。目前，物联网在教育中的应用处于百家争鸣的状态，很多企业都提出拥有自己核心技术的物联网理念，但教育中的应用体现还没有一个规范性的标准。物联网发展的三大趋向：统一化、趋向教育应用、侧重于应用开发方面。

随着国内校园信息化建设的深入和发展，校园网已经成为校园信息化建设的基础。现今的校园网不仅应具有更高的带宽、更强大的性能以及保证校园网无中断运行的高可靠性，还必须能对不同数据流进行合理有效的管理，以便有效和充分的利用网络传输带宽。同时，伴随着校园网络应用的深入，现代校园网还必须要有一整套从用户接入控制、病毒报文识别到主动抑制的一系列安全控制手段，才能更有效地阻击病毒和黑客的攻击，有效的保证校园网稳定运行。

数字校园建设和教育信息化的推进，是一个长期的、系统的过程。涉及教育信息资源建设、技术人才队伍建设，以及新的教学模式的构建和教育体制、教育理念等多方面的变革。在实践中，必须以现代教育思想为基础，与教育的改革发展和教育现代化的进程相协调。并借助数字化校园广泛推进的这一契机，打造规范化的数字化校园环境，提高教育教学质量。

适合的教育才是最好的，校园数字化将会提供适合每一个人的教育。

附　件

附件 1　天津市耀华中学信息标准规范

信息标准化、数据格式和表示的一致性是当前信息发展的一个重要议题。本标准严格遵循教育部《教育管理信息化标准》，建立统一、明确的规范和标准应用依据，直接关系到天津教育整体信息化的建设进程，是普通教育信息的基准性建设，意义重大。

一、规范构成

本规范严格遵循《教育管理信息化标准》、《教育管理信息系统互操作规范》(CELTS—40 WD1.0)、《中小学学生学籍信息化管理基本信息规范》，结合共享数据共享平台和数字化校园建设实际需要制定。适用于共享数据共享平台数据结构设计和用户数据录入、维护、使用。

1. 建立面向学校管理信息的元数据组成

本规范涵盖学生信息管理、教师信息管理和学校基本信息管理，规范了相应的元数据。

● XX 学校概况数据子集：学校概况数据类的数据元定义。

● XS 学生管理数据子集：学生管理数据类的数据元定义。

● JG 教职工管理数据子集：教职工管理数据类的数据元定义。

● TB 通用/标准数据子集：为了减少数据冗余，将同义数据元组合，各供各业务数据子集取用或引用。

本规范将随着应用系统不断扩展，逐步增加数据子集，并扩展 TB 通用/标准数据子集，以满足标准化需求。

2. 数据的层次结构

根据需要可在各数据子集下分数据类，有的数据类还可分数据子类，数据类/数据子类下分数据项。

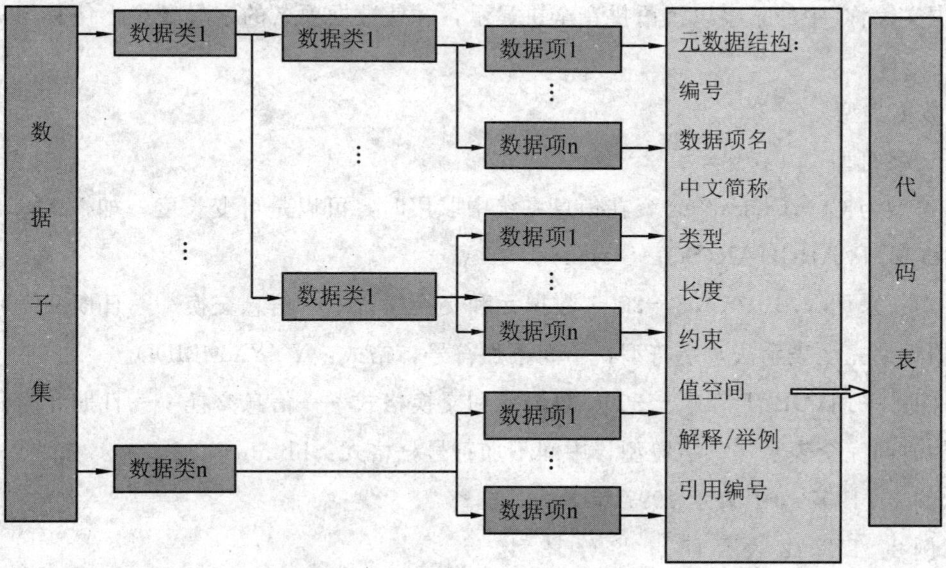

3. 数据项的结构

● 元数据结构如下

—— 中文简称：所用的数据元的名称，具有语义，面向用户。

—— 数据项名：由中文简称的汉语拼音首字母大写组成，与中文简称一一对应，宜在实际数据结构中采用。

—— 类型：数据元的类型释义(一种属性)。

—— 长度：数据元能容纳的最大字符数(一种属性)。

—— 约束：数据元约束状态的描述，即必备数据元或可选数据元。

—— 值空间：数据元取值的范围与规范(一种属性，可取自代码集)。

—— 解释/举例：数据元属性的说明或举例。

—— 编号：数据元的唯一标识，采用全局统一的四段八位编码(反映了数据的 4 层结构，一种属性)。

—— 引用编号：指明数据元引用该编号的数据元的属性。

● 数据项名

宜在实际数据结构中采用。取名原则是由“中文简称”每个字的汉语拼音首字母大写组成，且与其一一对应。

在同一数据子集中，数据项不得重名。

采取以下方法避免重名数据项：

——改变其中一个“中文简称”。

——优先原则：在同一个数据子集中，先出现的数据项名优先采用，后出现的数据项选其“中文简称”中的某字以汉语拼音全拼显示，并使数据项名的字母较少，使其与前者有区别。

● 数据类型

——字符型

字符型为 C(—Character)，在信息系统中取用时，可以是可变长度，如 VARCHAR2 (Oracle)或 NVARCHAR(SQL Server)。

日期：采用《GB/T 7408—2005 数据元和交换格式——信息交换——日期和时间表示法》中的日期完全表示法，字符型，中间不加符号，格式：YYYYMMDD。

时间：采用《GB/T 7408—2005 数据元和交换格式——信息交换——日期和时间表示法》中的时间完全表示法，字符型，中间不加符号，格式：hhmmss。

示例 1：19970701 表示 1997 年 7 月 1 日。

示例 2：152312 表示 15 点 23 分 12 秒。

——数值型

数值型为 N(—Numbe)，可参与运算。

——币值型

币值型为 M(—Money)，默认定义币种为：人民币，单位：元，总长度：不定长，小数后长度：2 位，取值范围：数字。当数据项采用默认定义规范时，应将数据类型定为 M。

需要时，可根据具体情况定义为：币种(其他币种)，单位：元/万元。

——二进制类型：B(—Binary)

宜在照片或超长文本采用。

——文本型：T(—Text)

宜用于数量较多的文字描述。本标准约定长度大于 200 字符时采用文本型 T。

● 约束

可选数据元 O(Optional data element)：在数据类/子类中定义，但不要求一定在数据结构的实例中出现的数据元。

必备数据元 M(Madatory data element)：在数据类/子类中定义，应在数据结构的实例中出现的数据元。

符合以下两条原则的数据项应为必备数据元(M)：

—— 校内跨管理业务域的应用系统之间需要交换、共享的数据项；

—— 满足上级部门统计要求或交换的数据项。

● 值空间

数据元取值的格式、范围与规范。凡是可以代码化的，应采用代码。数据层次结构图右侧两列反映了数据元的“值空间”与代码表的关系。

● 编号

数据元的编号方式表示了数据元的层次结构及其组成成分。编号由前 2 位字母和后 6 位数字组成。前 2 位字母代表数据子集，第 3、4 位数字代表数据类，第 5、6 位数字代表子类，最后 2 位数字代表子类下数据元的编号，从小到大顺序排列。

示例：在表 1 中的编号 XS010701，其中 XS 代表学生管理数据子集，它包括多个数据类，XS01 代表学生基本数据类；它包含多个数据子类，XS0107 代表外地学生在本地联系人数据子类；它包含多个数据元，编号 XS010701 代表外地学生在本地的联系人姓名数据元的编号(见表 1)

● 取用编号

当前数据项若“取用”了 TB 通用/标准数据子集中的数据元，则编号采用 TB 通用/标准数据子集中数据元的编号。取用 TB 通用/标准数据子集中数据元的编号后，下一个数据元的编号接着上一个数据元的编号编排(见表 1 编号：XS010703)。

表 1　编号、取用编号与引用编号的示例说明

编号	数据项名	中文简称	引用编号
XS010701	LXRXM	联系人姓名	TB010001
XS010702	YXSGX	与学生关系	
TB030002	TXDZ	通信地址	
XS010703	LXDH	联系电话	TB030003

● 引用编号

为避免数据冗余，在管理数据集的 8 个业务数据子集中的数据元可“引用”TB 通用/标准数据子集的同义数据元的格式，被引用的数据元的编号置入“引用编号”中。表 1 中编号为 XS010701、XS010703 给出了引用编号的示例。

“取用”和“引用”具有广义性，在数据集中前文已出现的数据元，需要时可以被当前数据子集取用或引用。根据业务环节的属性，在主要业务子集中出现的数据类/子类，需要时可以被当前数据子集取用或引用。

二、代码设计

1. 通则

为了使数据元值空间的取值规范、格式一致，数据元值空间的取值范围应尽可能采用代码。

本规范使用的代码标准由四个代码子集构成：

● 国家标准(GB)代码子集

由国家相关部门颁布的标准，例如 GB/T 2260－2002《中华人民共和国行政区划代码》。本规范内容凡是有国家标准的，一律使用国家标准。

● 教育部标准(JB，DM)代码子集

由教育部颁布的标准，例如 JB/JXYQ－2002《教学仪器设备产品(物资)分类与代码》；DM/SZDLB《学校所在地区类别代码》。本规范内容凡是无国家标准，但有教育部标准的，一律使用教育部标准。

● 基础教育(basic education 天津)标准(BB)代码子集

由于学校或更大范围商议共同遵循使用的标准，例如 BB/TJZXXH－2011《天津市普通中学学生学号编制标准》。

● 学校标准(XB)代码子集

各校根据自身需要自定义标准，例如 XB/GZXM－2011《天津市新华中学工资项目代码》。用于本校个性化应用子系统。

2. 代码表命名格式

代码表命名格式为：代码表类别(2 字符)/汉字拼音字母代码表名－修订年份 中文代码表名。

代码表类别两字符(JB、BB、XB)与汉字拼音大写字母代码名之间用“/”隔开，汉字拼音字母代码名与修订年份用“－”隔离，修订年份与中文代码表名之间插入 1 个空格。汉字拼音字母代码表名是中文代码表名称的汉字拼音首字母大写，两者之间保持一一对应关系。

3. 代码制定原则

● 唯一性

代码是描述对象基本属性的标识。

有的编码对象可能有多个不同名称(例如校内单位可有单位名称、单位号、单位简称、英文缩写等)，可以按不同方式对其进行分类描述，但在一个分类编码中，每一个对象应只有一个代码，一个代码唯一标识一个编码对象。

● 稳定性

代码的编制要有稳定性，应避免含有易变元素的干扰，应经得起时间的考验。

● 规范性

在同一类数据编码中，代码的类型、结构以及代码的编写格式应统一。

● 可扩充性

编码设计要考虑到长远使用(应能满足今后几十年乃致上百年使用)，随着办学的规模和学科的发展，在各类编码中应留有适当的空间以保证新内容的不断增加，不至于打乱原有的体系和合理的顺序。

● 一致性

一个代码表描述一个对象属性，不能把不属于同一属性的内容放到一张代码表中。在制定代码表时，应严格保证代码的一致性。

● 实用性

代码要尽可能反映编码对象的特点，有助于记忆，便于填写。

数字编码与字符编码各有特点，不宜采用数字、字符混合编码。采用字符编码的，应根据本标准的相应条款，严格区分大写与小写。对于面向公众使用的代码，宜采用数字形式。

● 时效性

所有代码都要写明制定或修订的年份。

● 代码与编号称谓的区别

在制定编码时，如果它只能在本学校使用的宜称为编号，反之能在各学校通用或部分(如某些地区、同类性质)学校中使用的可称为代码。

三、TB 通用/标准数据子集

［描 述］本数据子集定义学校管理信息标准的一些通用/标准数据项的集合。建立本子集的目的是保证分散在不同数据子集(类)各同义数据项具有一致的规范格式、相同数据项

具有统一标准、减少数据项冗余度。

[关 联]本数据子集的人员标准数据类可在 XS－学生数据子集与 JG－教职工数据子集的个人数据项直接用；标准校内单位数据类同样可在 XX－学校管理数据子类中直接取用。本数据子集的通用通信数据 类、通用时间数据类和可在其他各数据子集中作为引用数据项的规范格式。例如在其他数据子集中的“来校日期”、“考试日期”等均可引用通用数据项“日期”规范格式，属性完全相同。通用数据类中的个别数据项作为标准“取用”，例如“邮政编码”有时可以作为标准“取用”；标准数据类中的个别数据项也可以作为通用数据项“引用”。例如本数据类中“姓名”可以作为引用数据项，例如“监考人”可引用“姓名”规范格式。

[组 成]本数据子集由 4 个数据类组成，其中标准数据类 2 个(TB01 标准人员数据类、TB02 标准校内部门基本数据类)，通用数据类 2 个(TB03 通用通信数据类、TB04 通用时间数据类)。

1. TB01 标准人员数据类

[描 述] 定义学生、教职工等人员的常用基本数据项的集合，可以作为标准数据项直接取用。此类的数据项也可以被引用，如“联系人姓名”就可引用本数据类中“姓名”的属性规范。本数据类的特点是 多数数据项的取值是稳定的。

[术 语]“姓名”——在公安户籍管理部门正式登记注册、人事档案中正式记载的中文姓名(包括外国人正式的汉字姓名)。

“姓名拼音”——姓名全称的汉语拼音，(姓的字母全部大写且其后空 1 字符，名的首字母大写且连写)或外国人的英文姓名“籍贯”——祖居或本人出生的地方，现多用于父辈以上的居住地。

[关 联] 本数据类与 XS－学生数据子集、JG－教职工数据子集关联密切，它们均取用标准人员数据类。

[组 成] 共由 20 个数据项组成。

编号	数据项名	中文简称	类型	长度	约束	多值性	值空间	是否主键	可否为空	创建日期	使用状态	解释/举例/标准
TB010001	XM	姓名	C	30	M	S						
TB010002	XMPY	姓名拼音	C	60	O	S						
TB010003	CYM	曾用名	C	30	O	S						
TB010004	XBM	性别码	C	1	M	S	1 男 2 女					GB/T 2261.1－2003
TB010005	CSRQ	出生日期	C	8	M	S	YYYYMMDD					
TB010006	CSDM	出生地码	C	6	M	S						GB/T2260－2002

续表

编号	数据项名	中文简称	类型	长度	约束	多值性	值空间	是否主键	可否为空	创建日期	使用状态	解释/举例/标准
TB010007	JGM	籍贯码	C	20	M	S						GB/T2260－2002
TB010008	MZM	民族码	C	2	M	S						GB/T3304－1991
TB010009	GJDQM	国籍/地区码	C	3	M	S						GB/T2659－2000
TB010010	SFZJH	身份证号	C	20	M	S						
TB010011	HYZTM	婚姻状态码	C	2	M	S	10 未婚，20 已婚					GB/T 2261.2－2003
TB010012	GATQWM	港澳台侨外码	C	2	M	S						DM－GATQ
TB010013	ZZMMM	政治面貌码	C	2	M	S						GB/T 4762－1984
TB010014	JKZKM	健康状况码	C	1	O	S						GB/T 2261.3－2003
TB010015	XXM	血型码	C	1	M	S						DM－XX
TB010016	ZP	照片	B		M	S						
TB010017	HZH	护照号	C	20	M	S						
TB010018	HJLX	户籍类型	C	1	M	S						BB/HJLX－2011
TB010019	HJDZ	户籍地址	C	60	O	S						
TB010020	JZDZ	居住地址	C	60	O	S						

2. TB02 标准校内机构基本数据类

［描 述］校内机构基本数据类定义了有关校内机构的各个基本数据项的属性，便于各业务数据类(子类)中有关校内机构的数据项取用或引用。

［术 语］“机构号”—学校的级部、科室编号。

［关 联］该数据类在取用管理数据子集中可被引用，全校各级各类组织机构统一编码管理。

［组 成］共由 6 个数据项组成。

编号	数据项名	中文简称	类型	长度	约束	多值性	值空间	是否主键	可否为空	创建日期	使用状态	解释/举例/标准
TB020001	JGBH	机构编号	C	8	O	S						XB/JGBH－2011
TB020002	JGMC	机构名称	C	60	O	S						

续表

编号	数据项名	中文简称	类型	长度	约束	多值性	值空间	是否主键	可否为空	创建日期	使用状态	解释/举例/标准
TB020003	JGJC	机构简称	C	12	O	S						
TB020004	LSJGH	隶属机构号	C	8	O	S						XB/BMBH — 2011，学校一级码为 0
TB020005	JGLBM	机构类别码	C	2	M	S						XB/BMLM－2011
TB020006	FZRH	负责人号	C	10	O	S						XB/YGBH－2011

3. TB03 通用通信数据类

［描 述］用于单位或个人的通讯数据项的直接取用或作为同义数据项的规范格式引用。例如，“办公电话”均可引用本数据类中数据项“电话”的规范格式。

［术 语］“主页地址”——在互联网上各种机构（或个人）对外介绍本单位的主页网址 。

［关 联］本数据类与各数据子集均有关联。

［组 成］共由 15 个数据项组成。

编号	数据项名	中文简称	类型	长度	约束	多值性	值空间	是否主键	可否为空	创建日期	使用状态	解释/举例/标准
TB030001	YZBM	邮政编码	C	6	O	S						
TB030002	TXDZ	通信地址	C	60	O	S						
TB030003	DH	电话	C	30	O	S						
TB030004	YDDH	移动电话	C	30	O	S						
TB030005	CZDH	传真电话	C	30	O	S						
TB030006	DZXX	电子信箱	C	40	O	S						
TB030007	ZYDZ	主页地址	C	60	O	S						
TB030008	QQH	QQ 号	C	20	O	S						
TB030009	MSN	MSN 号	C	20	O	S						
TB030010	BK	博客	C	60	O	S						
TB030011	WB	微博	C	60	O	S						
TB030012	XZQHM	行政区划码	C	20	M	S						GB/T2260－2002
TB030013	SZDQLBM	所在地区类别码	C	20	M	S						DM－SZDLB

续表

编号	数据项名	中文简称	类型	长度	约束	多值性	值空间	是否主键	可否为空	创建日期	使用状态	解释/举例/标准
TB030014	SZDJJSXM	所在地经济属性码	C	20	M	S						DM－SZDJJSX
TB030015	MZZZXM	所在地民族属性码	C	20	M	S						DM－MZZZX

4. TB04 通用时间数据类

［描 述］定义与时间有关的常用基本数据项，包括年月日、时分秒、学年和学期的规范格式。时间 可用于各业务数据类(子类)的同义数据项的属性规范。在有些地方也可直接取用。

注 1：日期(Date)和时间(Time)是两个概念，日期一般指年月日，时间一般指时分秒。

注 2：本标准不支持日期、时间连用方式，如有会议开始日期、时间的定义，应分成两个，即开始日期、开始时间。

［术 语］"学年"——为了教学管理的安排，学校从头年 9 月到第二年 8 月跨年度的时间周期称为一学年。

［关 联］时间数据类应用广泛，各数据子集均要直接取用或引用其数据项的规范作为同义数据项的格式。

［组 成］共由 6 个数据项组成。

编号	数据项名	中文简称	类型	长度	约束	多值性	值空间	是否主键	可否为空	创建日期	使用状态	解释/举例/标准
TB040001	ND	年度	C	4	M	S	YYYY					
TB040002	NY	年月	C	6	M	S	YYYYMM					
TB040003	RQ	日期	C	8	M	S	YYYYMMDD					GB/T 7408－2005
TB040004	SJ	时间	C	6	M	S	hhmmss					GB/T 7408－2005
TB040005	XN	学年	C	9	M	S	YYYY－YYYY					
TB040006	XQM	学期码	C	1	M	S	1 第一学期， 2 第二学期					

四、XX 学校概况数据子集

［描 述］本数据子集是定义学校概况的一些基本数据项的集合，包括学校的整体情况，

校内部门、班级等数据类。

[关 联]本数据子集的校内部门号、班级与各业务数据子集紧密关联，取用频繁。

[组 成]本数据子集由 3 个数据类组成。

1. XX01 学校基本数据类

[描 述] 本数据类定义了学校的有关基本稳定的数据项。

[关 联] 本数据类仅与学校管理数据子集关联密切，与其他数据子集关联不紧密。

[组 成] 本数据类由 18 个数据项组成。

编号	数据项名	中文简称	类型	长度	约束	多值性	值空间	是否主键	可否为空	创建日期	使用状态	解释/举例/标准
XX010001	XXDM	学校代码	C	6	M	S						
XX010002	XXMC	学校名称	C	20	M	S						
XX010003	XXDZ	学校地址	C	30	M	S						
XX010004	XZXM	校长姓名	C	20	M	S						
XX010005	JXNY	建校年月	C	6	M	S	YYYYMM					
XX010006	XXBBM	学校办别码	C	20	M	S						DM－XXBB
XX010007	XXLBM	学校类别码	C	20	M	S						DM－XXLB
XX010008	ZJXYYM	主教学语言码	C	2	M	S						GB/T4881－1985
XX010009	FJXYYM	辅教学语言码	C	2	M	S						GB/T4881－1985
TB030013	SZDQLBM	所在地区类别码	C	20	M	S						DM－SZDLB
TB030014	SZDJJSXM	所在地经济属性码	C	20	M	S						DM－SZDJJSX
TB030015	MZZZXM	所在地民族属性码	C	20	M	S						DM－MZZZX
TB030001	YZBM	邮政编码	C	6	O	S						
TB030012	XZQHM	行政区划码	C	20	M	S						GB/T2260－2002
TB030003	DH	电话	C	30	O	S						
TB030005	CZDH	传真电话	C	30	O	S						
TB030006	DZXX	电子信箱	C	40	O	S						
TB030007	ZYDZ	主页地址	C	60	O	S						

2. XX02 上级主管单位数据类

[描 述] 本数据类定义了学校上级主管部门的数据项。

[关 联] 本数据类与其他数据子集关联不紧密。

[组 成] 本数据类由 13 个数据项组成。

编号	数据项名	中文简称	类型	长度	约束	多值性	值空间	是否主键	可否为空	创建日期	使用状态	解释/举例/标准
XX020001	ZGDWDM	主管单位代码	C	6	M	S						
XX020002	ZGDWMC	主管单位名称	C	20	M	S						
XX020003	ZGDWDZ	主管单位地址	C	30	M	S						
TB030012	XZQHM	行政区划码	C	20	M	S						GB/T2260－2002
XX020004	LXRXM	联系人姓名	C	20	M	S						
TB030013	SZDQLBM	所在地区类别码	C	20	M	S						DM－SZDLB
TB030014	SZDJJSXM	所在地经济属性码	C	20	M	S						DM－SZDJJSX
TB030015	MZZZXM	所在地民族属性码	C	20	M	S						DM－MZZZX
TB030001	YZBM	邮政编码	C	6	O	S						
TB030003	DH	电话	C	30	O	S						
TB030005	CZDH	传真电话	C	30	O	S						
TB030006	DZXX	电子信箱	C	40	O	S						
TB030007	ZYDZ	主页地址	C	60	O	S						

3. XX03 学校班级数据类

[描 述] 本数据类定义了学校班级设置的数据项。

[关 联] 本数据类与其他数据子集关联，特别是学生管理及教学管理关联密切。

[组 成] 本数据类由 7 个数据项组成。

编号	数据项名	中文简称	类型	长度	约束	多值性	值空间	是否主键	可否为空	创建日期	使用状态	解释/举例/标准
XX030001	BH	班号	C	10	M	S						XB/BH－2011
XX030002	BJMC	班级名称	C	10	M	S						
XX030003	JBNY	建班年月	C	6	M	S	YYYYMM					
XX030004	BZRJGH	班主任教工号	C	20	M	S						

续表

编号	数据项名	中文简称	类型	长度	约束	多值性	值空间	是否主键	可否为空	创建日期	使用状态	解释/举例/标准
XX030005	BZXH	班长学号	C	20	M	S						
XX030006	XZ	学制	C	1	M	S						
XX030007	BJLXM	班级类型码	C	2	M	S						DM－BJLX

4. XS 学生管理数据子集

［描 述］本数据子集是定义学生的一些基本数据项的集合，每个数据类(或子类)均以学号为唯一关键字。本子集内容涉及广泛，包括学生入学、各类学业活动、毕业等。

［关 联］XS－学生管理数据子集与 JX－教学管理数据子集存在紧密耦合，当学号和其他教学管理数据项同时作为关键字时，这种数据类(或子类)均划为教学管理数据子集。

本数据子集的学生个人数据与 JG－教职工管理数据子集的个人数据有很多相同的数据项，均取用通用/标准数据子集的标准人员数据类。

［组 成］本数据子集由 3 个数据类组成。

(1)XS01 学生基本数据类

［描 述］本数据类是定义学生的一些相关数据项的集合，范围比较宽，包括学生基本信息、家庭住址、通信等多方面数据项。

［关 联］本数据类与学籍数据类关联紧密，多数数据子类可以看成是学籍数据类的补充。

［组 成］本数据类由 40 数据项组成。

编号	数据项名	中文简称	类型	长度	约束	多值性	值空间	是否主键	可否为空	创建日期	使用状态	解释/举例/标准
XS010001	XJH	学籍号	C	10	M	S						
XS010002	XH	学号	C	10	M	S						XB/XH－2011
XS010003	SZBH	所在班号	C	10	M	S						XB/BH－2011
XS010004	BNXH	班内序号	C	2	M	S						
TB010001	XM	姓名	C	30	M	S						
TB010002	XMPY	姓名拼音	C	60	O	S						
TB010003	CYM	曾用名	C	30	O	S						
TB010004	XBM	性别码	C	1	M	S	1男 2女					GB/T 2261.1－2003

续表

编号	数据项名	中文简称	类型	长度	约束	多值性	值空间	是否主键	可否为空	创建日期	使用状态	解释/举例/标准
TB010005	CSRQ	出生日期	C	8	M	S	YYYYMMDD					
TB010006	CSDM	出生地码	C	6	M	S						GB/T2260－2002
TB010007	JGM	籍贯码	C	20	M	S						GB/T2260－2002
TB010008	MZM	民族码	C	2	M	S						GB/T3304－1991
TB010009	GJDQM	国籍/地区码	C	3	M	S						GB/T2659－2000
TB010010	SFZJH	身份证件号	C	20	M	S						
TB010012	GATQWM	港澳台侨外码	C	2	M	S						DM－GATQ
TB010013	ZZMMM	政治面貌码	C	2	M	S						GB/T 4762－1984
TB010014	JKZKM	健康状况码	C	1	O	S						GB/T 2261.3－2003
TB010015	XXM	血型码	C	1	M	S						DM－XX
TB010016	ZP	照片	B		M	S						
TB010017	HZH	护照号	C	20	M	S						
TB010018	HJLX	户籍类型	C	1	M	S						BB/HJLX－2011
TB010019	HJDZ	户籍地址	C	60	O	S						
TB010020	JZDZ	居住地址	C	60	O	S						
TB030001	YZBM	邮政编码	C	6	O	S						
TB030003	DH	电话	C	30	O	S						
TB030004	YDDH	移动电话	C	30	O	S						
TB030006	DZXX	电子信箱	C	40	O	S						
TB030007	ZYDZ	主页地址	C	60	O	S						
TB030008	QQH	QQ号	C	20	O	S						
TB030009	MSNH	MSN号	C	20	O	S						
TB030010	BK	博客	C	60	O	S						
TB030011	WB	微博	C	60	O	S						
XS010005	GMS	过敏史	C	2	O	S						XB/GMS－2011
XS010006	MXB	慢性病	C	2	O	S						XB/MXB－2011
XS010007	TC	特长	C	2	O	S						XB/TC－2011

续表

编号	数据项名	中文简称	类型	长度	约束	多值性	值空间	是否主键	可否为空	创建日期	使用状态	解释/举例/标准
XS010008	RXNY	入学年月	C	6	O	S	YYYYMM					
XS010009	XSLBM	学生类别码	C	2	M	S						DM－XSLB
XS010010	DSZN	独生子女	C	2	M	S						DM－DSZN
XS010011	LDRKZKM	流动人口状况码	C	2	M	S						DM－LDRKZK
XS010012	DRZWM	担任职务码	C	2	M	S						XB/XSGB－2011

(2)XS02 学生简历数据类

[描 述] 本数据类是定义学生简历的一些相关数据项的集合。

[关 联] 本数据类学生基本数据类的补充，与其他系统关联不大。

[组 成] 本数据类由 6 个数据项组成。

编号	数据项名	中文简称	类型	长度	约束	多值性	值空间	是否主键	可否为空	创建日期	使用状态	解释/举例/标准
XS020001	QSSJ	起始时间	C	8	M	S	YYYYMMDD					
XS020002	JSSJ	结束时间	C	8	M	S	YYYYMMDD					
XS020003	SZXX	所在学校	C	20	M	S						
XS020004	DRZW	担任职务	C	10	M	S						
XS020005	ZMR	证明人	C	20	M	S						
XS020006	JCQK	奖惩情况	C	200	O	S						
XS020006	BZ	备注	C	200	O	S						

(3)XS03 学生监护人与家庭成员数据类

[描 述] 本数据类是定义学生的监护人与家庭成员的一些相关数据项的集合。

[关 联] 本数据类学生基本数据类的补充，与其他系统关联不大。

[组 成] 本数据类由 14 个数据项组成。

编号	数据项名	中文简称	类型	长度	约束	多值性	值空间	是否主键	可否为空	创建日期	使用状态	解释/举例/标准
XS030001	JHR/JTCY	监护人或家庭成员	C	1	M	S	1 监护人 2 家庭成员 3 监护人且家庭成员					
XS030002	GXM	关系码	C	2	M	S						GB/T4761－1984
XS030003	QJDM	侨居地码	C	2	M	S						GB/T2659－2000
XS030004	SZDWMC	所在单位名称	C	30	M	S						
XS030005	SZDWDZ	所在单位地址	C	60	M	S						
TB010001	XM	姓名	C	30	M	S						
TB010004	XBM	性别码	C	1	M	S	1男 2女					GB/T 2261.1－2003
TB010005	CSRQ	出生日期	C	8	M	S	YYYYMMDD					
TB010011	HYZTM	婚姻状态码	C	2	M	S	10 未婚， 20 已婚					GB/T 2261.2－2003
TB010008	MZM	民族码	C	2	M	S						GB/T3304－1991
TB010020	JZDZ	居住地址	C	60	O	S						
TB030003	DH	电话	C	30	O	S						
TB030004	YDDH	移动电话	C	30	O	S						
TB030006	DZXX	电子信箱	C	40	O	S						

(4)XS04 学生注册数据类

［描 述］本数据类是定义学生注册的一些相关数据项的集合。

［关 联］本数据类学生基本数据类的补充，与其他系统关联不大。

［组 成］本数据类由 5 个数据项组成。

编号	数据项名	中文简称	类型	长度	约束	多值性	值空间	是否主键	可否为空	创建日期	使用状态	解释/举例/标准
XS040001	ZCBH	注册班号	C	10	M	S						XB/BH－2011
XS040002	ZCZK	注册状况	C	2	M	S						DM－XSZCZK

续表

编号	数据项名	中文简称	类型	长度	约束	多值性	值空间	是否主键	可否为空	创建日期	使用状态	解释/举例/标准
XS040003	JZSJ	截止时间	C	8	M	S	YYYYMMDD					
XS040004	ZCSJ	注册时间	C	8	M	S	YYYYMMDD					没注册时为空
XS040005	WZCYY	未注册原因	C	60	O	S						注册状况为 0 时填写

(5)XS05 学生在校考试数据类

[描 述] 本数据类是定义学生在校考试的一些相关数据项的集合。

[关 联] 本数据类学生基本数据类的补充，与其他系统关联不大。

[组 成] 本数据类由 7 个数据项组成。

编号	数据项名	中文简称	类型	长度	约束	多值性	值空间	是否主键	可否为空	创建日期	使用状态	解释/举例/标准
XS050001	KSRQ	考试日期	C	8	M	S	YYYYMMDD					
XS050002	KCMC	课程名称	C	2	M	S						XB/KCMC－2011
XS050003	KSFSM	考试方式码	C	2	M	S						DM－KSFS
XS050004	KSLBM	考试类别码	C	2	M	S						DM－KSLB
XS050005	FSCJ	分数成绩	D	4	O	S	得分/总分*100					
XS050006	DJCJ	等级成绩	C	4	M	S						DM－DJFS
XS050007	XQPY	学期评语	C	200	O	S						

(6)XS06 学生在校奖惩数据类

[描 述] 本数据类是定义学生在校奖惩的一些相关数据项的集合。

[关 联] 本数据类学生基本数据类的补充，与其他系统关联不大。

[组 成] 本数据类由 12 个数据项组成。

编号	数据项名	中文简称	类型	长度	约束	多值性	值空间	是否主键	可否为空	创建日期	使用状态	解释/举例/标准
XS060001	JLMC	奖励名称	C	20	M	S						
XS060002	JLJBM	奖励级别码	C	2	M	S						DM－JLJB
XS060003	HJLBM	获奖类别码	C	2	M	S						DM－XSHJLB
XS060004	JLYY	奖励原因	C	200	O	S						

续表

编号	数据项名	中文简称	类型	长度	约束	多值性	值空间	是否主键	可否为空	创建日期	使用状态	解释/举例/标准
XS060005	JLJE	奖励金额	D	4	O	S						单位：元
XS060006	JLWH	奖励文号	C	20	O	S						
XS060007	JLNY	奖励年月	C	6	O	S	YYYYMM					
XS060008	BJDW	颁奖单位	C	30	M	S						
XS060009	CFMCM	处分名称码	C	2	M	S						DM－CFMC
XS060010	CFYY	处分原因	C	200	M	S						
XS060011	CFRQ	处分日期	C	8	M	S	YYYYMMDD					
XS060012	CFCXRQ	处分撤销日期	C	8	M	S	YYYYMMDD					

(7)XS07 学生入学数据类

[描 述] 本数据类是定义学生入学的一些相关数据项的集合。

[关 联] 本数据类学生基本数据类的补充，与其他系统关联不大。

[组 成] 本数据类由 7 个数据项组成。

编号	数据项名	中文简称	类型	长度	约束	多值性	值空间	是否主键	可否为空	创建日期	使用状态	解释/举例/标准
XS070001	YXXDM	原学校代码	C	6	M	S						
XS070002	YXXMC	原学校名称	C	20	M	S						
XS070003	RXNY	入学年月	C	6	M	S	YYYYMM					
XS070004	RXFSM	入学方式码	C	2	M	S						DM－RXFS
XS070005	LYDQM	来源地区码	C	6	O	S						GB/T2260－2002
XS070006	XSLYM	学生来源码	D	6	O	S						DM－XSLY
XS070007	JDFSM	就读方式码	C	6	O	S						DM－JDFS

(8)XS08 学生结业数据类

[描 述] 本数据类是定义学生结业的一些相关数据项的集合。

[关 联] 本数据类学生基本数据类的补充，与其他系统关联不大。

[组 成] 本数据类由 6 数据项组成。

编号	数据项名	中文简称	类型	长度	约束	多值性	值空间	是否主键	可否为空	创建日期	使用状态	解释/举例/标准
XS08001	BYXXDM	毕业学校代码	C	6	M	S						
XS08002	BYXX	毕业学校	C	20	M	S						
XS08003	JSXYNY	结束学业年月	C	6	M	S	YYYYMM					
XS08004	JSXYM	结束学业码	C	2	M	S						DM－JYJG
XS08005	JSXYYY	结束学业原因	C	200	O	S						
XS08006	BYPY	毕业评语	D	200	O	S						

(9)XS09 学籍异动数据类

[描 述] 本数据类是定义学生学籍变化的一些相关数据项的集合。

[关 联] 本数据类学生基本数据类的补充，与其他系统关联不大。

[组 成] 本数据类由 11 数据项组成。

编号	数据项名	中文简称	类型	长度	约束	多值性	值空间	是否主键	可否为空	创建日期	使用状态	解释/举例/标准
XS09001	BDLBM	变动类别码	C	2	M	S						DM－YDLB
XS09002	BDRQ	变动日期	C	8	M	S	YYYYMMDD					
XS09003	BDYY	变动原因	C	200	M	S						
XS09004	SPRQ	审批日期	C	8	M	S	YYYYMMDD					
XS09005	SPWH	审批文号	C	20	O	S						
XS09006	YBH	原班号	C	10	O	S						XB/BH－2011
XS09007	XBH	现班号	C	10	O	S						XB/BH－2011
XS09008	YXJH	原学籍号	C	10	O	S						
XS09009	XXJH	现学籍号	C	10	O	S						
XS09010	CLZT	处理状态	C	2	O	S						DM－XJBDCLZT
XS09011	CLJG	处理结果	C	100	O	S						

(10)XS10 学生政治面貌变化数据类

[描 述] 本数据类是定义学加入团队变化的一些相关数据项的集合。

[关 联] 本数据类学生基本数据类的补充，与其他系统关联不大。

[组 成] 本数据类由 4 数据项组成。

编号	数据项名	中文简称	类型	长度	约束	多值性	值空间	是否主键	可否为空	创建日期	使用状态	解释/举例/标准
XS10001	TDDM	团队代码	C	1	M	S	1 共青团 2 少先队					
XS10002	JRNY	加入年月	C	6	M	S	YYYYMM					
XS10003	JRDZ	加入地点	C	30	M	S	学校					
XS10004	DRZW	担任职务	C	2	M	S						XB/TDZW－2011

五、JG 教职工管理数据子集

［描 述］本数据子集是定义教职工的一些基本数据项的集合，每个数据类(或子类)均以教职工号为唯一关键字。

［关 联］JG－教职工管理数据子集与 JX－教学管理数据子集等存在紧密耦合，当教职工号和其他教学管理数据项同时作为关键字时，这种数据类(或子类)均划为教学管理数据子集。

本数据子集的教职工个人数据与 XS－学生管理数据子集的个人数据有很多相同的数据项，均取用通用/标准数据子集的标准人员数据类。

［组 成］本数据子集由 1 个数据类组成。

JG01 教职工基本数据类

［描 述］本数据类是定义教职工的一些相关数据项的集合，范围比较宽，包括基本信息、家庭住址、通信等多方面数据项。

［关 联］本数据类与其他类关联紧密。

［组 成］本数据类由 92 数据项组成。

编号	数据项名	中文简称	类型	长度	约束	多值性	值空间	是否主键	可否为空	创建日期	使用状态	解释/举例/标准
JG010001	YGH	员工号	C	10	M	S						
JG010002	MM	密码	C	10	M	S						XB/XH－2011
JG010003	JGBH	所在机构编号	C	10	M	S						XB/JGBH－2011
TB010001	XM	姓名	C	30	M	S						

续表

编号	数据项名	中文简称	类型	长度	约束	多值性	值空间	是否主键	可否为空	创建日期	使用状态	解释/举例/标准
TB010002	XMPY	姓名拼音	C	60	O	S						
TB010003	CYM	曾用名	C	30	O	S						
TB010004	XBM	性别码	C	1	M	S	1男2女					GB/T 2261.1—2003
TB010005	CSRQ	出生日期	C	8	M	S	YYYYMMDD					
TB010006	CSDM	出生地码	C	6	M	S						GB/T2260—2002
TB010007	JGM	籍贯码	C	20	M	S						GB/T2260—2002
TB010008	MZM	民族码	C	2	M	S						GB/T3304—1991
TB010009	GJDQM	国籍/地区码	C	3	M	S						GB/T2659—2000
TB010010	SFZJH	身份证件号	C	20	M	S						
TB010012	GATQWM	港澳台侨外码	C	2	M	S						DM—GATQ
TB010013	ZZMMM	政治面貌码	C	2	M	S						GB/T 4762—1984
TB010014	JKZKM	健康状况码	C	1	O	S						GB/T 2261.3—2003
TB010015	XXM	血型码	C	1	M	S						DM—XX
TB010016	ZP	照片	B		M	S						
TB010017	HZH	护照号	C	20	M	S						
TB010018	HJLX	户籍类型	C	1	M	S						BB/HJLX—2011
TB010019	HJDZ	户籍地址	C	60	O	S						
TB010020	JZDZ	居住地址	C	60	O	S						
TB030001	YZBM	邮政编码	C	6	O	S						
TB030003	DH	电话	C	30	O	S						
TB030004	YDDH	移动电话	C	30	O	S						
TB030006	DZXX	电子信箱	C	40	O	S						
TB030007	ZYDZ	主页地址	C	60	O	S						
TB030008	QQH	QQ号	C	20	O	S						
TB030009	MSNH	MSN号	C	20	O	S						
TB030010	BK	博客	C	60	O	S						

续表

编号	数据项名	中文简称	类型	长度	约束	多值性	值空间	是否主键	可否为空	创建日期	使用状态	解释/举例/标准
TB030011	WB	微博	C	60	O	S						
JG010004	ZGXL	最高学历										
JG010005	ZGXW	最高学位										
JG010006	CJGZNY	参加工作年月										
JG010007	ZCM	职称码										
JG010008	ZCJBM	职称级别码										
JG010009	ZFJS	专任教师										
JG010010	SKLBM	授课类别码										
JG010011	XKM	学科码										
JG010012	XRZWM	现任职务码										
JG010013	GRJB	工人级别										
JG010014	GBJB	干部级别										
JG010015	RYSX	人员属性										
JG010016	DRNY	调入年月										
JG010017	SXNY	生效年月										
JG010018	ZXYY	注销原因										
JG010019	CJDPNY	参加党派年月										
JG010020	GLJD	工龄间断(年)										
JG010021	LXGL	连续工龄(年)										
JG010022	XWSYGM	学位授予国码										
JG010023	SXZYM	所学专业码										
JG010024	BYNY	毕(肄)业年月										

续表

编号	数据项名	中文简称	类型	长度	约束	多值性	值空间	是否主键	可否为空	创建日期	使用状态	解释/举例/标准
JG010025	BYXX	毕(肄)业学校										
JG010026	SFLBM	身份类别码										
JG010027	SFNY	身份年月										
JG010028	CSZYM	从事专业码										
JG010029	LPFSM	录聘方式码										
JG010030	RZNY	任职年月										
JG010031	ZWJB	职务级别										
JG010032	GZBZ	工资标准										
JG010033	JSZGM	技术资格码										
JG010034	JSZWM	技术职务码										
JG010035	PRNY	聘任年月										
JG010036	GZZH	工资账号										
JG010037	ZFGJJH	住房公积金号										
JG010038	ZGZTM	在岗状态码										
JG010039	ZJLBM	增减类别码										
JG010040	ZJYY	增减原因										
JG010041	ZJRQ	增减日期										
JG010042	ZZNY	转正年月										
JG010043	DACFD	档案存放地										
JG010044	JGGZM	技工工种码										
JG010045	DJRQ	登记日期										
JG010046	KYXMFZR	科研项目负责人										
JG010047	GJZJ	高级专家										
JG010048	RZJBM	任职级别码										
JG010049	JGDJM	技工等级码										

续表

编号	数据项名	中文简称	类型	长度	约束	多值性	值空间	是否主键	可否为空	创建日期	使用状态	解释/举例/标准
JG010050	TSRC	特殊人才										
JG010051	KJNY	考级年月										
JG010052	NX	年薪										
JG010053	RZQK	任职情况										
JG010054	ZYZRZG	职业准入资格										
JG010055	QGRCLX	企业人才类型										
JG010056	QGRCXGNY	企业人才现岗年月										
JG010057	LTNY	离退年月										
JG010058	LTLBM	离退类别码										
JG010059	GWLBM	岗位类别码										
JG010060	ZWBZ	职务标准										
JG010061	YBDJB	原部队级别										
JG010062	ZYNY	转业(复原)年月										
JG010063	RXZ	任现职(年)										
JG010064	JBM	级别码										

附件 1：GB－国家标准代码子集

GB/T2659－2000 《世界各国和地区名称代码》

GB/T2260－2002 《中华人民共和国行政区划代码》

GB/T2261.1－2003《人的性别代码》

GB/T2261.2－2003 《婚姻状况代码》

GB/T2261.3－2003 《健康状况代码》

GB/T3304－1991 《中国各民族名称的罗马字母拼写法和代码》

GB/T4761－1984 《家庭关系代码》

GB/T4762－1984 《政治面貌代码》

GB/T4881－1985 《中国语种代码》

GB/T7408—2005 《数据元和交换格式信息交换日期和时间表示法》

附件 2:《中小学学生学籍信息化管理基本信息规范》代码表

DM—SZDLB《学校所在地区类别代码》

代码	名 称
1	城市
2	县镇
3	农村

DM—SZDJJSX《学校所在地区经济属性代码》

代码	名 称
0	非贫困县
1	国家级贫困县
2	省级贫困县

DM—XXBB《学校办别代码》

代码	名 称
1	教育部门和集体办
2	社会力量办
3	其他部门办
9	其他

DM—XSLB《学生类别代码》

代码	名 称
00	普通学生
10	随班就读学生
11	视力残疾学生
12	听力残疾学生
13	智力残疾学生
19	其他随班就读学生

DM—BJLX《班级类型代码》

代码	名　称
10	普通小学班
11	民族小学班
12	小学复式班
13	小学教学点班
14	小学特长班(文体艺智等班)
15	小学视力残疾班
16	小学听力残疾班
17	小学智力残疾班
20	普通初中班
21	民族初中班
22	初中复式班
23	初中教学点班
24	初中特长班(文体艺智等班)
25	初中视力残疾班
26	初中听力残疾班
27	智力残疾班
40	普通高中班
41	民族高中班
42	高中特长班(文体艺智等班)

DM—XX《血型代码》

代码	名　称
0	未知血型
1	A 型
2	B 型
3	AB 型
4	O 型
5	其他血型
9	未定血型

DM—GATQ《港澳台侨外代码》

代码	名称
0	无
1	归侨
2	华侨
3	侨眷
4	港澳
5	台胞
6	外籍华人
7	华籍外人
8	非华裔外人
9	其他

DM—KSFS《考试方式代码》

代码	名称
1	笔试
2	口试
3	考查
4	操作
5	网上考试
9	其他

DM—KSLB《考试类别代码》

代码	名称
1	正常考试
2	国家统考
3	选拔考试
4	竞赛考试
5	会考
9	其他

DM—JLJB《奖励级别代码》

代码	名　称
10	国家
20	省级
21	教育部
22	中央其他部委
23	省(自治区、直辖市)级
30	省级部门、地(市、州、盟)级
31	省级教育行政部门
32	省级其他部门
33	地(市、州、盟)级
40	地(市、州、盟)级部门、县级
41	地级教育行政部门
42	地级其他部门
43	县级
50	县级部门、乡(镇)级
51	县级教育行政部门
52	县级其他部门
53	乡(镇)级
60	学校级
70	国外

DM—XSHJLB《学生获奖类别代码》

代码	名　称
1	学科获奖
2	科技获奖
3	文艺获奖
4	体育获奖
5	综合获奖
6	社会工作
7	公益事业
9	其他

DM—CFMC《处分名称代码》

代码	名 称
1	警告
2	记过
3	严重警告
4	留校察看
5	勒令退学
6	开除学籍
9	其他

DM—RXFS《入学方式代码》

代码	名 称
1	普通入学
2	民族班
3	体育特招
4	外校转入
5	恢复入学资格
9	其他

DM—XSLY《学生来源代码》

代码	名 称
1	正常入学
2	借读
9	其他

DM—JDFS《就读方式代码》

代码	名 称
1	走读
2	住校
3	借宿
9	其他

DM—JYJG《教育结果代码》

代码	名 称
1	毕业
2	结业
3	未结业
4	肄业

DM—YDLB《学籍异动类别代码》

代码	名 称
01	留级
02	降级
03	跳级
04	试读
11	休学
12	复学
13	停学
14	保留入学资格
15	恢复入学资格
16	恢复学籍
17	取消学籍
21	转学(转出)
22	转学(转入)
31	退学
33	开除学籍
32	勒令退学
51	正常死亡
52	非正常死亡
99	其他

DM—DJFS《等级分数代码》

代码	名 称
A	A级
B	B级
C	C级
D	D级
E	E级

DM—LDRKZK《流动人口状况代码》

代码	名 称
1	流动人口
0	非流动人口

DM—DSZN《独生子女状况代码》

代码	名 称
1	独生子女
0	非独生子女

DM—MZZZX《民族自治县状况代码》

代码	名 称
1	民族自治县
0	非民族自治县

DM—XSZCZK《学生注册状况代码》

代码	名 称
2	未按时注册
1	注册
0	未注册

DM—XJBDCLZT《学籍变动处理状态代码》

代码	名 称
2	正在处理
1	处理完毕
0	未处理

附件2 耀华中学教师信息技术绿色证书实施办法

信息技术是现代科技的基础和核心，其标志是多媒体计算机技术和网络通信技术。信息技术是现代教育技术的核心。教育信息化是教育现代化的支撑点。作为一所学校，教育信息化的任务，是把信息技术广泛应用到教育和教学过程中，培养一大批较高信息意识和信息素养的、能掌握现代信息技术并应用到教育、教学过程中的教师；建立起以多媒体计算机和校园大网络为核心的信息化教学环境；建立起以多媒体教学软件和基于网络环境的教学软件为主体的内容丰富的、容量巨大并不断更新的教育教学信息资源库。

天津市耀华中学是全国现代教育技术实验学校，依托我校的校园网，网上办公、网上教学基本实现。建设一支高水平的掌握信息技术的教师队伍具有战略意义 。故制定本《办法》，务求把我校的教师队伍建设成一支信息素养较高、掌握现代信息技术的并不断应用于教育教学的教师队伍。

一、分级培训考核

1. 一级

了解计算机的基本知识，基本结构。

掌握一种中文输入法，中文录入速度达到每一分钟 30 个汉字或以上。

掌握基本的 windows 操作(如复制、删除、查找文件，调用各种 Windows 自带的应用程序等)；

掌握 Word 的基本操作，能运用 Word 的文字、表格的编辑功能进行排版，会用 Word 书写和打印文章、教案等(能基本满足自己的工作即可)，有些学科可能涉及如公式、方程式、特殊符号、几何图形、曲线、实验装置、插图等；

会上网。初步了解 IE 的基本操作，会使用搜索引擎搜索有关信息，会收发电子邮件，掌握校园网中有关本人岗位职责部分的操作应用。

掌握 PowerPoint 的基本操作，会用 PowerPoint 制作并播放课堂教学幻灯片。

2. 二级

会使用 CAI 软件辅助教学。能在光盘、硬盘、软盘和网络上调用 CAI 软件上课；能够在教育教学中使用网络信息资源。掌握 Excel 的基本操作，会用 Excel 做学生数据的分析。

3. 三级

会使用常用工具软件，如压缩/解压缩软件(WinZip、Arj 等)，图形浏览软件(ACD-

See)，杀毒软件(KV300、金山毒霸等)，翻译软件(金山快译等)；

会应用一些工具软件(如 FrontPage、Dreamweaver 等)制作网页，并建立个人教学主页，拥有一定量的教学资源，并能不断更新、补充。

4. 四级

A. 会应用一些多媒体创作平台(如 Authorware)和一些工具软件(如 Flash、3Dmax、Photoshop、Cool3D、CoolEdit 等)制作带动画、音频、视频的 CAI 课件。

B. 能独立制作动态网页，并建有交互功能的个人网站。

二、培训办法

由相关老师负责培训工作。包括制订培训计划，利用晚上、周末和寒暑假等业余时间进行培训。各级培训课程同时或交替开出，由教师根据个人实际情况自由选择报名参加，由低级到高级依次参加学习。

三、考核办法

(1)所有具有专业技术职务的教师或试用期的教师(包括辅系列)都必须参加培训考核，各级领导应带头参加。

(2)各科具有专业技术职务或试用期的任课教师本学期 40 岁以下须通过 1～3 级培训和考核，一年内须通过 4 级培训和考核；40 岁以上任课教师须通过 1～2 级培训和考核。

(3)由实验领导组和相关老师负责考核，制定具体考核办法及考核时间并公布。老师可根据个人实际情况自由报名由低级到高级依次参加各级考核，考核次数不限。

(4)每级考核合格后，由学校发给该级培训合格证书，作为年度考核和聘任期满考核及新聘任期的聘任依据之一。

(5)教师经过自学如有把握，可不参加某级培训而直接报名参加考核。

(6)教师可根据个人实际情况自由报名参加任何一级考核。三、四级考核为动态考核，重在过程，在培训中不断丰富教师自己的资源，在教学中不断实践、创新来提高自己信息能力和信息素养，而非完成相应内容即束之高阁。

以后须由低级到高级依次参加培训和考核。每个新调入我校的教师在试教通过后都要依次经过培训考核。

(7)现任计算机课程的教师、网络中心专职教师可申报免考。

(8)获得软件制作类市二等奖以上的主创教师(不包括只撰写脚本者)可申请经批准后全部或某级以下免考。

后　记

改革开放以来，我国教育信息化建设取得了巨大成就，成为教育教学改革的重要组成部分。我校数字校园建设所取得的成果，是众多基层学校推进教育信息化实践的一个缩影。数字校园为我校师生提供了一个教与学、科研、管理和综合信息服务的信息化环境。今天，我们根本无法想象，如果没有这样一个建立在传统校园基础上的数字空间，我们的教育教学工作将会怎样。

在创建特色学校的征程中，我们对耀华中学十多年来数字校园建设做了全面回顾和理性审视。数字校园的建设是一个不断实践和探索的过程，也是学校信息化发展中的渐进过程。数字校园的建设水平和所取得的成果，只是反映着学校在特定时期内的信息化程度，数字校园无论是在基础理论还是在技术运用上，都必然会随着社会生活的发展，而在不断提升、不断完善、不断拓展。

因此，数字校园的建设是一个长期的工作，在这个过程中，要不断研究信息化、数字化对教育教学工作产生的影响，对学生的学习和成长产生的影响，特别是要针对校园的现实情景，加强对数字校园如何进行主渠道信息的引导和如何强化道德建设的研究。要不断完善应用体系，使学校的工作内容和运作方式更多地纳入到数字化校园中来，使得学校的电脑操作、网络运用、校园网站、电子图书与无线通信、互动联络等融为一体，为学生和教师提供信息化服务的内容越来越丰富，服务的方式越来越细化，使得数字校园越来越立体和丰满，从而真正开展信息化环境下素质教育。

今后10年将是我国教育现代化的重要战略机遇期，我校将抓住这一机遇，进一步优化数字校园，在进一步完善宽带、无线、局域网路等基础设施的基础上，推广应用数字化实验室、智能化探究实验室，校内应用数字化教学教研库，建设与大学相通的远程协作教室，与各大图书馆远程协作的电子图书网，为培养拔尖创新人才创造更优良的信息环境。同时遵循课程标准，运用校内外丰富的教育资源，推动信息技术与教育教学科研的深度融合，为教学模式的创新、教育质量的提高，搭建信息化平台。我们还将大力开展学校教育教学管理信息化应用，进一步提升学校管理运作的效率，为教师、学生实现即时获取个性化信息提供及时、有效的服务。

需要说明的是，我们在成书过程中，得到了天津师范大学游泽清教授、中央电教馆陈庆贵主任、黄天元博士、洪文秋老师的指导，清华大学韩锡斌教授、北京铁二中陈永利主任也提出过宝贵的修改意见，天津市电教馆丁树峰馆长为书稿的修改也给予了大力的支持，我校马朝辉副校长，李莉主任、曾源副主任、陈桂芬副主任、辛岩副主任、薛京生副主任、吕家华副主任、王健伟副主任以及张茹桂、孙颖、李欣娜、杨金莉、魏延霞、田立霞、田涛、柴会明、陶勇等老师也为文稿修改付出了努力，在此表示衷心的感谢。

让我们与时俱进不断学习，在信息时代教育观的引领下，不断提升数字校园水平，让数字校园更好地为教育服务。

陈晓明

2012年3月

参考文献

[1]游泽清."信息时代教育观"初论[J]. 中小学信息技术教育，2006(12)

[2]杨利军. 数字化校园的功能与体系机构研究[J]. 中国科技信息，2005(13)：88

[3]陈厚峰. 给数字化校园正名[J]. 计算机教育，2004(6)：44～45

[4]万里鹏等. 中国高校数字化校园建设与思考[J]. 情报科学，2004(3)：356～62

[5]许鑫，苏新宁. 新一代高校数字化校园建设[J]. 现代图书情报技术，2005(1)：48～55

[6]况志军等. 数字化校园研究与开发[J]. 华东交通大学学报，2003(4)：93～95

[7]蒋家添，席素珍. 数字化校园建设的实践与探讨[J]. 赣南师范学院学报，2004(6)：55～57

[8]马永军，郝增明. 数字化校园建设的核心及阶段划分[J]. 现代情报，2004(9)：115～116

[9]冯启建，王雷. 数字化校园的现状与未来[J]. 河南职工医学院学报，2005(6)：185～187

[10]梁会亭. 数字化校园的构建与应用[J]. 山东商业职业技术学院学报，2004(3)：69～71

[11]孔繁之等. 数字化校园的构建与实践[J]. 济宁师范专科学校学报，2003(10)：12～15

[12]苏顺开. 数字化校园的构建理念[J]. 中山大学学报，2002(6)：4～6

[13]周田君，邱立新. 数字化校园刍议[J]. 交通高教研究，2002(1)：93～95

[14]万里鹏等. 数字化校园：21世纪大学的概念模型[J]. 情报科学，2004(2)：143～146

[15]李廷军，黎仰安. 试论数字化校园的特征与营造[J]. 高等函授学报，2004(6)：41～44

[16]仇新红．浅析数字化校园[J]．吉林省经济管理干部学院学报，2004(12)：52～53
[17]石良武．论数字化校园的营建[J]．职业技术学报，2000(28)：16～18
[18]杨丽萍，李雯．山西电子技术[J]，2003(3)：9～10
[19]孔孟军，孙宁．中国电化教育[J]，2003(8)：87～88
[20]万林海，王学军．高等院校数字化校园管理研究[J]．华东水利水电学院学报，2003(2)：101～102
[21]郑锵．读解“数字化校园”[J]．南京师大学报，2002(25)：2～5
[22]林怀恭等．基于 ESB 的共享数据中心的研究与实现[J]．计算机应用与软件，2010(5)：185～187
[23]常潘．数字化校园数据中心建设的研究[J]．中山大学学报，2009(S1)
[24]联奕数字化校园产品．广州联奕信息科技有限公司
[25]卢庆武，蔡昭权．构建基于 SOA 的数字化校园门户[J]．惠州学院学报(自然科学版)，2008(3)
[26]冯勇，王维州．数字校园信息资源规划和数据标准建设[J]．天津职业大学学报，2007(4)
[27]思科系统公司译，思科网络技术学院教程(Allan Reid Jim Lorenz Cheryl Schmidt)[M]．北京：人民邮电出版社，2009
[28]组建 CISCO 多层交换网络[M]．北京：人民邮电出版社出版，2000. 63～67
[29] Vito Amato 著．韩江，马刚译．思科网络技术学院教程[M]．北京：人民邮电出版社，2000. 135～136
[30][美] cisco 公司．编著信达工作室译．CISCO IOS 网络安全[M]．北京：人民邮电出版社，2001
[31]王达编著．网管员必读——超级网管经验谈[M]．北京：电子工业出版社，2005. 6～10
[32] 李文剑．提高信息化课堂教学有效性之反思[J]．中国教育信息化，2009. (06)
[33]陈琦，刘儒德．当代教育心理学．北京：北师大出版社，2004
[34]Ceoforum. Year 3 report：School Technology and Readiness Summer 2000(a focus on digital learning)[DB/OL]. http：//www. ceoforum. org/reports. html.
[35]谷艳丽，信息技术与教育创新三人谈[N]．中国电脑教育报，2004-08-16
[36]刘厚萍．中小学数字化校园构建研究[D]．上海：华东师范大学出版社，2005